기독교와 정치,
한국

기독교와 정치, 한국

이근영 지음

"역사 - 성경 - 대응"

한국의 기독교와 정치 관계의
겉모습 세 가지

좋은땅

차 례

1부 - 한국의 기독교와 정치의 관계는 어떻게 진행되어 왔나

1장

기독교 전래에서 해방까지 - 전통과 서양 사상의 만남   16

2장

해방 이후 2020까지 - 정권별 기독교와 정치의 관계   30

3부 – 한국 기독교는 정치에 어떻게 대응해 나가야 하나

머리글

이 글은 기독교 그 가운데서 주로 개신교의 입장에서 기독교와 정치의 관계를 한국사회를 중심으로 논의하고 있다. 그 주된 내용은 먼저 역사적으로 보아 한국에 기독교가 들어온 이후 한국의 정치와 어떠한 관계를 이루어 왔는지를 살펴보고 다음으로 현 단계에서 한국교회가 정치에 어떻게 대응할 것인가를 다루고 있다

한국사회의 경우에 근세 이후에 조선의 멸망, 일본의 지배, 해방과 남북 분단, 전쟁, 독재 그리고 민주화의 격변을 거치는 가운데 국내 국제 정치가 국가의 운명을 결정하여 왔다. 한편 230여 년 전 한국에 들어온 기독교도 이러한 역사의 진행 과정에서 정치로부터 결정적인 영향을 받아왔다. 그리고 기독교가 정치에 영향을 준 부분도 있다.

그런데 지금 단계에서 한국교회의 정치에 대한 인식은 제대로 정리되지 못한 모습이고 정치에 대한 대응 또한 혼란스러운 상황이다. 따라서 오늘날 한국교회의 과제 가운데 하나는 교회의 정치에 대한 인식을 정리하는 한편 정치에 대한 대응을 안정화하는 것이라고 하겠다. 그리고

이 글은 이 문제에 대한 나의 이해를 간추린 것이다.

저자는 평범한 개신교 기독교인이고 아마추어 경제학자이다. 따라서 이 글은 평신도 한 사람의 개인적인 글이다. 어릴 때부터의 교회생활을 통한 경험을 바탕으로 하면서 더하여 여기저기 공감이 가는 내용들을 주섬주섬 모았다. 그렇기에 이 책에는 저자의 독창적인 생각은 하나도 없다. 그런데 한국의 정치 안에서 사는 것도 한국 기독교인의 소명이라고 할 것이다. 그리고 이 책은 저자의 소명의 한 표현이다.

2020. 9.

이근영

서 론

....

무엇을 다룰 것인가 - 세 가지 내용: 역사 - 성경 - 대응

이 책은 한국에서의 기독교와 정치의 관계를 역사적으로 살펴보고 현
단계에서 한국교회가 정치에 어떻게 대응해 나가야 할 것인가를 찾아보
고자 한다. 이를 위하여 이 책은 다음 세 가지 사항을 살펴보고자 한다.

1) 기독교가 한국에 들어온 이후 지금에 이르기까지 정치와 어떠한 관
   계를 형성하여 왔는가?
2) 기독교는 정치를 어떻게 보는가?
3) 한국교회는 정치에 어떻게 대응할 것인가?

이렇게 우리는 먼저 한국에서의 기독교와 정치의 관계의 과거와 현재
를 살펴보고 다음으로는 기독교가 정치를 어떻게 보는가? 곧 성경이 정
치에 대하여 가르치는 내용을 알아본 다음 그 내용에 비추어 한국교회
가 앞으로 정치에 대하여 어떻게 대응해 나가야 할 것인가를 찾아보고

자 하는 것이다.

한국의 기독교와 정치 관계의 겉모습 세 가지 - 논의의 배경

위의 세 가지 내용에 대한 논의를 시작하기에 앞서 먼저 한국에 있어서 기독교와 정치 관계의 특징을 보고자 한다. 이들 특징은 이 책의 전반적인 내용 이해에 대략적인 배경이 되는 셈이다.

한국 기독교는 기독교와 정치의 관계에 있어서 다음 세 가지 특징을 보이고 있다.

첫째, 국민들의 정치에 대한 관심이 매우 크다는 점이다.

한국사회를 보면 사람들이 언제 어디서나 정치를 화제로 대화하는 것을 흔히 보게 된다. 또한 대화하는 태도 역시 매우 열정적이다. 그리고 우리 주변에서는 가깝게 지내던 사람들이 서로 정치적 의견이 다르다는 이유로 사이가 멀어지는 것도 자주 보게 된다. 이와 같은 한국 사람들의 정치에 대한 높은 관심과 적극적인 태도는 국가의 정치체제에도 결정적인 영향을 주어 한국국민들은 적지 않은 인명상의 희생을 무릅쓰는 과정을 거쳐 1960년 이후 두 차례에 걸쳐 독재체제를 무너뜨렸으며 2017년에는 평화적인 시위를 통하여 대통령 탄핵을 이끌어 내기도 하였다.

이와 같이 한국국민의 정치에 대한 관심이 큰 이유는 국민들이 근대 이후 봉건 왕조의 멸망, 일본의 식민지 통치, 해방과 남북 분단, 6.25전쟁, 이승만 독재, 박정희 전두환의 군사독재와 이후의 민주화 등 역사의 격변이 진행되는 과정에서 정치가 국민 생활의 내용은 물론 국민의 생존 자체를 결정하는 상황을 거듭 경험함으로써 정치의 중요성을 체득하였기 때문인 것으로 생각된다.

둘째, 기독교와 정치의 관계가 매우 밀접하다는 점이다.

한국은 기독교가 정치 상황으로부터 크게 영향을 받기도 하고 반대로 정치가 기독교의 영향을 크게 받기도 하는 등 기독교와 정치가 서로에게 큰 영향을 주고받는 관계에 있다. 이러한 밀접한 관계는 이 땅에 기독교가 들어온 처음 단계부터 그러하였다. 18세기 말에 천주교가 들어온 직후부터 천주교와 조선 왕조는 조상에 대한 제사 문제로 큰 갈등을 겪게 되어 이후 백 년 동안 천주교는 정부로부터 세계에서 유례가 없을 정도로 극심한 박해를 받아 수많은 순교자가 배출되었다. 결국 조선 왕조의 천주교에 대한 박해는 19세기 말 왕조의 쇠퇴와 외세의 한반도 진출로 비로서 그치게 되었다.

그 뒤 일제의 합병, 광복과 남북 분단, 6.25전쟁, 이승만 독재, 4.19혁명, 박정희 전두환 군사독재, 민주화의 과정을 차례로 거치며 정치의 격변이 있을 때마다 한국의 기독교는 끊임없이 정치의 영향을 심각하게 받아왔다. 그리고 앞의 예와는 반대로 한국의 기독교가 정치에 영향을 주는 측면도 있다. 19세기 말에 이 땅에 들어온 개신교는 이후 오늘에 이르기까지 한국의 근대화를 인도하고 미국과의 관계를 강화하는 집단으로서 정치 사회에 커다란 영향력을 주고 있다. 최근의 예로 2020년의 국회의원 선거 결과를 보면 개신교와 천주교를 합한 기독교인 국회의원 수는 국회의원 정원 300명의 반을 넘는 것으로 추정되고 있는 것이다. 이렇게 한국사회에는 역사적으로 기독교와 정치가 매우 밀접한 관계를 형성해 오고 있는 것이다.

셋째, 기독교와 정치 관계에 대한 인식이 정리되어 있지 않고 정치에 대한 대응이 혼란스럽다는 점이다.

한국 기독교는 특히 개신교의 경우에 현 단계에서 기독교와 정치 문제에 대한 이해가 제대로 정리되어 있지 않은 상태이고 또한 기독교의 정치에 대한 대응도 혼란스러운 모습을 보이고 있다. 곧 한국에서는 아직까지 기독교의 입장에서 정치를 어떻게 이해하여야 할 것인가 하는 문제에 대하여 교회의 입장이 뚜렷하게 형성되어 있지 않은 것으로 보인다. 그리하여 개별 목회자들이 각기 개인적인 생각에 따라 산발적으로 소견을 피력하고 있는 실정이다. 그리고 이러한 사정은 한국교회의 정치에 대한 대응 문제에 있어서도 그대로 나타나고 있는 상황이다. 곧 한국교회의 정치참여 상황을 보면 강경한 진보에서 극우에 이르기까지 혼란스럽게 이루어지고 있다. 한 가지 예로 최근 개신교 극우 계열이 정치계의 극우 계열과 연합하여 대통령 퇴진 운동에 전력을 다하고 있다. 그리하여 종전까지 한국 교단의 대표적인 단체 대표가 선거법 위반으로 구속 수감되기도 하였다.

　한국교회가 이렇게 정치에 대한 인식 측면과 행태 측면에서 모두 혼란을 보여 온 가장 큰 이유는 무엇보다도 상황적으로 볼 때 한국의 정치 상황이 급변해 온 관계로 교회가 기독교와 정치의 관계에 대하여 차분하게 생각하며 그 인식을 정리할 기회를 미처 가질 여유가 없이 급격하게 변화하는 상황에 그때 그때 즉흥적으로 대처할 수밖에 없었기 때문이라고 할 것이다. 여기에 더하여 해방 이후 기독교가 양적으로 급속히 성장하는 과정에서 교단 또한 복잡하게 분열되어서 교회가 상황 변화에 제대로 대응할 체제를 갖추지 못하였던 점도 하나의 원인이 된 것으로 생각된다.

　이러한 문제는 주로 개신교에 해당하는 것으로 천주교의 경우에는 그 체제의 단일성과 교리의 통일성으로 인하여 정치에 대하여 별다른 혼란상을 보이지 않고 있다고 하겠다.

1부

한국의 기독교와 정치의 관계는
어떻게 진행되어 왔나

1장

기독교 전래에서 해방까지
- 전통과 서양 사상의 만남

　한국의 기독교는 개신교와 천주교의 둘이라고 볼 수 있다. 한국에 들어오기는 천주교가 18세기 말 그리고 개신교가 19세기 말로 천주교가 개신교보다 100년 정도 일렀다. 그렇지만 개신교의 확장이 빨라서 20세기 초반에는 개신교인 수가 천주교인 수보다 많아지기 시작하였다. 이러한 개신교의 수적 우위는 2010년대까지 이어져서 2015년 인구 및 주택센서스 결과를 보면 개신교인 수는 968만으로 한국 인구의 20%를 차지하여 한국에서 가장 큰 종교가 되었고 천주교인 수는 389만으로 인구의 8%를 차지하여 이 둘을 합한 전체 기독교인 수는 1,357만으로 인구의 28%를 차지하고 있다. 참고로 2010년까지 가장 큰 종교였던 불교인 수는 762만으로 인구의 16%를 차지하여 두 번째로 큰 종교가 되었다.

　이는 곧 기독교가 한국의 정치와 사회 전반에 있어서 매우 중요한 존재로서 그 영향력 또한 클 것이라는 점을 짐작하게 하고 있다. 그런데 여기서 우리가 한 가지 기억해야 할 점은 기독교는 처음 한국에 들어온 처음부터 시작하여 오늘에 이르기까지 한국사회의 신문명의 도입과 민족주의의 형성, 민주주의 체제의 수립 군부 독재와의 동반 또는 저항 그리고 산업화와 민주화 등의 모든 국면에 있어서 계속적으로 강력한 영향력을 행사하여 왔다는 점이다. 이제 시기별로 한국의 기독교와 정치의 관계를 살펴봄에 있어서 그 첫 번째 대상으로 기독교가 한국에 처음 들어온 때로부터 일본에 의한 조선의 합병 시기를 거쳐 해방에 이르는 시기까지 보도록 하자.

1 _____ 기독교 전래에서 조선 말기(18세기 말~1910): 천주교의 고난의 길, 개신교의 동반의 길

　이 땅에 기독교가 들어온 것은 조선 왕조 말기로 천주교가 18세기 말에 그리고 개신교가 19세기 말이었다. 비록 천주교가 처음 100년 동안 혹독한 박해를 받았지만 19세기 말 이후에는 천주교와 개신교는 별다른 박해를 받지 않고 중국에 종속적인 유교적 전통의 조선 사회에서 중국과 유교의 지배를 벗어날 새로운 사상으로 자리잡기 시작하였다. 그리고 급속히 성장한 개신교는 조선을 장악하려는 일본에 대항하는 민족주의 세력으로서의 성격을 나타내었다.

천주교가 전해짐: 기독교와의 첫 만남 그리고 박해와 저항의 정-교 대립

　한국 땅에 처음으로 기독교가 들어온 것은 로마 가톨릭교회 곧 천주교(天主敎)였다. 18세기에 들어서면서 당시 지식인들이었던 실학자들은 중국에서 들어온 천주교 관련 서적들을 연구하였으며 1784년 북경에서 선교사에게 세례를 받고 온 이승훈이 서울에서 이벽에게 세례를 줌으로써 조선의 천주교인들 스스로에 의해 천주교회가 시작되었다. 이후 천주교는 신분 제도에 대한 민중들의 거부감 및 평등 사회를 바라는 사회적 욕구가 강력해지는 사회적 분위기 속에서 천주 아래 모든 사람이 평등하다는 천주교 교리를 받아들이는 천주교인의 수가 계속하여 증가하였다. 여기서 한 가지 특기할 사항은 한국의 천주교는 외국인 신부들의 선교에 의해서가 아니라 중국에서 천주교인이 된 조선 사람들이 조선에 들어와 시작되었으며 이후 조선 정부의 엄청난 천주교 박해 가운데서의 천주교의 성장 과정도 상당 기간 동안 외국인 신부가 없는 가운데 일반 천주교인들에 의하여 진행되었다는 점이다.

천주교는 18세기의 시작 이후 조선이 일본에 합병되는 1910년까지 100여 년 동안 조선 왕조와 철저하게 얽힌 관계가 계속 된다. 이제 여기에서는 천주교 시작 이후 한일 합방에 이르는 기간 동안 천주교와 정치 또는 천주교와 조선 왕조와의 관계에 있어서 특기할 사항들을 가려보고자 한다.

첫째, 조선의 천주교와 조선 왕조는 이 기간 동안 왕조가 천주교를 간단없이 가혹하게 박해를 가하고 천주교는 여기에 끈질기게 저항하는 적대적 관계를 유지하였다는 점이다.

조선 왕조가 천주교를 박해한 핵심적인 이유는 천주교가 조상 제사를 우상 숭배라고 하여 이를 금지함에 따라 교인들이 조상 제사를 더 이상 시행하지 않았기 때문이었다. 유교를 통치 질서와 생활 윤리의 기본 이념으로 삼고 있던 조선 정부는 조상 제사의 폐지를 기본적인 인륜인 효(孝)를 부정하는 것으로서 단연코 용서할 수 없는 극악한 범죄로 다스렸다. 조선 정부에게 천주교는 사교에 지나지 않았으며 천주교인들은 불효 불충한 무리들로 여겨졌다[1]. 그리하여 조선 정부는 천주교를 가혹하게 박해하여 그 수를 알 수 없는 수많은 교인들이 순교하였다[2]. 조선에 들어온 외국인 신부들도 붙잡히는 대로 처형되었다. 결국 이러한 조선

---

1) Wi Jo Kang, 《Christ and Caesar in Modern Korea》 (State University of New York Press, Albany, 1997), 서정민 역, 《한국 기독교사와 정치》 (한국기독교역사연구소, 2005), p. 13.

2) Wi Jo Kang, 위의 책, p. 20에서는 8천 명, 그리고 한국천주교주교회의, 한국 천주교회사 (인터넷)에서는 그 이름을 확인할 수 있는 사람의 수만 1,800여 명이라고 적고 있다. 그런데 이 자료에서 1865년 신자 수를 23,000명이라고 하고 있다. 이는 순교자 비율이 매우 큼을 짐작하게 한다.

정부의 천주교 박해는 조선이 일본을 비롯한 외국과의 외교 관계를 맺게 되는1870~80년대에 가서야 그치게 된다.

이러한 조선 정부의 무자비한 박해 가운데서도 천주교인 수는 계속 증가하였다. 이러한 천주교인 수의 증가는 그 자체가 천주교에 대한 조선 정부의 박해에 대한 저항이라고 볼 것이다. 조선 정부는 천주교인을 무조건 체포하였으며 또한 이들을 처형하였다. 천주교인들에게 신앙은 죽음을 의미하였다. 그럼에도 불구하고 천주교인들은 죽음을 각오하고 신앙을 택하였다. 그들은 죽음으로 조선 정부의 천주교 탄압에 저항한 것이다.

그런데 보다 직접적인 저항 행동의 예도 있다. 1801년에 황사영이 베이징 주교에게 전달하고자 작성한 황사영 백서의 내용 가운데는 조선 정부의 천주교 박해를 중지시키기 위하여 서양 군사력의 도움을 구하는 것도 있었고 1866년에는 프랑스의 로즈 제독이 조선 정부의 프랑스 신부 및 천주교인들의 처형에 대한 응징을 위하여 군함을 이끌고 조선을 침공할 때에 몇 천주교인들이 이를 돕기도 하였다. 이와 같이 이 기간 동안 조선의 천주교와 조선 정부는 강력한 적대 관계를 유지하였다.

둘째, 조선의 천주교 및 그 지원 세력은 외국 세력이 조선의 개방을 강제하는 과정에서 어느 정도의 역할을 담당하였다는 점이다.

조선의 개항이 이루어진 것은 조선 정부가 1876년에 일본과 맺은 강화도 조약을 통해서였다. 그리고 몇 년 지나면서 조선은 미국, 영국, 독일, 러시아, 프랑스와 외교 관계를 맺게 되었다. 이로써 조선이 500년 가까이 오직 중국과만 교류하던 폐쇄적 상황이 일본을 비롯한 다른 나라들과도 교류함으로써 세계와의 열린 관계로 나아가게 된 것이다. 그런데 이러한 조선의 개항 과정에 있어서 천주교와 관련하여 두 가지 사항을 기억할 필요가 있다. 첫째로는 위에서 말한 황사영 백서 사건이 시사하듯이 천주교인들은 그들의 신앙의 자유를 위하여 외국이 조선 정부에 영향력을 발휘하기를 원하였다는 점이고 둘째로는 프랑스의 경우 일본 등 다른 나라들이 조선과 통상 관계를 열기 위하여 외교 관계를 열고자 한 것과는 대조적으로 조선에 프랑스 선교사들의 활동과 천주교인들의 신앙에 대한 조선 정부의 박해를 중단시키고자 외교 관계를 열었다는 점이다. 이와 같이 천주교와 조선 정부는 천주교가 시작된 이래 계속하여 매우 밀접한 상호 관계를 유지하여 왔다.

개신교가 전해짐: 정-교 분리와 근대화 조력

한국 땅에 개신교(Protestant)가 들어온 것은 천주교보다 100년 늦은 19세기 말이었다. 따라서 1910년의 한일합병까지의 20년 남짓의 기간은 500년을 넘는 조선 왕조 기간의 끝자락이었다. 노쇠한 조선 왕조가 내부적으로는 국민의 지지를 잃고 정부는 분열된 데다 외부적으로는 일본 및 외세에 휘둘려 갈피를 잡지 못하다가 결국에는 긴 역사의 왕조가 무기력하게 망하고 마는 무력한 혼란의 시기였다. 이러한 때에 개신교가 조선 땅에 들어온 것이다.

개신교의 전래 또한 천주교의 경우와 비슷하게 중국을 왕래하던 조선인들이 중국에서 선교사들에게 세례를 받고 조선에 들어와 교회를 시작한 것이다. 국에서 세례 교인이 되어 선교사의 한글 성경 번역 일을 돕던 서상륜이 황해도에 개신교 최초로 소래교회를 세운 것이다. 개신교의 정치 사회적 환경 및 정부와의 관계는 천주교의 초기 환경과는 크게 달라 심각한 어려움이 없는 편이었다. 조선 정부의 천주교에 대한 박해도 조선이 과거 5백 년 동안 오직 중국만을 바라보던 처지에서 벗어나서 외국의 압력에 따라 다른 나라와도 교류를 시작할 때쯤에는 그치게 되었다. 그런데 조선인 스스로에 의해 조선 최초의 개신교 교회인 황해도의 소래교회가 세워진 1884년은 강화도 조약 2년 후였다. 한편 개신교는 성장 과정에 있어서는 천주교의 경우와는 크게 다른 점이 있는데 그것은 교회의 첫 시작은 조선 사람에 의하여 이루어졌지만 곧 이어진 교회의 성장은 초기부터 미국 선교사들에 의하여 이루어졌다는 점이다. 이제 개신교와 조선 왕조 간 또는 개신교와 정치와의 관계에 있어서 특기할 만한 사항들을 가려보고자 한다.

첫째, 개신교는 도입 초기에 조정과 미국 선교사들 사이의 호의적인 관계로 인하여 오히려 조선 정부로부터 도움을 받았다는 점이다.

조선에 온 첫 개신교 선교사인 알렌(Horace Newton Allen)은 의료 선교사로 1884년에 발생한 갑신정변 때 중상을 입은 중신 민영익을 치료한 것이 계기가 되어 고종의 전의가 되었으며 다음 해에 입국한 장로교의 언더우드(Horace Grant Underwood) 선교사와 감리교의 아펜젤러(Henry Gerhard Appenzeller) 등 미국의 선교사들은 선교활동과 더불어 병원의 설립과 학교 설립 등의 활동을 펼쳤는데 이러한 활동들은 조선 왕실의 호의를 배경으로 이루어진 것이었다. 물론 개신교가 초기에 빠른 성장을 이룬 것은 개신교가 전하는 내용인 인간 존중과 평등이 유교적 신분 사회의 모순과 부패에 불만을 가졌던 조선 사람들에게 공감과 참여를 불러일으킨 것이 가장 큰 요인이겠지만 이에 더하여 선교사들의 선교활동 및 의료 교육 박애 활동 등이 조선 왕실로부터의 호의적인 지지와 후원을 배경으로 활발하게 펼쳐진 것도 도움이 되었다고 할 것이다.

둘째, 개신교는 신문명 곧 근대화와 애국, 민족주의의 정신적 기반의 역할을 담당하였다는 점이다[3].

19세기 말 조선이 미약한 국력으로 인해 외세에 휘둘리며 국가의 존망이 위태해진 상황에서 기독교 가운데 특히 개신교는 신문명을 발전시켜 국력을 강하게 만들고 애국적 민족주의를 고취하여 국가의 독립을 지키고자 하는 두 가지 절실한 국가적 목표를 시행하는 정신적 기반의 기능을 담당하였다. 개신교의 병원 설립과 학교 설립은 한국이 필요로 하는 신문명의 실질적이고도 상징적인 활동이었으며 하나님께서 민족의 구원과 국가의 운명을 주관하신다는 기독교의 가르침은 기독교 신앙과 독립운동을 밀접하게 연결시켰다. 특히 기독교인들이 세운 기독교 학교들은 학생들에게 신학문을 가르치는 한편 애국 독립 사상을 갖도록 하였다. 그리하여 신문명과 독립운동의 주요한 활동가들 가운데는 기독교인들이 많았다.

셋째, 개신교가 조선 민중들에게 안전지대 역할을 해 주었다는 점이다[4].

개신교가 조선에 들어온 19세기 말부터 한일합병에 이르는 기간 중에 조선 정부는 백성들의 생명과 재산을 제대로 보호하여 주지 못하였다. 정부는 무력하고 무능하고 부패하였다. 특히 동학 농민 운동과 청일 전쟁 러일 전쟁 등으로 한반도는 전쟁터가 되었고 청국과 일본의 군대들이 한반도를 휩쓸고 다니며 백성들의 삶을 제멋대로 유린하였다.

---

3) 이혜정, 《한경직의 기독교적 건국론》 (대한기독교서회, 2011), pp. 143~146 참조.
4) 백중현, 《대통령과 종교: 종교는 어떻게 권력이 되었는가?》 (인물과사상사, 2014), pp. 21~22 참조.

이와 같이 백성들의 삶이 힘들고 불안하여 안정이 필요함에도 불구하고 정신적으로 또한 물질적으로 마땅히 의지할 만한 데가 없었다. 이러한 환경에서 백성들은 한반도에 새로 들어온 개신교가 정신적으로나 물질적으로 안전지대로서의 역할을 하리라는 기대를 가지면서 교회로 향하게 된 것이다. 특히 외국의 선교사들이 운영하는 교회는 치외법권적 특권을 가지고 있어서 안전지대로서의 역할을 더욱 잘할 수 있는 측면이 있었다.

기독교 중 먼저 들어온 천주교가 100년 동안 끊임없이 박해를 받은 것과는 달리 천주교보다 100년 늦게 천주교에 대한 박해가 그친 후에 들어온 개신교의 경우는 조선 왕조의 호의 아래 한국사회의 시대적 요청에 부합하는 종교로서 20여 년의 짧은 기간 동안에 빠르게 성장하였다. 어떤 자료에 따르면 천주교인 수는 1890~1910년 동안 정체를 보인 반면 같은 기간 개신교인 수는 4배 정도로 크게 성장함으로써 1900년을 지나면서부터 천주교인 수를 넘어선 것으로 보인다.

2 ____ 한일합병 기간(1910~1945):
천주교의 순응과 개신교의 훼절

천주교의 일제에 대한 순응과 개신교의 초기 저항과 이후 훼절

일본은 1895년에 청일 전쟁과 1905년에 러일 전쟁에서 중국과 러시아에게 잇달아 승리한 이후 1910년에는 아예 조선을 합병하였다. 이리하여 500여 년을 지탱해 온 조선은 무기력하게 멸망하였다. 이 기간 중 한국 기독교로 보아 가장 중요한 시대적 상황은 동시대 한국인의 경우와 마찬가지로 일본의 식민지 지배였다. 이러한 식민지 지배에 대한 대응에 있어서 천주교와 개신교는 서로 뚜렷하게 다른 대응을 보이게 된다. 먼저 천주교는 합병 초기부터 확실한 정교분리 방침을 정하여 일본의 식민지 지배를 별다른 저항 없이 받아들인 후 이러한 태도를 계속 유지하였으며 신사참배에도 참여하였다. 그리하여 합병 기간 중 일제의 종교정책 시행으로 인한 통제는 받았으나 일제 말기 전시 체제 하에서 억압을 받은 것을 제외하고는 심각한 어려움은 없었다.

그러나 개신교의 경우는 적어도 일본 지배의 처음 10년 동안은 일본 지배에 저항하는 태도를 보여 1919년의 3.1운동에 적극적으로 참여하였고 이로 인해 많은 인명이 일제의 잔인한 탄압으로 희생당하였다. 이후에도 일제는 개신교에 대하여 계속 탄압을 이어갔고 개신교는 고난의 세월을 보내게 되었다. 1930년대 중반 이후에는 한국교회에 전면적이고도 강제적인 신사참배를 강요함으로써 천황 숭배의 파시즘 국가 체제에 기독교를 종속시켜 기독교의 존립 의미를 근본적으로 말살하고자 하였다. 이러한 일제의 강압에 견디지 못하고 개신교 주류 교단들은 단순히 교회의 존재 유지를 위하여 일제의 요구를 받아들였다. 그리하여 다수의 목사들이 신사참배에 참여하였다. 또한 개신교의 주류 교파들의 다수가 천황 숭배의 일제 국가 종교적 요소를 받아들임으로써 개신교는 교회로서의 순전성에 훼절을 보였다. 그리하여 일제 말기 한반도의 기독교는 교리 면에서는 천황 숭배를 받아들이고 조직 면에서는 일본 기독교단에 소속되어 일제 이전의 기독교 본래의 모습을 상실하며 일제화되었다.

기독교와 독립운동의 관계

일본에 의한 한일합병 이전부터 조선의 기독교인들은 일본의 조선 지배에 강력하게 저항하였다. 예를 들어 1908년 샌프란시스코에서 친일 미국인 외교관 스티븐스(Durham White Stevens)를 암살한 장인환은 개신교 교인이었고 이듬해인 1909년 중국의 하얼빈에서 초대 조선 통감이었던 이토 히로부미를 암살한 안중근은 천주교 교인이었다. 한일합병 전후한 시기에 있어서 한국의 기독교 가운데서도 특히 개신교 교회는 독립운동의 강력한 진원지 역할을 하였다. 그리고 교회의 이러한 저항적인 태도는 적어도 1919년의 3.1운동 때까지 계속되었다.

비록 당시 한국교회를 지도하는 입장에 있었던 다수의 미국 선교사들이 본국 교단의 입장을 받아들여 교회가 정치적인 성격인 독립운동에 개입하는 것을 경계하였지만 나라가 일본에게 독립을 잃게 되는 국가적 절대 위기를 맞아 기독교인들에게 애국심은 그들의 기독교 신앙에 있어서 당연하고도 자연스러운 요소였다. 여기에 더하여 독립을 강력히 원하는 사람들이 교회에 몰리게 되는 현상도 있었다. 실제에 있어서 많은 한국인들이 함께 정기적으로 모이는 단체로는 교회가 거의 유일한 존재였다. 그리하여 교회에서는 예배와 기도를 통하여 나라의 독립을 염원하는 마음이 고취되었다.

이리하여 당시 개신교는 민족 교회적인 성격을 강하게 띠게 되었다. 이에따라 조선의 마지막 때로부터 한일합병의 초기에 이르는 기간 중에는 교회의 선교적 신앙 부흥운동과 정치적 민족 독립운동이 혼재되었다고 볼 수 있으며 기간 중 개신교인 수는 빠르게 증가하였다. 이러한 한국 교회의 민족 교회적인 성격이 가장 강력하게 표출된 것이 1919년의 3.1운동이다. 천주교의 경우 교인들의 3.1운동 참가를 금지하여 소수만이 첨가한 반면 개신교는 적극적으로 참여하였고 핵심적인 역할을 담당하였다. 표면적으로만 보더라도 독립선언서에 서명한 33인 가운데 개신교 지도자는 16인으로 반에 이르고 또 3.1운동 이후 석 달간의 관련 기소된 피고인 7,835명 가운데 개신교인이 1,719명으로 22%에 달하였다. 당시 개신교인 수가 29만 명 정도로 추산되는데 이는 전체인구 1,600만 명의 2%가 안 되었다.

3월 1일 평양에서는 기독교인들이 기독교계 숭덕학교에 모여 독립선언식과 만세 시위를 이끄는 등 전국적으로 3.1운동을 주도하였다. 이와 함께 독립선언서의 제작과 배포를 주도적으로 담당하였다. 그리고 3.1운동 이후에는 많은 기독교 인사들이 상해로 가서 4월의 대한민국 임시정부 수립에 참여하였다. 또한 상해와 미국 등의 기독교인들이 외국인들에게 한국의 독립운동과 일본의 탄압을 알렸다. 3.1운동을 비롯한 독립운동에는 여성들의 참여도 활발하였는데 기독 여성들의 활동이 두드러졌다[5]. 이러한 개신교회와 교인들의 3.1운동에서의 주도적인 역할에 따라 조선총독부는 기독교를 3.1운동의 핵심 단체로 규정하고 기독교에 대한 혹독한 탄압을 자행하였다[6].

이와 같은 교회의 민족 교회적 성격은 평화적인 3.1운동이 현실적으로는 실패한 이후 크게 약화되는 양상을 보이게 된다. 그 이유로는 교회 외적으로는 일제의 개신교에 대한 가혹하고도 지속적인 탄압이고 교회 내적으로는 교회의 신앙 성격이 보다 개인구원 중심으로 변화하였기 때문이라고 할 수 있겠다. 먼저 일제의 개신교 탄압 측면을 보면 3.1운동 다음 달에 일제가 저지른 화성의 제암리 교회 학살 사건이 보여주듯 물리적 탄압이 있었고 다음으로는 신사참배와 같은 기독교의 기본 교리를 오염시키는 교의적 공격이 있었다. 특히 1930년대 이후부터는 일제의 개신교 탄압이 더욱 심해지면서 1940년대에 이르러서는 아예 개신교 말살 정책을 강력하게 진행시켰다. 이 기간 중 일제는 미국인 선교사 전원 추방, 신사참배 강요, 교단 통합, 군소 교단 해산 및 수많은 교인들의 투옥 등으로 온갖 탄압 행위를 자행하였다.

한편 개신교 내부적으로는 교회 신앙의 성격에 있어서 사회적 역사성을 중시하는 현실 참여적 입장으로부터 개인적 영성을 중시하는 내세 지향적 입장으로 변화를 보이게 되었다. 이러한 교회의 내적 외적 상황 변화로 인해 개신교의 주류 교파는 결국 일제의 뜻에 굴종하여 신사참배에 동참하는 등 기독교회로서 훼절하여 이질화되는 모습을 보였다. 동시에 기독교의 민족 종교적 성격도 사라졌으며 독립운동 성향도 사라

---

5) 김영주 등, 《기독교, 한국에 살다》 (한국기독교교회협의회, 2013), pp. 426~442 참조.
6) Wi Jo Kang, 위의 책, p. 89.

지게 되었다.

　이러한 상황 가운데서도 일제에 대한 소수의 기독교 저항 세력이 있었으니 이들은 역설적이게도 탈역사적이며 내세 지향적 보수 근본의 신앙 기조를 지키는 계열이었다. 이들은 우상 숭배의 철저한 배제와 같은 신앙적 순수성을 지킴에 있어서는 순교를 마다하지 않는 자세를 견지한 이들이었다. 주기철 목사가 그 대표적인 인물이었다. 결과적으로 일제에 끝까지 저항하여 민족 교회의 명맥과 전통을 이어온 이들은 탈역사적이며 내세 지향적인 보수 근본 신앙인들이었다[7].

---

7)　서정민, 《한국교회의 역사》(㈜살림출판사, 2012), pp. 52~54 참조.

2장

해방 이후 2020까지
- 정권별 기독교와 정치의 관계[8]

1 ____ 미 · 소련군 주둔 기간(1945~1948):
해방과 남북한 기독교의 분단

해방과 남북한 기독교의 분단

1945년 8월 15일 해방으로 한반도가 35년간의 일본 지배로부터 벗어났다. 그러나 해방과 동시에 38도선 북쪽 북한 땅은 소련군이 점령하였고 남쪽 남한 땅은 미군이 점령함으로써 한반도는 남한과 북한으로 분단되었다. 이로써 고려와 조선을 통하여 1,000년을 통일 국가로 지내온 한반도는 해방과 함께 남북 분단 시기로 들어섰다.

해방과 분단은 한국의 기독교의 경우에도 엄청난 변화를 초래하였다.

---

8) 이하에서는 백중현, 《대통령과 종교》 (인물과사상사, 2014), 한국기독교역사학회, 《한국 기독교의 역사Ⅲ》 (한국기독교역사연구소, 2009), 서정민, 《한국 가톨릭의 역사》 (㈜살림출판사, 2017), 이혜정, 《한경직의 기독교적 건국론》 (대한기독교서회, 2011) 등을 참고하였다.

먼저 해방은 종교의 자유를 줌으로써 기독교가 일제의 속박에서 벗어나게 하였다. 그러나 해방과 동시에 이루어진 분단은 남한과 북한의 기독교가 전혀 반대되는 여건에 처하도록 하였다. 곧 해방 이전까지 한국 기독교의 중심적인 역할을 하였던 북한의 기독교는 공산주의 국가에서 명목만 유지하는 정도로 크게 약화된 반면 북한에 비해 상대적으로 열세였던 남한의 기독교는 같은 기간 동안 민주주의 국가에서 세계적으로도 유례가 없는 성장의 길을 걷게 되었다.

북한 기독교의 수난과 월남 현상

먼저 북한 기독교를 보면 당초 천주교와 개신교 모두 북한 지역에 처음 들어왔고 이에 따라 평안도와 황해도는 일제시대까지 한반도 기독교의 중심지가 되었다. 그리하여 해방 당시 전체 기독교인의 3분의 2 정도가 북한에 그리고 나머지 3분의 1이 남한에 살고 있었던 것으로 추정된다.

그러나 북한에 공산 정권을 세우고자 하는 소련군의 감독 아래 공산 계열이 북한을 장악함에 따라 북한 기독교는 박해를 받게 되었다. 그러한 가운데서도 사회주의를 지지하는 개신교 인사들은 김일성의 요청으로 북조선기독교연맹을 조직하여 오늘날까지 유지되고 있다. 마찬가지로 북한 천주교 또한 동일한 탄압을 받게 되었다. 북한의 개신교와 천주교는 6.25전쟁 중 엄청난 박해와 피해를 받게 되고 이후 당국의 공인을 받는 가정교회를 중심으로 소수가 존재하게 되었다[9]. 이 기간 중 많은

---

9) 2020년 현재 북한의 교회는 1988년에 세워진 봉수교회와 1989년에 세워진 칠골교회가 평양에 있다. 그리고 공인 받은 500여 가정교회가 있는 것으로 알려져 있다.

북한 교인들이 남한으로 월남하였다.

남한 개신교의 주도적 지위 형성

해방 이후 남한의 기독교는 곤경에 처한 북한의 기독교와는 판이하게 해방과 함께 신앙의 자유가 완전히 보장된 가운데 세계적으로도 유례가 없는 번영의 계기를 갖게 되었다. 남한의 개신교는 해방 후 장로교, 감리교, 성결교 등 교파별로 분리 복원되는 과정을 거치게 되었다. 그러나 이 과정을 통하여 일제시대에 저질렀던 신사참배 등 훼절 행위에 대하여 제대로 된 회개를 행하지 아니하였으며 오히려 신사참배에 저항하였던 출옥 성도들을 배척하였다.

또한 이 당시 한국 개신교는 미군정과 매우 긴밀한 관계를 가짐으로써 개신교의 교세 확장과 역할 증대에 큰 도움을 받게 되었다. 당시에 영어를 할 줄 아는 개신교인들이 해방 이후 한국에 돌아온 미국 선교사들을 통하여 미군정에 참여하게 되었다. 예를 들어 1946년 미군정 최고위직에 임명된 한국인 50명 가운데 35명이 개신교 신자로서 70%의 비중을 보였다[10]. 한편 이러한 개신교와 미군정 간의 우호적인 관계 아래 개신교는 미군정으로부터 해방 전 일본인들이 소유했다가 미군정 소유가 된 이른바 적산을 불하 받아 재정 면에서 큰 도움을 받았다.

해방 상황에서 개신교인들은 건국에 활발하게 참여하였다. 그러나 직접적으로 기독교 정당을 만들기보다는 주로 여러 정당이나 단체에 참여하였다. 해방 후 한국으로 돌아온 정치 지도자들 중 많은 사람이 개신교 교인이었다. 그리고 이 가운데 미군정 당국의 지원을 받는 이승만이 몇

---

10) Wi Jo Kang, 위의 책, p. 123.

년 후 남한에 세워지는 정부의 초대 대통령이 된다.

미군정 기간 동안 기독교 교세는 폭발적으로 증가하였는데 여기에는 북한에서 내려온 목회자와 신도들이 중심이 된 월남인 교회의 설립이 큰 역할을 하였다.

한편 해방 이후 천주교는 연합군을 환영하고 반공주의 태도를 분명하게 취하였다. 전체적으로 보아 천주교는 해방 이후 공간에서 눈에 띄는 역할을 보이지는 않은 편이었다.

2 ___ 이승만 시대(1948~1960):
기독교 국가의 추진과 독재로 인한 실패

분단 속 국가 건설
- 이승만의 주도적 역할. 그러나 이승만 독재로 제1공화국 몰락

　이승만 시대는 한국의 초대 대통령인 이승만이 대통령으로 취임한 1948년부터 학생 혁명으로 하야한 1960년까지의 12년의 기간이다.

　이승만은 해방 이후 혼란스러운 해방 공간에서 반공 노선을 분명히 하면서 우익 세력을 결집시키며 미국의 지원 아래 남한에 민주주의 체제 신생국을 출범시키는 데 주도적인 역할을 담당하였다. 그리하여 그는 독립운동 경력과 개인적인 정치력 그리고 미군정의 지원으로 1948년 73세의 나이에 남한의 민주주의 체제 국가 한국의 초대 대통령이 되었다. 대한민국은 이승만의 절대적인 영향력 아래 출범 2년만에 북한의 남침으로 인한 6.25전쟁의 위기와 엄청난 인명 희생 그리고 수많은 혼란 및 시행착오를 겪었다. 한편으로는 토지개혁의 시행, 의무교육의 실시 및 자본주의 시장경제 체제의 시행 등으로 전후 민주주의 국가로서의 토대를 마련하였다. 이 과정에서 한국은 미국으로부터 안보 면과 경제 면에서 결정적인 지원을 받았다.

　그러나 이승만의 무리한 장기 집권이 지속되는 가운데 빈곤과 독재와 부패가 만연하고 노령의 대통령은 이러한 현실을 제대로 이해하지 못하는 듯한 상황이 국민들로 하여금 정권에 대한 불만을 쌓게 하였으며 결국에는 1960년 3.15부정 선거에 항의하는 4.19혁명이 일어나고 경찰의 발포로 사상자가 발생하게 되자 이승만 대통령이 하야함으로써 제1공화국은 몰락하게 되었다.

이승만은 독실한 개신교 신자였다. 그리고 그는 한국을 기독교 정신에 입각한 나라로 만들기를 원하였고 이를 위하여 노력하였다. 개신교 또한 그를 적극적으로 지지하였고 이에 따라 이승만 시대는 개신교 세력이 한국을 주도한 시기였다고 볼 수 있다. 그러나 그의 장기 집권은 4.19혁명으로 막을 내렸고 동시에 개신교도 큰 상처를 입게 되었다. 한편 이승만 시대 기간 중 개신교인 수도 늘어 인구에 대한 비율이 대략 남한 인구의 2%대에서 5%대로 증가한 것으로 보인다[11].

기독교 국가의 추진

이승만의 제1공화국 12년의 특징은 종교와 사회적 시각에서 볼 때는 기독교 국가의 추진과 실패의 시기라고 볼 수 있다. 곧 이승만과 개신교 세력은 신생 대한민국을 법과 제도 면에 있어서는 국가와 종교 간 정교분리의 원칙을 지키지만 정신 면에 있어서는 기독교 정신에 기초한 나라를 세우고자 하였다. 독실하고 적극적인 개신교인 이승만은 그의 절대적인 권력과 영향력을 사용하며 이러한 기독교 국가 만들기에 힘썼다. 그는 대한민국이 마치 기독교 국가인 것처럼 행동하였으며 이러한 행동은 국가 공식 행사에서도 나타났다. 한 예로서 1948년 5월 대한민국 초대 국회 개원식에서 임시 의장직을 맡은 그의 첫 발언은 '대한 민주국 독립 민주국 제1차 회의를 여기에서 열게 된 것을 우리가 하나님에게 감사해야 할 것입니다.'였다

---

11) 이 통계는 저자가 여러 문헌에서 나온 통계를 보고 자의적으로 판단한 것으로 신뢰하기가 곤란하다.

개신교는 이승만이 대통령이 되는 데 큰 지원군이 되어 주었다. 군정 당시 남한 주민의 여론은 사회주의 지향 세력이 70%, 공산주의 지향 세력이 10%를 넘어서 자본주의 지향 세력은 20%에 미치지 못하는 것으로 나타났다[12]. 그러나 이러한 상황에서 개신교의 대다수는 이승만을 꾸준히 지지하였고 결국에는 남한 단독 정부 수립을 추진한 이승만이 제헌 국회에서 대통령으로 선출되는 데 큰 힘이 되어 주었다.

개신교는 이승만을 지도자로 하여 새로운 나라가 제1공화국으로 출발함에 있어서 주도 세력으로 자리잡게 되었다. 더욱이 6.25전쟁을 통하여 북한의 개신교인이 대거 월남함으로써 남한 개신교의 교세와 사회, 정치적 영향력은 더욱 커졌다. 이승만은 대통령직을 수행함에 있어서 제헌 헌법이 정하고 있는 정교분리의 원칙을 부인하지는 않았지만 그의 정신과 직무 수행 태도에 있어서는 기독교적인 행태를 강하게 보였다. 이하 그 행태를 몇 가지로 정리하여 보자.

첫째, 그는 국가 행사에 있어서 기독교적인 요소들을 도입하였다. 예를 들어 그는 1948년 5월 제헌 국회 개원식에서 목사 이윤영 의원에게 기도를 하게 하였고 자신의 초대 대통령 취임사에서 하나님과 동포 앞에서 직책을 다하겠다고 선서하였다. 이러한 행태는 당시의 제헌 헌법이 분명히 정치와 종교의 분리를 규정하고는 있었지만[13] 아직 이러한 정교분리의 원칙에 대한 의식이 확실하게 자리잡기 전이라 이승만 개인의 권위가 강하게 행사되는 가운데 그의 기독교적 의지가 그대로 통용이 되었던 것으로 생각된다.

---

12) 《기독교의 역사Ⅲ》, p. 39.

13) 제헌 헌법 10조 '모든 국민은 신앙과 양심의 자유를 가진다. 국교는 존재하지 아니하며 종교는 정치로부터 분리된다.'고 하여 정교분리의 원칙을 규정하고 있다.

둘째, 그는 공식적인 제도와 행정에 있어서도 기독교적 요소들을 도입하고 기독교에 편의를 제공하였다. 공휴일 문제에서 크리스마스라 하는 성탄일은 1949년에 정식 공휴일로 지정되었다. 한편 석가 탄신일은 이보다 26년 후인 1975년에 공휴일로 지정되었다. 다음으로 국기에 대한 경례 문제의 경우에도 이승만은 기독교의 의견을 받아드려 1950년 종전까지 국기에 대하여 허리를 굽혀 절하던 것 대신에 오른손을 왼쪽 심장에 대고 국기를 주목하는 주목례 방식으로 변경하였다.

전쟁 중이던 1951년부터 육군에 군종 제도를 실시하여 군종 목사와 군종 신부들이 군인 신분으로 군대 내 종교활동을 하도록 하였다. 이리하여 군종 제도는 개신교의 복음화 사업의 중요한 내용이 되었다. 한편 불교의 군승 제도는 1968년에 시행되었다. 한편 방송에 있어서는 일제시대부터의 공영 방송인 서울중앙방송이 있었는데 1954년에는 건국 이후 처음으로 기독교방송이 허가되었고 두 번째로 1956년에는 해외 선교를 목적으로 하는 극동방송이 허가되었다. 가톨릭평화방송과 불교방송은 1990년에 개국하였다.

셋째, 개신교 진영의 강세는 당시 정부의 인적 구성에서도 나타난다. 초대 국회의원 208명 중 4명의 목사를 포함하여 21%인 44명이 개신교 교인이었으며 제1공화국의 19개 부처 장·차관 242명 중 38%가 개신교 교인이었다. 이러한 사실은 당시 개신교 교인 수가 크게 잡아도 5% 미만인 점에 비추어 매우 높은 비율이라고 하겠다[14].

이렇게 이승만 시대에는 전반적으로 개신교인들이 사회의 각 부문에 고루 진출하여 한국사회를 이끌어 나갔다고 할 수 있다.

---

14) 《기독교의 역사Ⅲ》, p. 42.

이승만 시대는 이승만 대통령 개인의 절대적인 권력과 영향력 아래 그리고 여기에 더하여 개신교인들의 정치 사회 각 분야의 진출을 통하여 기독교 국가가 추진된 시기라고 할 수 있다.

한편 이승만 시대 중 천주교는 남여 수도회와 수녀회 및 신자들의 전도와 봉사 활동 등에 힘입어 교인 수가 1949년 16만 명에서 1960년 45만 명으로 크게 늘어났다. 그러나 이 기간 중 천주교는 이승만 정권으로부터 강하게 탄압을 받았다. 예를 들어 이승만 정부는 교황청에 노기남 주교의 퇴진을 요구하였고 천주교가 발행하는 경향신문을 일시 폐간하기도 하였다. 이렇게 이승만 정권이 천주교를 탄압한 정치적 배경으로는 야당 지도자이자 독실한 천주교인인 장면과 천주교를 하나로 보고 야당 탄압 의도로 시행한 것이었다.

기독교 국가 추진의 실패

이상과 같은 이승만 정권의 기독교 국가 추진은 이승만의 대통령 취임 12년간 진행된 셈이지만 그 결과는 1960년의 4. 19혁명으로 인한 이승만 대통령의 하야로 결국 실패하였다고 하겠다. 곧 이승만의 정치적 실패가 그와 개신교가 신생국 한국의 출발과 함께 시작한 기독교 국가 추진의 실패를 의미한다고 하겠다.

그러면 이제 여기에서 이승만 정권의 실패의 내용을 살펴보도록 하자. 그의 정치적 실패란 그의 대통령직 수행이 국민들의 지지를 잃게 되어 급기야는 학생들의 대규모 시위로 대통령직에서 물러나게 된 것을 말한다.

그렇다면 문제는 왜 국민이 그를 지지하지 않게 되었는가 하는 것이다.

당시 국민들이 이승만 정권을 생각할 때 떠올리는 단어들은 첫째 가난, 둘째 독재, 셋째 부정부패다. 그리고 이러한 부정적인 단어들이 그대로 이승만 정권에 대한 국민들의 거부를 나타낸다고 할 것이다. 이제 이들 세 가지 사항에 대하여 차례로 살펴보도록 하자.

첫째, 이승만 시대의 가난 문제를 보도록 하자. 당시 한국은 정부 수립 2년만에 6.25전쟁이 일어나서 3년 동안이나 계속되어 많은 인명 피해는 물론 엄청난 파괴를 겪게 되었다. 이러한 사정을 배경으로 1인당 GNP는 통계가 처음 작성된 1953년에 67달러이고 1960년에 80달러였다. 이는 당시 세계적으로 최빈국 수준이었으며 북한보다도 많이 낮았다[15]. 대부분의 국민들이 절대 빈곤 상태에서 가난에 허덕였다. 많은 사람들이 굶어 죽었고 봄이면 보릿고개로 해마다 농촌 마을에 식량이 떨어지는 일이 되풀이되었다. 그런데 문제는 정부가 경제개발을 제대로 추진할 자세와 능력을 국민들에게 보여주지 못하여 가난을 벗어날 수 있다는 희망을 주지 못하였다는 점이었다. 1956년 5월의 제3대 대통령 선거에서 당시 야당의 구호가 '못살겠다. 갈아보자!'였는데 이 구호는 당시 이승만 정권 아래에서 국민들이 느끼고 있던 가난과 부패로 인한 좌절감과 분노를 그대로 표현한 것이었다.

둘째, 이승만의 독재 문제를 보도록 하자. 이승만의 독재는 장기 집권을 위한 개헌의 무리한 시행에서 잘 나타나고 있다.

이승만은 대통령 당선을 위하여 1952년 개헌을 통하여 국회에서의 간접 선출을 국민의 직접 선거로 바꾸었고 1954년 개헌을 통하여 대통령

---

15) UN통계에 따르면 남한의 1인당 GDP(국내총생산)가 북한보다 높아진 것은 1974년이다(남한 555달러, 북한 521달러). 한편 2018년 1인당 GNI(국민총소득)는 남한이 북한의 26배 수준이다.

중임 제한을 없앴다. 그런데 그는 1952년 개헌에서는 계엄령 선포 및 군대와 경찰의 국회 포위로 공포 분위기를 조성하였고 1954년 개헌에서는 한 표 차로 개헌이 부결되자 이른바 4사5입 개헌이라 하여 개헌 필요 정족수를 한 표 줄이는 억지를 부리면서 부결 선포된 개헌을 가결로 번복하였다. 여기에서 본 이승만의 장기 집권을 위한 개헌의 무리한 추진은 그의 독재의 상징적인 예이며 정치 사회적인 모든 부문에서 그의 집권 동안 독선과 강압과 기만의 행태가 계속되었다.

셋째, 이승만 시대의 부정부패 문제를 보도록 하자. 당시 부정부패는 독재와 함께 이승만 정권을 특징짓는 보편적인 성격이었다.

당시 사람들의 대화에서 가장 흔하게 사용된 단어가 바로 '빽'이라는 단어였다. 뒤에서 밀어주는 사람을 뜻하는 이 단어는 요즘도 심심찮게 쓰이고 있는데 이승만 정권 당시에는 이 빽이 보편적인 현상이었다. 거의 모든 채용이나 사업 선정 등에 있어서 공정한 경쟁은 거의 찾아볼 수 없었고 모든 것이 빽에 의하여 결정이 되는 실정이었다. 이렇게 이승만 시대의 한국사회에서는 공정성이란 개념은 찾아볼 수가 없었으며 부정부패가 만연하였다.

이승만의 장기 독재체제가 지속되는 가운데 그의 밑에서 그에게 충성을 다한 정관계 인사들이 그의 독재체제 유지에 헌신하는 대신 그로부터 직책을 얻어 사익을 채우는 부패 구조가 형성된 것이다. 그런데 당시 국민들 사이에서는 이승만 대통령이 오늘날의 청와대인 경무대 안에서 측근들에 의해 인의 장막에 둘러싸여 다 잘되어 간다는 보고만 들으면서 한국사회가 실제 어떻게 돌아가고 있는지 제대로 파악하지 못하고 있다는 이야기가 퍼져 있었다. 이는 이승만 정권의 말기적 상황을 나타내고 있는 것이다.

이와 같이 이승만 정권 아래에서의 가난과 독재, 부정부패로 인하여 국민들은 이승만 정권을 거부하게 되었고 결국은 이러한 국민들의 거부가 제4대 대통령 선거인 1960년의 3.15부정 선거를 계기로 전국적인 학생들의 시위로 폭발하고 이에 대해 경찰이 발포하여 사상자들이 발생하자 이승만 대통령이 하야하면서 이승만 정권은 막을 내리게 되었다. 그리고 이와 함께 그와 개신교계가 12년간 추진하였던 기독교 국가의 추진도 실패로 끝났다.

3 ___ 장면 시대(1960~1961):
천주교 총리, 그리고 자유와 무질서의 짧은 간주곡

장면은 이승만 독재에 대한 반감으로 내각 책임제를 채택한 제2공화국의 총리로서 제2공화국이 출범한 2개월 후인 1960년 8월부터 군사쿠데타로 제2공화국이 무너진 1961년 5월까지 9개월간 재임하였다. 제2공화국은 기간이 짧고 또 정치적 사회적으로 무질서와 혼란이 지배함에 따라 그 상황이 거의 무정부 상태와 흡사하여 앞의 이승만의 제1공화국과 뒤의 박정희의 제3, 4공화국이라는 강력하고도 존재 의미가 뚜렷한 두 공화국 사이에 끼어서 역사적으로나 현실적으로 독자적인 의미를 별달리 인정받지 못하고 있다고 하겠다. 이제 여기에서도 세 가지 특징적인 사항을 제시하는 것으로 이 기간에 대한 논의를 대신하고자 한다.

첫째, 이 기간을 나타내는 가장 큰 특징은 무질서와 혼란이었으며 거의 무정부적 양태를 보였다는 점이다.

사회적으로는 치안이 유지되지 않아 무법천지를 방불케 하였다. 경찰은 3.15부정 선거에 가담한 데다 4.19시위대에 발포한 처지라 치안 유지를 포기하다시피 하였다. 그리하여 대낮에도 시내에는 불량배들이 몽둥이를 들고 제멋대로 설치고 돌아다녔고 경찰은 이를 못 본 체하였다. 또 다른 예로 대학생들이 판문점에서 북한 대학생들과 만나 조국의 통일에 대하여 논의하겠다고 나서기도 하였다. 정치적으로는 이승만 정권 때 야당으로서 여당인 자유당에 맞서다가 4.19혁명 이후 집권당이 된 민주당이 장면 총리가 이끄는 신파와 윤보선 대통령이 이끄는 구파로 분열하여 정쟁에만 몰두하여 국가 기능을 거의 마비시켰다는 점이다. 이러한 정쟁 때문에 장면은 9개월 동안 세 차례나 개각을 시행하였다. 그리고 4.19부상자들에게 국회 의사당이 점거되는 일도 벌어졌다. 결국 제2공화국은 시대적 요청인 경제개발은 시작도 못한 채 정쟁으로 시종하다가 결국에는 군사쿠데타로 막을 내리게 되었다.

둘째, 장면 총리가 독실한 천주교 신자였다는 점이다.

제1공화국 대통령 이승만이 적극적인 개신교 신자로서 기독교 국가를 추진한 바 있지만 제2공화국 장면 총리는 모태에서부터 천주교 신자였으며, 일생을 공사 구분 없이 철저한 천주교인으로 살았다. 그의 사후에 천주교 일부에서 그를 성인으로 추대하려는 움직임도 있었다. 또한 천주교도 장면이 총리가 되기 전부터 그의 정치적 행로를 열렬하게 지지하였다. 그리고 천주교는 국회의원 선거에서 천주교인 후보자들의 당선을 강력하게 지원하여 10명의 국회의원이 당선되는 데 도움을 주었다. 장면은 총리 재임 기간이 짧아 천주교의 세력화에 큰 진전을 이루지는 못하였지만 고위직 인사에 있어서 천주교인의 비중은 이승만 정권 때의 7% 수준에서 그의 재임 때 12% 수준으로 상당한 증가를 보였다. 이렇게 천주교는 장면 정부의 강력한 지지자의 역할을 담당하였다.

셋째, 그의 재임 기간은 자유 민주주의가 제약 없이 분출된 시기였다는 점이다.

그의 전임 이승만의 장기 독재로 억압되었던 국민의 자유 민주주의에 대한 갈망이 4.19혁명의 성공과 함께 폭발적으로 표출됨으로 인해 그의 총리 재임 기간은 국민들이 언론의 자유를 비롯하여 자유 민주주의를 누린 시기가 되었다. 그러나 이러한 자유는 민주주의 체제 아래에서의 정당한 규칙에 따라 운영된 것이 아니었기 때문에 결국에는 방종에 머물게 되면서 국민들의 자유 민주 체제에 대한 실망과 환멸을 초래하고 군사쿠데타의 구실을 주기도 하였다.

장면 시대는 12년의 이승만 독재 시대와 18년의 박정희 군사독재 시대 사이에서 자유와 무질서가 뒤엉킨 간주곡과 같은 시대였다고 볼 수 있다.

4 ___ 박정희 시대(1961~1979):
군사독재체제와 보수 개신교의 반공 연합

박정희 독재 그리고 경제개발의 시대

박정희 시대는 박정희가 1961년에 5.16군사쿠데타를 일으켜 권력을 장악한 이후 1979년 10월 중앙정보부장 김재규에게 피살될 때까지 19년의 기간으로 이름 그대로 박정희가 절대 권력을 행사하며 한국을 지배한 시기이다.

박정희 시대의 특징은 대체로 '군사독재'와 '경제개발'의 두 단어로 요약될 수 있다. 이제 박정희 시대를 위의 두 가지 특징을 중심으로 살펴보도록 하자.

첫째, 박정희시대는 박정희 군사독재 시대로 규정된다.

박정희는 군사쿠데타 이후 2년 여 군사정부 지도자로 지낸 이후 두 번의 대통령 선거와 3선개헌 후의 대통령 선거 그리고 10월유신 이후 두 번의 대통령 선거에서 당선되어 모두 다섯 번 대통령에 선출되었다. 그런데 유신 이전의 세 번의 선거는 국민에 의한 직접 선거였으며 또한 조직적인 부정 선거였다고 보기도 어려워서 10월유신 이전의 12년을 독재 시대라고 보기가 어려운 면도 있지만 내용적으로는 불법적으로 국가 권력을 자신에게 집중시키고 정보기관을 부려서 반대 세력을 억압하고 국민의 기본권을 유린한 독재체제였다. 문제는 그럼에도 불구하고 국민들이 계속해서 그를 대통령으로 뽑았다는 점인데 이는 국민들이 그의 독재를 허용하였다고 볼 수 있다.

그러나 1972년 이후의 유신체제는 철저한 독재체제였다. 유신체제란 박정희가 1972년 10월에 국회를 해산하고 계엄령을 선포하면서 추진 시행한 절대 독재체제로서 박정희가 행정권은 물론 국회의원 1/3과 법관의 임명권을 가지는 등 입법권과 사법권까지 모두 가지며 국민대표들이 대통령을 뽑는 등 종신 통치를 하는 체제이다. 이에 더하여 유신체제에 반대하면 징역형을 받도록 하였다. 박정희는 10월유신의 명분으로 남북대화 뒷받침과 주변 정세 대응을 내세웠지만 유신체제는 그의 독재를 위한 장치에 지나지 않았다. 이러한 유신체제의 시행으로 말미암아 박정희 시대 전체가 독재 시대로 확실하게 규정되게 되었다.

그런데 박정희 시대에 있어서 한 가지 기억해야 할 사항은 박정희가 국민정신의 개조를 추진하였다는 점이다. 박정희는 1968년에는 교육 이념의 정립을 위하여 국민교육헌장을 제정하였고 1970년에는 농촌 환경개선 및 농민의 의식 개혁을 위하여 새마을운동을 시행하였다. 이는 절대 독재체제에서 가능했던 전체주의적 발상이었는데 두 가지 모두 국민의식에 큰 영향을 주었다.

둘째, 또한 박정희 시대는 경제개발 시대로 규정된다.

박정희 시대는 한국이 경제개발에 성공함으로써 산업화를 이루어 세계 최빈국 집단에서 벗어나 오늘날 세계 10위권 선진 경제로 도약할 수 있는 토대를 마련함으로써 경제적 측면에서는 역사적으로 가장 중요한 의미를 지닌 시기였다고 하겠다. 박정희 시대를 통하여 한국은 수출주도형 경제개발에 성공함으로써 높은 경제성장률을 기록하여 저소득 국가에서 벗어나 중소득 국가 단계로 들어갔으며 공업화 또는 산업화를 이룩하고 나아가서는 선진화의 물적 토대를 마련하였다고 볼 수 있다. 이러한 경제개발의 결과로 인해 박정희 시대를 거치는 동안 한국사회의 성격은 전통 농업사회로부터 근대 산업사회로 전환하게 되었다.

경제적 성과를 몇 가지 통계를 통하여 살펴보자. 먼저 박정희가 통치한 1961~1979년의 19년 동안 한국경제는 연평균 10.0%의 경제성장률을 기록하였고 그 결과 1인당 국민소득은 1961년의 85달러에서 1979년의 1,709달러로 증가하여 명목상 20배 증가하였다. 이러한 높은 경제성장률은 세계적으로 거의 유례를 찾기 어려운 경우이다. 한편 수출액은 1960년의 3천 3백만 달러에서 1979년의 150억 달러로 명목상 450배나 증가하였다.

경제구조 면에서도 큰 변화를 보였다. 곧 산업구조 면에서 1960년과 1979년을 비교하면 국민총생산액 기준으로 농업 37%에서 19%, 제조업 16%에서 29%, 서비스업 47%에서 52%로 변화하여 농업 비중보다 제조업 비중이 더 커졌다. 그리고 제조업 내용에 있어서도 기간 중 경공업 비중보다 중화학 공업 비중이 더 커졌다.

박정희 시대에 한국이 경제개발에 성공한 이유로는 네 가지를 제시할 수 있겠다.

첫째, 한국사회가 경제개발을 최고의 목표로 명확하게 설정하였다는 점이다. 해방 이후의 혼란과 6.25전쟁을 거치면서 한국국민은 가난에서 벗어나 잘살고 싶다는 생각이 절실하였는데 박정희가 경제개발을 국가적 목표로 명확하게 제시하였다.

둘째, 경제개발을 실현할 전략으로 수출주도형 공업화를 채택하였다는 점이다. 국내 시장이 좁은 한국으로서는 세계 시장을 대상으로 한 수출이 경제성장을 가능하게 할 전략 부문이었는데 당시 박정희 정부가 바른 전략을 택하였다.

셋째, 경제개발을 추진할 시행 체계를 구성하였다는 점인데 박정희는 경제개발을 주도할 기구로 경제기획원을 신설한 것을 비롯해서 정부와 기업을 포함한 효율적인 경제개발 추진 체제를 확립하였다.

넷째, 경제개발에 필요한 모든 자원을 지속적으로 그리고 효율적으로 동원하였다는 점이다. 경제개발을 위하여는 노동력과 자본 그리고 기획 및 행정력 등 국가의 모든 자원이 동원되어야 하는 바 한국은 높은 교육열을 바탕으로 양질의 노동력과 유능한 관료조직이 갖추어져 있었다. 자본이 부족하였는데 박정희는 한일 회담 추진의 예에서 보듯이 외자 도입에 적극 노력하였다. 그러나 박정희 후기 유신체제 시기에는 정부와 사회적 에너지가 오로지 박정희의 집권 유지에 집중되어 국가 체제의 효율성이 떨어졌다.

전체적으로 볼 때 박정희 시대의 경제개발은 박정희 전반기 곧 1972년 유신체제 이전 시기는 장면 정부의 혼란으로 실망했던 국민들이 박정희 독재를 용인하면서 박정희와 함께 경제개발에 매진하는 가운데 성공적으로 경제개발이 이루어졌지만 박정희 후반기 곧 유신시대에는 국민들이 동의하지 않은 박정희 독재체제가 국가의 효율성을 억제함으로써 경제개발에 부정적인 영향을 주었다고 볼 것이다. 그렇다고 하더라도 박정희 시대는 한국의 선진화를 가능케한 역사적으로 중요한 시기라고 할 것이다.

이렇게 박정희 시대는 독재와 경제개발의 두 가지 특징을 극명하게 보여주고 있다.

박정희 독재와 기독교의 관계 - 세 가지 흐름: 1960년대와 1970년대

박정희 정권과 기독교의 관계는 1960년대와 1970년대가 차이를 보인다. 1960년대에는 개신교와 천주교 모두 박정희 정권을 지지하고 정권과 공조하는 태도를 보였다. 그러나 박정희 독재체제가 강고하게 되는 1970년대에는 개신교는 보수와 진보로 나뉘어져서 보수적 성향의 개신교는 여전히 박정희 정권을 지지한 반면 진보적 개신교는 박정희 정권에 대하여 강하게 반대하였으며 천주교의 경우도 1970년대에는 천주교 전체가 민주화를 주장하며 박정희 독재체제에 반대하였다. 이제 박정희 시대에 있어서 이와 같은 기독교의 세가지 흐름을 살펴보도록 하자.

첫째, 보수 개신교는 박정희 정권 내내 박정희 정권을 지지하였다. 그 이유는 박정희 정권이 내세운 강력한 반공 태세 때문이었다. 박정희는 쿠데타 첫날부터 반공을 최우선 정책으로 천명하였고 집권 내내 반공을 독재의 근거로 이용하였다. 그리고 보수 개신교는 여기에 동조하였다. 한국의 개신교는 신학적인 입장에서 근본주의적이며 개인구원을 강조하는 보수 개신교와 자유주의적이며 사회참여적 성향의 진보 개신교로 구분할 수 있는데 교세에 있어서 보수 개신교가 진보 개신교보다 훨씬 커서 개신교의 주류로서의 위치를 차지해 온 반면 진보 개신교는 비주류적인 입장에 있다.

그런데 보수 개신교가 진보 개신교에 비해 상대적으로 반공 성향이 절대적으로 강하여 반공적인 정권이라면 독재체제도 용인하는 입장을 취하여 왔고 이승만 정권에 이어 박정희 정권에 대하여도 이를 지지하는 태도를 보여 온 것이다. 그리하여 보수 개신교는 5.16군사쿠데타가 나자 이를 지지하였으며 이러한 지지는 유신체제 몰락 때까지 이어졌다.

둘째, 진보 개신교 또한 반공 성향은 강하지만 보수 개신교에 비하여 사회참여적인 태도가 강하여 박정희 독재체제에 대하여 비판적인 성향이 있었다. 그렇지만 독재체제적인 성격이 아직 강고하지 않았던 1960년대에는 진보 개신교도 박정희 정권에 대한 반대를 적극적으로 나타내지는 않았다. 그러나 박정희 정권의 독재체제가 강력해진 1970년대에 이르러서는 진보 개신교는 민주화운동에 적극 나서면서 박정희 정권의 탄압에도 굴하지 않고 강한 반대를 밀고 나갔다.

진보 개신교는 박정희의 1969년 3선개헌에 대한 반대운동에 앞장섰으며 강압과 공포의 유신체제 하에서도 유신체제가 몰락할 때까지 반대 활동을 계속하였다. 이렇게 보수 개신교는 '반공이면 독재도 괜찮다'라는 입장을 취한 데 비해 진보 개신교는 '반공이라도 독재는 안된다'라는 입장을 취하였다.

셋째, 천주교는 박정희의 쿠데타에 대하여 이를 받아들이는 태도를 보였으며 이러한 태도는 1960년대 후반에 이르기까지 계속되었다. 그러나 박정희 정권이 독재적 성격을 노골적으로 드러내기 시작한 1960년대 말 이후부터는 박정희 정권에 대하여 비판적인 태도를 보이기 시작하였다. 그리고 1970년대에는 김수환 추기경 이하 전체 천주교가 강력하게 유신체제에 반대하고 저항하였다.

천주교는 1960년대 말부터 한국사회의 민주화 문제에 관심을 갖기 시작하여 1969년 박정희의 3선개헌에 대하여 천주교 일부에서 반대 의사를 나타냈다. 그리고 1970년에는 '정의평화위원회'를 설립하였으며 이후 지학순 주교가 앞장서고 김수환 추기경도 유신 반대에 적극 나서는 가운데 일부 소수를 제외한 천주교 전체가 사회정의 및 민주화운동에 나섰다. 이후 천주교는 박정희 유신체제의 종말에 이르기까지 투옥과 고문 등 탄압에도 굴하지 않고 강력한 저항을 계속하였다.

박정희 독재와 보수 개신교의 반공 연합

우리는 앞에서 박정희 독재에 대한 보수 개신교, 진보 개신교 및 천주교의 대응을 살펴보았는데 이 세 가지 흐름 가운데 기저적으로 시대의 성격을 형성한 것은 역시 박정희 군사독재체제와 한국 개신교의 주류인 보수 개신교의 반공 연합이었다고 하겠다.

1961년 박정희가 쿠데타를 일으키며 반공을 최우선 목표로 내세우자 4.19이후의 혼란과 무질서로 남한의 사회 체제가 북한의 위협으로부터 취약해진다고 생각하여 불안을 느끼고 있던 보수 개신교는 박정희 군사 정권의 등장을 크게 환영하였고 적극 지지하였다. 비록 박정희 정권이 개신교 중고등학교에서의 종교교육 규제, 주목례 방식의 국기배례의 종전 방식으로의 복구 등 기독교 우대 조치들의 폐지와 불교의 군종 제도 참여 등의 조치들을 실시하였지만 개신교는 여전히 박정희 정권에 대한 확고한 지지를 계속하였다. 보수 개신교가 박정희 정권의 정책에 거의 유일하게 반대한 것은 1965년에 체결된 한일협정의 경우인데 이때 보수 개신교도 이를 굴욕적이라 하여 진보 개신교와 함께 전 개신교가 반대 하였다.

한편 보수 개신교는 박정희 정권과 연합하는 가운데 민족 복음화에 전력을 기울였다. 그 예가 박정희 정권의 협조를 얻어 추진한 군 장병에 대한 선교 사업과 대형 전도집회였다. 군 선교 사업은 이승만 정부 때인 1951년에 도입된 군종 제도에서 이미 시작되었지만 박정희 정권 때인

1960년대 말부터 군인의 신자화가 전력에 도움이 된다고 본 박정희와 군의 호의적인 협조를 받았다. 한 예로 박정희는 1976년에 '신앙 전력화'라는 친필 휘호를 군종감실에 내려 보냈고 곧 이 휘호가 전군의 종교 시설에 걸리었다[16]. 이러한 군 선교 사업은 군 장병을 대상으로 한 합동 세례식의 시행과 군 예배당 건축 등을 통하여 이루어 졌는데 이러한 군 선교의 결과 군대 내 개신교 신자 수는 1970년 11만 명에서 1974년에는 34만 명이 되는 등 큰 성과를 거두었다[17]. 또한 박정희 정권의 협조로 대형 전도집회도 여러 차례 열렸는데 유신 초기인1973년에 빌리 그래함(Billy Graham) 전도집회가 서울 여의도광장을 비롯하여 전국 주요 도시에서 열려 연인원 300만 명 이상이 참석하였다.

이렇게 박정희 시대 동안 보수 개신교는 민족부흥운동을 강력하게 실천하였는데 한국 개신교는 이 시기 1960년대와 1970년대 동안 대단한 성장을 기록하였다. 개신교인 수는 1960년의 150만 명에서 1980년의 720만 명으로 20년동안 다섯 배 정도 증가하는 대단한 성장세를 보였다.

박정희 시대는 박정희 군사독재체제와 보수 개신교가 반공을 매개로 공존 속에 박정희의 군사독재체제는 경제개발에 그리고 보수 개신교는 민족 복음화에 모든 역량을 집중하는 가운데 한국은 경제성장과 개신교의 성장이라는 두 가지 성장의 실현을 기록하였다.

---

16) 《대통령과 종교》, p. 86.
17) 《한경직의 기독교적 건국론》, p. 207.

5 ___ 전두환 시대(1980~1988):
군사독재체제와 보수 개신교의 연합 계속

정통성 없는 군사독재의 재등장과 광주의 비극,
그리고 경제 번영 속 민주화 투쟁의 승리

전두환 정권은 기본적으로 정당성이 없는 군사독재체제였으며 이는 박정희의 유신체제와 같다고 할 것이다. 1979년 10월 26일 박정희의 갑작스러운 사망으로 유신체제가 무너지자 한국국민들은 드디어 군부 독재가 끝나고 민주주의가 실현되리라고 기대하였다. 그러나 이러한 기대도 잠시 국군보안사령관 전두환이 12.12쿠데타를 일으켜 권력을 잡고 이어서 이듬해인 1980년 5.18광주 민주화운동을 유혈 진압한 후 9월에 대통령에 취임함으로써 전두환의 군사독재 시대가 시작되었다. 그리고 전두환 정권은 그가 1987년 6월 민주항쟁에 굴복하여 대통령 직선제를 내용으로 하는 개헌을 받아들이고 1988년 2월 임기를 마치면서 끝이 났다.

전두환의 집권은 한국 현대사의 비극이었다. 그의 집권으로 한국국민의 민주화 희망은 깨어졌으며 무엇보다도 5.18광주시민의 민주화 요구 시위에 공수부대를 보내어 무자비하게 진압하는 과정에서 수백 명의 사망자와 수천 명의 부상자가 발생하였다. 이는 전두환 집단이 자신들의 집권을 위하여 저지른 어이없는 살생이었다. 이러한 비극을 초래하면서 전두환은 대통령이 되어 8년간 집권하였다. 이리하여 한국은 박정희 19년에 전두환 8년을 더하여 27년간 군사독재체제가 지속되었다.

전두환 정권은 출발 때부터 많은 국민들로부터 정통성을 인정받지 못하였으며 정권 내내 민주화 세력으로부터 끊임없이 도전을 받았다[18]. 비록 무력과 공포에 의한 통치로 체제를 유지하였지만 한국국민들의 폭넓은 민주화 욕구를 계속 억압하기는 버거운 상황이었다. 결국 7년의 대통령 임기 말에 전두환은 이러한 민주화 요구에 굴복하여 대통령 직선제를 내용으로 하는 개헌에 찬성할 수밖에 없었다.

한편 경제 면에서 전두환 시대는 빼어난 성적을 기록하였다. 전두환 정권은 유능한 경제관료들의 활약에 힘입어 집권 초기의 경제위기를 경제 안정화 정책 시행으로 극복한 이후 경제정책의 방향을 단기적인 경기부양보다는 중장기적 물가안정을 도모하는 안정화 정책과 경제활동에 있어서 정부의 역할을 축소시키는 동시에 기업의 역할을 증대시키는 자율화 정책 및 국제 무역에 있어서 수입 자유화를 점진적으로 확대시키는 개방화 정책을 시행하였다. 그리하여 한국경제는 경제개발의 성숙기로 들어섰다. 그 결과 전두환 정권 중 한국경제는 세계경제의 호황에 힘입어 연평균 경제성장률 9%와 연평균 인플레이션율 9%로 고성장 저인플레이션의 뛰어난 성과를 기록하였다는 점이다. 그리고 이러한 경제호조는 전두환 정권의 기를 살려주었다.

군사독재체제와 보수 개신교 연합의 계속, 그리고 개신교 온건 보수의 민주화 지지 합류

1980년대에 들어선 전두환 시대는 표면적으로는 전두환의 군사독재체제와 보수 개신교의 연합이라는 박정희의 유신체제 때의 성격이 계속

---

18) 17년 후인 1997년 4월 전두환 노태우 등은 12. 12군사 반란 및 5. 18민주화운동 진압과 관련하여 대법원으로부터 유죄 확정 판결을 받았다.

되는 모습을 보였다. 그러나 내용적으로는 천주교와 진보 개신교가 종전 박정희 유신시대에 이어 반독재 민주화운동을 계속하는 가운데 보수 개신교 일부까지도 민주화 지지 태도를 보임으로써 1970년대와는 약간 변화된 모습을 보였다.

한국 개신교의 주류인 보수 개신교는 유신 정권에 이어 전두환 정권도 지지하며 나섰다. 그 대표적인 예로 개신교 대표들은 광주 민주화운동 석 달 후인 1980년 8월에 전두환을 위한 조찬 기도회를 열어 감사와 축복을 빌어서 오늘날까지 비판을 받고 있다. 이렇게 하여 전두환 정권 내내 보수 개신교는 박정희 유신체제에 이어 전두환 독재 정권과도 연합을 유지하였다. 전두환 정권은 반공과 친미를 정권의 기본 방향으로 하고 있었는데 이는 보수 개신교 또한 견지하는 방향이었다. 다만 여기서 한 가지 주목되는 점은 이렇게 전두환 독재 정권과 보수 개신교의 연합이 유지되는 가운데서도 보수 개신교 진영 중 일부 온건한 성향의 보수 개신교 집단은 전두환 독재에 대하여 반대하는 입장을 갖게 되었다는 점이다.

이리하여 보수 개신교는 전두환 정권으로부터 큰 도움을 받았다. 예를 들어 유신체제 때와 마찬가지로 정권의 지원을 받아 대규모 전도집회가 열렸는데 대표적인 것으로 1980년 8월의 '80 세계 복음화 대성회'와 1984년 8월의 '한국 기독교 100주년 선교대회'가 있다. 두 대형 집회는 모두 여의도광장에서 열렸는데 각각 수백만 명이 참석하였다. 이러한 대형 집회는 개신교의 전도와 선교에 도움이 된 것으로 보인다. 이러한 가운데 개신교의 성장세는 비록 1960년대와 1970년대 수준에는 미치지 못하지만 1980년대에도 계속되었다.

그런데 전두환 시대 중 한국의 기독교는 보수 진영의 영향력이 약화되는 한편 진보 진영의 영향력이 강화되는 흐름을 보였다. 박정희의 유신독재체제가 지배하였던 1970년대에 개신교 내에서는 유신독재체제를 지지하는 보수 개신교 진영과 이에 반대하는 진보 개신교 진영으로의 분화가 확실하게 고착되는 모습을 보인 바 있었다. 그런데 1980년대에 들어와서는 보수 개신교 진영에서도 전두환 독재에 대한 거부감이 커지면서 민주화를 모색하는 활동이 나타나기 시작하였다.

한편 1970년대에 유신체제에 대한 저항을 분명히 하였던 천주교는 1980년대에도 김수환 추기경을 비롯한 전체가 전두환 군사독재에 대한 반대를 분명히 함으로써 민주화에 대한 입장이 더욱 공식화되고 강화되는 성향을 보였다. 이로써 한국의 기독교는 1980년대에 들어와서 군사독재체제에 대한 반대가 1970년대에 비하여 더욱 분명하고 확장되는 태도를 보이게 되었다. 그리고 이러한 천주교의 정의구현 노력은 한국사회로 하여금 천주교를 정의롭고 신뢰할 수 있는 종교라는 인식을 갖도록 하였다.

그런데 이와 같이 기독교 안에서 진보 진영의 영향력이 커지는 상황에서 한 가지 주목되는 현상이 이들 진보 진영의 전반적인 민주화 주장 가운데 반미와 통일 문제가 중요한 의제로 대두되었다는 점이다. 종전까지 한국의 기독교는 반공이 기본적인 자세이고 여기에 자동적으로 친미가 따라오는 것이었는데 기간 중 부산 및 대구 미문화원 방화 사건 및 서울 미문화원 점검 농성 사건 등 반미 사건이 거듭 발생하였다. 이들 사건에는 개신교 젊은이들과 신부 등도 연관되었다. 이러한 반미 사건의 직접적인 이유는 신군부에 의한 광주 민주화운동의 진압을 미군과 미국이

묵인하였다고 생각하였기 때문이다. 결국 광주 민주화운동이 계기가 되어 한국사회와 기독교 일부에 있어서 반미 기류가 분명하게 형성되었고 미군 철수 주장도 나오게 되었다.

그런데 1980년대에 이르러서는 기독교 외에 한국사회 대부분이 군사독재에 대하여 거부감을 갖게 되었다. 여기에는 두 가지 요인이 있다고 하겠다. 그 하나는 전두환의 신군부 집단이 저지른 광주 민주화운동에 대한 잔인한 유혈 진압의 부도덕성에 대하여 한국국민의 대다수가 이를 용서할 수 없다고 생각한 점이다. 비록 전두환 독재체제의 폭력성에 대한 두려움으로 인해 그동안 대놓고 표현하지는 못하였지만 많은 한국국민들 마음 속에는 전두환 정권은 처음부터 그 정통성과 정당성을 인정할 수 없다는 판단이 강하게 자리잡고 있었다.

다음으로는 박정희의 18년 그리고 전두환의 8년의 장기간에 걸친 경제개발의 결과 한국이 가난에서 벗어나서 국민의 소득 수준과 생활 수준이 엄청나게 높아진 결과 이제는 다음 단계로 민주화에 대한 욕구가 커졌다는 점이다. 그리고 이러한 한국사회의 전반적인 민주화 욕구는 전두환의 임기 말인 1987년의 6월 민주항쟁으로 폭발되었다. 그리하여 전두환이 이에 굴복하고 대통령 직선제 개헌을 받아들임으로써 박정희 전두환으로 이어진 27년간의 군사독재체제는 드디어 막을 내리게 된 것이다.

6 ____ 노태우 시대(1988~1993):
민주화 전환기, 진보와 보수 개신교의 공식적 분리

민주화 전환기

노태우 시대는 그가 국민들의 직접 선거로 대통령에 당선되어 제6공화국 초대 대통령으로 재직한 1988년 2월부터 1993년 2월까지의 5년을 말한다.

노태우 시대는 한국이 박정희 전두환으로 이어진 30년 가까운 군사독재 시대에서 벗어나 민주 시대로 전환되는 민주화 전환기였다. 그러므로 군사독재 시기 동안 억압되어 있던 자유와 평등에 대한 욕구가 폭발함으로써 수천 건의 노동 쟁의와 계속되는 시위 등 마치 이승만 독재 이후 장면 시대의 경우처럼 혼란과 무질서로 국가의 정상적인 진행이 불가능해질 수도 있었다. 그러나 노태우는 '물태우'라는 비아냥을 감수하면서 공권력의 행사를 자제하였다. 그 결과 혼란스러운 상황을 자연스럽게 넘기며 민주화 전환기로서의 사명을 감당하였다. 이에 따라 한국사회는 이후 별다른 정치적 위기 없이 민주화로의 여정을 계속할 수 있었다. 본래 노태우는 전두환의 육사 동기로서 전두환 다음으로 12.12쿠데타의 주역이었으며 전두환에 의해 그의 후계자가 되었고 결국에는 전두환에 이어 대통령이 되었던 것이다. 그러나 대통령이 된 이후 노태우는 전두환 등 군부 세력의 영향력을 막으며 사회의 민주화 요청에 용의주도하게 대처하였다.

노태우는 취임 초기 경제적 호황 가운데 한국사회의 시대적 요청을 반영하여 권위주의의 타파와 경제적 형평을 강조하였으며 한국사회는 그러한 방향으로 진행되었다. 취임 첫 해엔 88서울 올림픽이 열려 한국의 발전상을 세계에 알리는 기회가 되었다. 정치 분야에서는 국회의 '5공청문회' 등으로 5공 청산이 어느 정도 진행되었고 군의 정치 개입은 금지되었다. 경제 분야에서는 재벌에 대한 비판 여론에 따라 재벌 규제가 강화되었고 노동자의 실질 임금이 빠르게 올라가며 소득분배 상황도 개선되었다. 복지 지출이 확대되었고 종합토지세 등 토지공개념도 도입되었다. 그러나 경제정책에 대한 정치 개입과 경제정책의 일관성 결여로 취임 초 '단국 이래의 호황'이던 한국경제는 좋지 않은 실적을 보이게 되었다.

노태우 정부는 대북한 관계와 대공산권 외교에 있어서 가장 좋은 성과를 보였다. 북한과는 종전의 적대적 관계에서 평화공존으로 전환되었다. 1990년부터 남북 고위급 회담이 열렸고 1991년에는 남북간 화해 불가침 및 남북 교류를 내용으로 하는 '남북기본합의서'가 체결되었고 남북한 동시 UN가입도 이루어졌다. 또한 공산권 국가와의 외교 관계 수립에도 큰 성과가 있어서 소련 및 헝가리 등 동구권 국가들과 중국과도 외교 관계를 수립하였다. 노태우는 전두환과 함께 군사쿠데타의 중심 인물로서 말 그대로 전두환 후계자였으나 대통령이 되어서는 한국사회가 군사독재체제에서 민주주의 체제로 전환하는 시기의 시대적 사명을 잘 감당한 것으로 보인다. 그리고 실제로 노태우 시대 중 한국사회의 민주화는 상당 부분 실질적으로 이루어진 것으로 생각된다.

정부와 진보 개신교의 평화통일 동조

이제 노태우 시대에서의 정부와 기독교와의 관계를 보도록 하자.

노태우가 당선된 1987년 말의 제6공화국 첫 번째 대통령 선거에서는 한국사회의 3대 종교가 각각 적극적으로 대통령 선거에 개입하였다. 불교는 불교 신도인 노태우를, 개신교는 개신교 교인인 김영삼을, 그리고 천주교는 천주교인인 김대중을 적극 지지하였다. 대통령이 된 후 노태우는 불교계의 요구 사항을 들어주려고 노력하였다.

그런데 막상 노태우 정부의 정책 방향과 동조를 보인 것은 특이하게도 개신교의 비주류인 진보 개신교와 천주교였다. 곧 위에서 보았듯이 노태우는 북한 문제에 있어서 종전 정부의 반공정책과는 방향을 달리하여 북한과 적극적인 대화에 나서면서 남북한 평화공존 정책을 추진하며 또 성과도 있었는데 이러한 정책은 진보 개신교와 천주교의 입장과 같은 방향이었다.

특히 진보 개신교는 통일 문제에 먼저 나서서 한국기독교교회협의회(NCCK)가 1982년 통일문제연구원을 설치하였으며 1985년에 '한국교회 평화통일 선언', 1988년 민족의 통일과 평화에 대한 '한국 기독교 교회 선언'을 발표하였다. 한국기독교장로회도 1986년과 1987년에 '평화통일에 대한 우리의 입장 1, 2'를 차례로 발표하였으며 1989년에는 문익환 목사가 정부 허가 없이 북한을 방문하여 김일성 주석과 면담하였다. 한편 천주교도 1989년 천주교인 임수경이 정부 허가 없이 북한을 방문하였으며 정의구현사제단은 이를 지지하고 문규현 신부를 북한에 파견하였다. 이들은 남한에 돌아오면서 모두 투옥되었다. 그런데 진보 개신교의 남북 관련 선언 등은 실제로 정부의 대북한 정책에 영향을 미쳤다. 이렇게 개신교와 천주교의 평화통일 활동은 노태우 정부의 대북정책과 방향을 같이하는 것이었다.

보수 개신교와 진보 개신교 분리의 공식화

한편 노태우 시대 중 개신교의 경우에 보수 진영과 진보 진영의 분리가 공식적이 되었다. 1989년 한경직 목사를 비롯한 개신교 보수 진영 인사들이 중심이 되어 한국기독교총연합회(이하 한기총)를 설립함으로써 한국 개신교는 종전의 진보 성향의 한국기독교교회협의회(이하 교회협)와 보수 성향의 한기총으로 분명하게 나뉘게 된 것이다. 그런데 보수 개신교 진영이 한기총을 설립한 이유는 이들이 협의회가 주도하는 진보 개신교의 평화통일운동이 남한의 반공 태세를 약화시키리라는 의구심과 불안감 때문이었다. 군사독재체제가 무너지고 민주화가 실현되면서 그동안 민주화 투쟁에 헌신한 진보 개신교 진영의 영향력이 커진 진보 개신교 진영이 평화통일운동으로 북한과의 평화공존 추진에 나서고 노태우 정부도 같은 방향으로 나가는 것을 보면서 보수 개신교 진영은 한국사회에서 자신들의 반공 친미 이념이 흔들리는 것을 느끼게 되었다. 그리하여 그들은 보수 개신교를 결집시키고자 한기총을 만들었고 여기에 주요 개신교 교단들이 거의 모두 참여함으로써 한기총은 교세로 보아 보수 개신교만이 아니라 한국 개신교를 대표하는 기관이 되었다. 그리하여 한국의 개신교에 있어서 보수 개신교와 진보 개신교의 분리는 공식화되었다.

진보 진영과 부수 진영 사이의 분열은 교회의 정치 사회참여에 대한 입장의 차이로 인한 것으로 진보 진영은 한국사회의 민주화와 통일운동 문제에 있어서 적극적인 참여를 실천하고자 하는 입장임에 반하여 보수 진영은 이러한 문제보다는 개인 및 민족 복음화에 절대적인 가치를 두는 입장이라고 할 것이다.

이와는 별도로 1980년대 말에는 보수 개신교 진영의 사회참여 활동이 활발해지기 시작하였다. 그 대표적인 예가 '(사)기독교윤리실천운동'과 '경제정의실천시민연합'의 설립이다. 제6공화국의 출발과 함께 1970년대 이후 진보 개신교와 천주교의 사회참여에 있어서 근본적인 과제였던 민주화가 상당 부분 해결됨에 따라 이들의 다음 단계 과제는 통일 문제가 주요 과제로 대두되었고 또 사회정의의 실천에 있어서도 종전에 비해 보다 분화된 분야별 과제에 집중하게 되었다. 그런데 그동안 민주화 투쟁에 방관적 자세를 취했던 보수 개신교가 사회참여에 보다 활발하게 참여하기 시작하였다. 1987년 12월에는 손봉호 이만열 등 보수 교단 소속 개신교인사들이 중심이 되어 사회 공의를 추진할 사단법인 '기독교윤리실천운동'을 설립하였고 1989년 11월에는 기독교 단체는 아니지만 주로 기독교인들이 '경제정의실천시민운동연합(경실련)'을 설립하였다.

한편 노태우 시대에 있어서 천주교는 1970년대 이후 반독재 민주화운동으로 대표되는 정의구현 운동을 통하여 한국사회에 있어서 정의롭고 신뢰할 수 있는 종교라는 인식을 주게 되었다. 그리고 예를 들어 명동성당은 민주화의 성역으로서의 상징성을 갖게 되었다. 특히 민주화운동에 천주교 전체가 헌신한 것이 천주교에 대한 신뢰성을 높여주었다.

7 ___ 김영삼 시대(1993~1998):
문민 대통령의 경제 실패와 개신교의 영향력 확인

문민정부의 민주화 성과와 경제 실패

김영삼 시대는 그가 노태우에 이어 제6공화국 2대 대통령으로 재임한 1993년에서 1998년까지의 기간을 말한다. 그는 박정희 전두환의 군사독재 기간 중 끈질기게 독재 정권에 강력하게 저항한 야당 정치인이었다. 그러나 그는 제6공화국 첫 대통령 선거에서 김대중과 후보 단일화에 실패하였고 그 결과 노태우가 당선되었다. 그런데 예상치도 않은 가운데 김영삼은 1990년에 그가 그동안 군부 독재 세력이라고 비난해 마지않던 노태우가 주도한 여당과 그가 이끄는 제2야당 및 김종필의 제3야당의 3당 합당에 참여하였다. 그리고 김영삼은 새로 만들어진 거대 여당의 대통령 후보가 되어 대통령 선거에서 김대중과 정주영을 이기고 노태우에 이어 제6공화국의 두 번째 대통령이 되는 데 성공하였다. 대통령이 되면서 노태우와 손잡은 것이 부담스러웠던 김영삼은 그의 정부를 '문민정부'라고 부르면서 자신의 차별성을 내세웠다. 실제로 그는 장면 총리 이후 33년만의 군인이 아닌 순수 민간 출신 국가 지도자였다.

김영삼 시대는 한국사회가 군사독재체제를 확실하게 종식시키고 본격적인 민주화 체제로 전환된 중요한 의미를 가진 시기였다. 물론 노태우 시대가 한국사회가 민주 체제로의 전환을 실천한 시기라고 볼 수 있지만 김영삼 시대는 내용 면에 있어서 한국 정치체제에 민주주의 체제로서의 정통성을 회복시키는 동시에 군을 탈정치화한 역사적 의의를 지닌 시기라고 할 수 있다. 특히 김영삼은 검찰로 하여금 전임 대통령들인 전두환과 노태우 등을 기소하게 하였으며 이에 대법원은 쿠데타 발생 18년 후인 1997년 4월에 전두환 집권의 토대가 된 1979년의 12.12 및 이 듬 해의 5.18사건에 대하여 이를 각각 군사 반란 및 내란으로 판단하고 이를 일으킨 전두환과 노태우 등을 유죄 판결하였다[19]. 그리하여 이들 두 전직 대통령과 관련자들이 복역하였다.

이 일은 성공한 쿠데타를 범죄 행위로 판결하고 가담자들을 처벌한 것으로 세계적으로도 유례를 찾기 어려운 민주주의 체제의 성과였다. 그 이전 김영삼은 대통령 취임 초기에 전두환 노태우가 이끌었던 군내 사조직인 '하나회' 회원들을 군에서 숙청하였다. 이렇게 하여 김영삼은 그가 줄곧 강조한 역사 바로 세우기와 문민정부를 실천하였고 동시에 군사쿠데타의 가능성을 실질적으로 닫아 버렸다. 그리고 김영삼의 이러한 민주 질서의 확립은 바로 다음 대통령 선거를 통하여 종전에 군이 기피한다고 알려진 김대중의 집권 및 평화적인 정권교체를 가능하게 함으로써 한국의 민주주의 체제가 자리잡도록 하는 데 결정적인 기여를 하였다고 할 수 있다. 그 밖에도 그는 금융실명제와 고위 공직자 재산 공개 등 중요한 개혁적인 과제들을 실천하였다. 그리고 이 두 제도는 한국사회 공공 부문의 부패 감소에 큰 기여를 하게 되었다.

그러나 이와 같은 중요한 성과에도 불구하고 김영삼 정부는 임기 말인 1997년 말에 불어닥친 이른바 IMF외환위기라 불리는 6.25동란 이후 최대의 경제위기로 말미암아 국민들로부터 실패한 정부라는 평가를 받게 되었다. 김영삼은 경제정책 면에서 자유화와 세계화를 서둘렀고 그리하

---

19) 전두환 노태우를 기소하도록 하는 등 이들이 유죄 판결 받는 데 주도적인 역할을 한 김영삼 은 1997년 12월 이들을 사면하였다.

여 1996년에는 이른바 선진국 클럽이라는 OECD에 29번째 회원국으로 가입하였다. 그러나 그 다음 해에 외환위기를 맞게 되었다. 외환위기 때 외국의 은행 등이 한국으로부터 갑작스레 자금을 회수하여 달러가 부족하게 되어 정부가 급히 IMF등으로부터 거액의 차관을 빌리게 되는 동시에 국내의 부실한 은행들과 수많은 기업들은 자금 부족으로 문을 닫게 되었다. 이로 인하여 실업자가 1997년의 56만 명에서 1998년의 146만 명으로 세 배로 급증하였고 경제성장률은 5%에서 7%로 곤두박질하는 등 나라 경제와 국민 생활은 말할 수 없이 곤란을 겪게 되었다.

이러한 경제위기는 종전까지 한국의 은행과 기업들이 해외 자본과 외부 차입에 지나치게 의존해 온 취약한 경제 체질에 기인한 것으로 이를 김영삼 정부에게만 책임을 묻기는 어려운 일이라고 할 것이다. 그러나 국민들은 물론 정부 또한 전혀 예상하지 못하던 갑작스러운 것이었기에 국민들의 고통과 불만은 엄청났고 이에 따라 김영삼 정부에 대한 평가는 매우 나쁘게 되었다. 그 결과 김영삼 정부는 정치 사회적인 부문에서의 커다란 성과에도 불구하고 국민들에게 실패한 정부라는 인식을 주게 되었다.

한편 전임 노태우 정부 때 크게 개선되었던 북한 관계는 김일성의 사망, 북한의 핵확산금지조약 탈퇴, 미국의 북한 핵시설 폭격 준비, 황장엽 북한 노동당 총서기의 남한 망명 등이 이어지면서 악화되었다.

개신교의 영향력 확인과 실망

이제 김영삼 시대에 있어서 기독교와 정치 관련 특징을 살펴보도록 하자.

첫째, 개신교와 김영삼이 개신교 대통령 만들기에 적극 나서고 또 성공하였다는 점이다.

개신교계는 지난번 1987년 선거와 마찬가지로 1992년 선거에서도 개신교 교인인 김영삼의 당선을 위하여 적극적으로 지원에 나섰다. 김영삼은 잘 알려진 대로 조부와 부친이 독실한 장로인 기독교 집안에서 태어났고 스스로도 서울의 대형 교회인 충현교회의 장로였다. 그리고 평소에 김영삼은 이러한 자신의 개신교 배경을 자랑스럽게 여기는 태도를 보여왔다. 그리하여 대통령 선거에서 그는 주일에는 선거운동을 하지 않겠다고 공언하고 또 이를 실천하는 모습을 보였다.

함께 입후보한 김대중은 천주교 교인이고 재벌 현대그룹을 창업한 정주영은 종교가 없었는데 이 가운데 천주교는 김대중 지지에 적극적으로 나서지 않았다. 선거 결과는 김영삼이 42%, 김대중이 34%, 그리고 정주영이 16%의 득표율을 보여 김영삼이 당선되었는데 김영삼의 당선에는 개신교 요인이 상당히 기여한 것으로 보인다.

둘째, 김영삼 시대 중 개신교계와 김영삼 정부와의 관계는 비교적 상호 독립적이었다는 점이다.

비록 개신교계가 대통령 선거에서 김영삼의 당선을 위해 적극 지원에 나섰지만 막상 김영삼이 대통령이 된 이후에는 개신교계나 김영삼이나 별달리 서로 혜택을 보려는 태도를 보이지 않았다. 개신교인 수는 1960년대와 1970년대의 20년 동안 급격하게 증가하였다가 1980년대부터는 그 증가세가 낮아졌으나 1990년대 중반까지는 여전히 증가세를 보였다. 그에 따라 기독교의 정치적 사회적 영향력도 커졌다. 그렇기 때문에 개신교계가 정부에 특별한 혜택을 요청할 시기는 지났다고 생각된다. 오히려 김영삼 정부는 불교계로부터 정부가 그들을 차별하고 있다는 항의를 강하게 받아서 입장이 곤란한 처지에 놓이곤 하였다.

셋째, 개신교 대통령의 경제 실패와 개신교의 실망의 연계 상황이 초래되었다는 점이다.

개신교는 김영삼 대통령 만들기에 성공한 다음에는 특별히 김영삼 정부에 대하여 별다른 혜택을 바라기보다는 양쪽이 서로 독립적인 태도를 보였다. 또한 김영삼이 취임 전반기에 군의 탈정치화 등 중요한 개혁에 성공하여 국민의 높은 지지를 받는 것에 대하여 만족과 보람을 느끼는 분위기였다. 그러나 그가 임기 말에 금융위기로 국민적 지지를 잃으면서 결국에는 실패한 정부라는 평가를 받게 되자 개신교 또한 불편하고 실망스러운 상황을 경험하게 되었다. 그리하여 개신교는 김영삼 대통령 초기에는 대통령 만들기에 성공하여 만족하였지만 말기에는 IMF외환위기로 김영삼 대통령이 실패한 대통령으로 임기를 마치게 되자 편치 않은 마음을 가지게 되었다.

8 ___ 김대중 시대(1998~2003):
진보 정부와 보수 개신교의 갈등

첫 진보주의자 대통령의 성공적인 대통령직 수행

김대중은 노태우 김영삼에 이어 제6공화국 3대 대통령으로 재임하였다. 김영삼과 함께 군사독재에 대하여 투쟁해 온 민주 진영의 지도자였던 그는 역대 대통령 선거에서 박정희와 노태우 및 김영삼에게 계속 패배하였으나 그는 네 번째로 1997년의 대통령 선거에서 여당의 이회창을 꺾고 드디어 대통령에 당선되었다. 수많은 역경과 위기를 극복한 그의 대통령 당선은 여러모로 한국의 정치 사회에 중요한 의미를 가진 것이었다.

먼저 그의 당선은 한국사회에 있어서 첫 평화적인 정권교체를 의미하는 것이었다. 1948년에 정부가 수립된 이후 이승만과 장면 사이의 정권교체는 4.19혁명에 의한 것이었고 장면과 박정희 사이의 정권교체는 5.16군사쿠데타에 의한 것이었다. 그리고 전두환 또한 12.12군사쿠데타로 집권하였다. 결국 정부 수립 50년만에야 평화로운 정권교체가 이루어짐으로써 한국사회의 민주화에 하나의 이정표를 세운 셈이었다.

다음으로 김대중 정부의 출현은 첫 진보 정권의 탄생이라는 의의를 갖는 일이었다. 이승만 이후 김영삼에 이르기까지 역대 정권은 그 성격이 보수적이었는 데 반해 김대중 정부는 상대적으로 진보적인 성격이라고 볼 수 있는 것이다. 이에 더하여 김대중은 정부 수립 이후 첫 호남 출신 대통령인 바 그의 대통령 당선은 1960년대 이후 그리고 특히 광주 민주화운동 당시의 희생으로 깊어진 호남인들의 마음의 상처를 치유하는 데 도움이 되었다. 이렇게 김대중 정부의 출현은 한국사회로 보아 여러모로 의미 있는 사건이었다.

실제로 김대중은 대통령 재임 중 최대 현안이었던 IMF외환위기 극복을 비롯하여 국내의 경제 사회 문화 면은 물론 북한 관계나 미국과 일본 관계 등에서도 좋은 성과를 거두어 여러모로 성공적인 대통령이 되었다. 이에 더하여 국제적으로도 탄압 속에서도 인권과 민주주의를 위하여 투쟁해 온 인물로 평가되어 존경받는 아시아 지도자로 대우받았다. 2000년에는 남북 화해 업적으로 노벨 평화상을 받았다.

이와 같은 의의와는 별도로 김대중 정부는 정부 시작부터 외환위기의 극복이라는 중대한 과제를 안고 출발하게 되었는데 김대중 정부 초기에 IMF가 자금 지원의 조건으로 제시한 구조 조정 요구를 기업도산, 실업 증가 등의 어려움을 겪으면서도 국민들의 희생과 협조로 이를 이행하였고 또 위기 초반 이후 국제수지 사정도 좋아져서 2001년에는 IMF로부터의 차입금을 조기 상환함으로써 위기를 극복하였다. 동시에 IT 벤처 산업을 적극 육성하여 이후 발전의 토대를 마련하였다. 또한 2000년부터 한국 복지제도의 기본이라고 할 국민기초생활보장제도를 실시하였다. 국가인권위원회의 설치와 여성가족부의 신설 등 인권과 평등을 위한 정책도 시행하였고 영화 검열 폐지, 일본 대중문화 수입 허용, 규제 철폐 등으로 사회 각 분야에서 권위주의의 잔재를 없애기 위해 노력하였다.

한편 이른바 '햇볕 정책'이라 하여 대북 화해정책을 시행하여 김영삼 정부 때 악화되었던 관계를 크게 개선하였다. 이에 따라 1998년에는 금강산 관광이 시작되었다. 2000년 6월에는 평양에서 김정일 국방위원장과 제1차 남북정상회담이 열려 6.15 남북공동선언을 발표하였다. 그해

8월 개성공단 합의 등이 이루어졌다. 그러나 그 이후 연평해전 발생이 보여주듯 북한의 확실한 태도 변화를 보지는 못하였다. 그리고 미국 및 일본과는 그 어느 때보다도 좋은 관계를 유지하였다. 임기 후반기에는 경제 불안, 측근 비리 제2연평해전 등으로 상황이 좋지 않아졌다.

김대중은 해박한 지식과 조직적인 사고 그리고 뛰어난 언변을 갖춘 뛰어난 정치인이었다. 그리고 정치 탄압에 여러 차례의 투옥과 납치 등을 통하여 여러 번 생명의 위협을 당하였지만 외국의 구명 활동 등으로 위기를 넘겼는데 대통령 취임 후에는 정치 보복을 하지 않았다. 그의 대통령직 수행도 전체적으로 보아 훌륭하였다. 흥미로운 점은 국내적으로는 그의 여러 차례에 걸친 번의 등으로 평판이 좋지 않은 면이 있지만 국제적으로는 민주주의와 인권을 위한 오랜 활동과 탁월한 경륜으로 존경을 받았다.

보수 개신교와 진보 정부의 갈등

이제 김대중 시대에 있어서 기독교와 정치 관련 특징을 살펴보도록 하자.

첫째, 반공을 결정적인 입장으로 여기는 보수 기독교가 김대중 정부의 대북한 포용정책에 대하여 강한 반발을 보였다는 점이다. 이렇게 보수 개신교가 정부와 갈등 관계를 보이게 된 것은 처음 보는 현상이었다.

한국의 보수 개신교는 역대 정부와 우호적이고 공존하는 입장을 취하여 왔다. 이승만 정부와는 당연히 우호적인 관계였고 박정희와 전두환의 군사독재 정부와도 반공을 공유하였기 때문에 이들을 지지하며 공존하는 태도를 취하였고 노태우 정부 때는 정부가 대북 유화정책을 추진하였지만 별다른 마찰 없이 대체로 원만한 관계를 유지하였다. 김영삼 정부 때는 김영삼의 대통령 당선을 위하여 적극적으로 나섰기 때문에 김영삼 정부와는 친밀한 관계를 가졌다. 그러나 김대중 정부 시대에 와서는 김대중이 북한 정권과의 평화공존을 강력하게 추진하고 또 남북정상회담 등 성과도 있게 되자 보수 기독교는 김대중 정부를 용공 친북 정권으로 규정하면서 정부 비판에 적극적으로 나섰다. 보수 개신교의 이러한 태도는 종전 진보 개신교의 민주화운동을 정교분리 원칙에 어긋난다며 비판하던 것과는 달라진 태도였다.

이와 같이 보수 개신교가 김대중의 대북 공존 정책에 강하게 반대한 이유는 북한이 공산주의 국가로서 기독교를 박해하는 존재이기에 기독교와는 결코 공존할 수 없다는 인식을 확고하게 갖고 있기 때문이었다. 남한의 개신교는 주로 해방 이후나 6.25 동란 기간 중 공산주의 북한의 박해를 피해 남한으로 피난 온 개신교인들에 의하여 주도되어 왔다. 따라서 이들은 북한 정권은 결코 상종하지 말아야 할 적대적인 존재로 여겨 온 것이다. 그렇기 때문에 이들 보수 개신교는 반공은 기독교의 존재를 가능하게 하는 절대적인 조건이 되는 것이며 이러한 이유로 반공만 한다면 박정희나 전두환의 군사독재도 같은 편이기 때문에 지지해 왔던 것이다. 그런데 안 그래도 종전부터 좌파라고 의구심을 갖고 있던 김대중이 본격적으로 북한과의 평화공존을 최우선 정책으로 추진하자 보수 개신교는 김대중 정부에 강력하게 반발하며 비판에 나선 것이다. 그리하여 김대중 임기 말인 1993년 1월에는 나라와 민족을 위한 기도회를 열어 정부에 대한 반대 입장을 나타내었다.

둘째, 개신교의 윤리적 측면에서의 사회적 비판이 본격적으로 대두되기 시작하였다는 점이다.

김대중 시대에 들어와서는 언론기관들이 윤리적이고 개별적인 성격의 비판이 특히 대형 교회와 그 목사들을 대상으로 활발하게 이루어지기 시작하였다. 1998년 이후 MBC와 SBS 방송이 금란교회, 광림교회, 여의도순복음교회 등 대형 교회의 여러 문제를 고발하는 보도들을 하였다. 이러한 보도들의 영향으로 한국의 대형 교회에 대한 사회적 인식은 크게 나빠졌고 그 이후 한국 개신교에 있어서는 이러한 대형 교회 문제가 개신교 자체는 물론 사회적으로도 중요한 주제로 계속 남게 되었다. 그러나 보수 개신교는 이러한 보도가 보수 개신교를 공격하기 위한 의도적인 것으로 받아들였다.

셋째, 진보 개신교 인사들이 정권에 참여하였다는 점이다.

김대중 정부에서는 진보 성향의 김성재 목사와 이재정 성공회 신부 등 몇몇 개신교 인사들의 정치권 참여가 눈에 띄었다. 그 수가 많은 것이 아니지만 이러한 예가 주의를 끄는 것은 진보적인 성향의 김대중 정부에서 일어난 일이기 때문이다. 이승만 정부로부터 시작하여 개신교 인사들의 정치권 참여는 무수하였지만 개신교가 보수와 진보로 확연히 분리되고 나서 이렇게 진보 개신교 인사들이 진보 정권에 참여한 것은 처음 있는 일로 보여졌고 또 이후 계속 이어졌기 때문에 의미가 있는 현상으로 받아들여졌다.

9 ____ 노무현 시대(2003~2008):
보수 개신교의 진보 정부 공격

비주류 대통령의 권위주의 타파와 보수 진보 진영 간 대립 격화, 그리고 경제 저조

노무현은 김대중 정권의 여당 후보로 대통령에 당선되었다. 이로서 진보 정권이 10년을 집권하게 되었다. 노무현은 한국사회로 보아 매우 독특한 배경을 가진 대통령이었다. 가난한 집안 출신인 그는 상업고등학교 졸업하고 독학으로 사법시험에 합격하여 인권 변호사를 거쳐 국회의원이 되었다. 솔직하면서도 뛰어난 말솜씨와 기지로 대화와 토론에 탁월한 능력을 지닌 그는 이상주의적인 성향, 소탈하고도 인간적인 면모 등으로 매력 있는 정치가로서 자리를 잡았으며 결국에는 자발적 지지자들의 열렬한 지원과 젊은 층의 적극적인 지지에 힘입어 예상을 뛰어 넘어 대통령이 되기에 이르렀다.

비주류 출신인 노무현은 대통령직 수행에 있어서 권위주의 타파와 법치주의 실현에 적지 않은 성과를 이루어 한국의 민주주의 진전에 기여하였다. 대통령의 권한 행사에 있어서 법이 정한 범위를 넘지 않도록 하고 검찰과 국가정보원의 독립성을 보장하였으며 기업으로부터의 정치자금 조달과 권력형 부정도 없애고자 하였다. 그의 노력을 통하여 권위주의적인 정치문화가 많이 사라지고 사회의 공정성과 투명성이 높아졌다. 그러나 정책이 옳다고 생각되면 정치적 고려에 별로 개의치 않는 그의 이상주의적인 접근과 정치적 지도력의 부족이 국회와의 관계 및 정당정치 면에서 빈번하게 마찰을 일으키는 가운데 낮은 지지도로 어려움을 겪었으며 특히 2004년에는 그리 중대하지 않은 일로 국회로부터 탄핵소추를 당하여 두 달 동안 대통령 업무를 내려놓게 되는 초유의 일이 발생하기도 하였다.

정책 면에 있어서는 대북정책에서는 김대중의 대북 유화정책을 계속하였고 미국과의 자유무역협정(FTA)을 체결하였다. 지방 분권에 힘을 써 행정 신도시인 세종시와 지방 혁신도시들을 건설하였고 지방의 권한과 재정을 확대하였으며 공공기관의 지방 이전도 추진하였다. 대통령이 되기 전부터 지역감정 해소를 위하여도 계속 노력하였다. 재임 중 아파트 가격이 크게 올라 이를 해결하고자 다양한 정책을 썼지만 성공하지 못하였고 그 일환으로 종합부동산세를 만들어 부유층의 반감을 샀다. 특히 임기 중 경제성장률이 역대 가장 낮은 연평균 4%대로 떨어졌고 소득 불평등도 더욱 심해져서 국민들의 불만을 샀다. 그의 재임 중 한국 사회는 보수와 진보 간의 대결과 갈등이 격화되었는데 그는 보수 진영으로부터는 대북 유화정책 및 종합부동산세 시행 등으로 인해 좌파라고 비난을 받고 진보 진영으로부터는 미국과의 FTA체결 등 우파의 신자유주의 정책을 시행한다고 비난을 받아 양쪽 모두로부터 비판을 받았다. 곧 그는 대통령 초기에는 반미, 반기업, 반자유주의적 성향을 나타낸 바 있지만 이후 친미, 친기업, 친자유주의의 실용 노선을 걸었다. 한편 언행에 있어서 일반적인 대통령들과는 달리 신중하지 않고 직설적이어서 구설에 자주 올랐고 미국 정부 인사들로부터 좋지않은 평가를 받기도 했다. 또한 본인의 근절 노력에도 불구하고 친인척 비리가 발생하였다.

노무현은 2008년 대통령직에서 퇴임한 후 고향 김해로 낙향하여 서민적 삶을 계속하면서 국민들에게 친밀감을 주었다. 그러나 부인이 뇌물

수수 혐의로 수사를 받는 와중에 자살하였다. 퇴임 후 1년 남짓한 시기였다. 전 국민적 추모 열기가 뒤를 이었고 이후 국민들의 역대 대통령 선호도에서 박정희와 선두를 다투고 있다.

보수 기독교, 진보 정권에 대해 전면적인 공격에 나서다

이제 노무현 시대에 있어서 기독교와 정치 관련 특징을 살펴보도록 하자.

첫째, 이 시대에 있어서 기독교와 정치 관계에 있어서 무엇보다도 중요한 특징은 보수 기독교가 진보 정부에 대하여 전면적인 공격에 나섰다는 점이다.

앞에서 우리는 김대중 정부 때 정부의 대북 유화정책으로 인하여 반공을 절대적으로 신봉하는 보수 개신교가 정부와 갈등을 빚었다는 점을 보았다. 그런데 노무현 정부에 이르러서는 보수 개신교가 정부와 갈등 단계를 넘어 아예 노무현 정부의 퇴진을 주장하며 전면적인 정부 공격에 나서게 됨을 보게 된다.

이렇게 노무현 정부에 대하여 보수 개신교가 과격할 정도로 강하게 공격을 한 이유는 노무현 정부에 의해 추진된 정책 가운데 종전의 대북 유화정책과 같은 일반적인 사항 외에 보수 개신교의 입장 및 이해와 첨예하게 대립되는 실제적인 사항들 곧 국가보안법 폐지와 사립학교법 개정 등이 대두되었기 때문이다. 국가보안법이란 민주주의를 위태롭게 하는 공산주의 지지 활동을 규제하기 위하여 1948년에 만들어졌는데 이 법이 인권을 침해할 소지가 있고 정권에 반대하는 사람들을 처벌하는 데 악용되는 등 문제가 많다고 하여 국내외에서 폐지 주장이 계속 있었다. 그러나 한편으로는 이 법이 보수주의자들에게는 반공의 보루와 같은 의미를 갖고 있다. 그렇기 때문에 노무현 정부가 이 법의 폐지를 추진하자 안 그래도 노무현 정부를 좌파 정부라고 못마땅하게 생각하던 보수 개신교는 한국사회의 보수 세력과 연합하여 이 법의 폐지에 적극 나서서 대규모 집회를 열기에 이르렀다. 예를 들어 2004년 10월에는 '국가보안법사수 국민대회'가 10만 명이 참여하는 대규모 집회로 서울시청 앞 광장에서 열렸는데 과반이 한기총 소속 교단 교인들이었고 김장환, 조용기, 김홍도 목사 등 보수 개신교의 대표적 목사들이 참여하였다. 결국 노무현 정부는 국가보안법 폐지를 포기하였다.

한편 노무현 정부는 국가보안법의 폐지와 함께 사립학교법의 개정을 추진하였는데 이는 사립학교의 공공성을 높이기 위하여 외부 인사의 이사 취임을 가능하게 하는 개방형 이사 제도의 도입 등을 내용으로 하는 것이었다. 그런데 개신교는 200여 개의 중학교 및 고등학교를 운영하고 있었는데 학생들에게 기독교 행사를 강요할 수 없다는 문제로 인해 큰 불만이 있었다. 그런데 사립학교법 개정이 학교의 자율성을 약화시킨다고 법 개정에 강력하게 반대하였다. 그럼에도 불구하고 2006년에 개정안이 국회를 통과하자 목사들이 삭발하는 등 극심한 발발을 이어 갔고 국회의원들에게 압력을 가하여 결국에는 2007년에 자신들에 뜻대로 다시 개정토록 하였다.

이렇게 노무현 정부 기간을 통하여 보수 개신교는 한기총을 중심으로 한미동맹 강화, 국가보안법 사수, 기독교 사학 수호, 친북 반미 좌파 종식 등을 내걸고 대규모 집회를 계속하였다. 이와 같이 군사독재 시대에는 진보 개신교가 반 정부 집회에 나섰는데 비해 민주화 이후에는 보수 개신교가 반 정부 집회에 나서게 된 것이다. 둘째, 최초의 기독교 정당이 등장하였다는 점이다.

노무현 정부 기간 중 치러진 17대 국회의원 선거에는 최초의 기독교 정당인 한국기독당이 참여하였다. 그러나 한 명의 당선인도 내지 못하였다. 전국 299개 선거구 가운데 지역구에 9명이 출마하였는데 당선인을 내지 못한 것이다. 이들의 득표율은 0.5~3.4%에 정도였다. 비례대표에 있어서도 정당 득표율이 당선인을 낼 수 있는 3%에 못 미치는 1%에 그쳐 당선인을 내지 못하였고 정당 등록이 취소되었다. 그런데 한국기독당의 창당에는 김준곤, 조용기 등 보수 개신교의 대표적인 목사들이 적극 참여하였고 개신교 교인들의 지지를 기대하였으나 결과적으로는 이들 개신교 교인들에게도 외면당하였다.

이러한 결과는 아직까지 한국사회의 개신교인들은 정치에 대한 관심이 큼에도 불구하고 개신교가 정당을 결성하여 직접 정치에 참여하는 것에 대하여는 이를 부정적으로 보고 있다는 사실을 알 수 있다. 이런 점에서 당시까지는 개신교인들의 사고에는 정교분리 의식이 매우 강하다고 볼 것이다.

참고로 흥미롭게도 한국에 있어서의 기독교 정당의 시초는 이미 해방 직후 북한에서 시작되었다. 1945년 9월의 신의주에서 윤하영 한경직 목사가 한국 최초의 정당이자 최초의 기독교 정당인 기독교사회민주당을 창당하였는데 공산주의자들과 소련군의 탄압으로 인해 두 사람이 월남한 이후 와해되었다.

10 ___ 이명박 시대(2008~2013):
보수 정부와 보수 개신교의 귀환

보수 정부의 귀환

이명박은 야당 후보로 대통령에 당선됨으로써 김대중 노무현의 10년 진보 정권을 다시 보수 정권으로 바꿈으로써 두 번째 평화적인 정권교체를 실현하였다. 이명박이 대통령에 당선된 것은 그가 현대건설 회장을 지낸 기업인 출신인 데다 서울시장 때 청계천 복원공사를 박력 있게 추진한 것이 국민들에게 깊은 인상을 줌으로써 국민들이 그가 진보 정부 10년 동안 활기를 잃은 한국경제를 회복시키리라는 기대를 가졌기 때문이었다. 당내 후보 경선 과정이나 대통령 선거 과정에서 그의 비리 문제가 논란이 되었지만 사람들은 그가 국가 경제에 활력을 되찾게 해줄 사람이라는 기대감에서 이를 문제삼지 않았다. 물론 여기에 더하여 그동안 진보 정부의 국정 운영에 반감을 자진 보수 계층의 강력한 지지가 있었다.

한국의 연평균 경제성장률은 전두환, 노태우 때가 8%대 그리고 김영삼 때가 7%였는데 진보 정권으로 바뀐 김대중 때 5%대 노무현 때 4%대로 계속 낮아졌다. 그리하여 당시에 보수 진영에서는 '진보 정권에서 반 토막 난 경제성장률'이라는 말을 자주 하였다. 이렇게 국민들은 진보 정권 10년간의 경제 성과에 대하여 실망을 느끼고 있었다. 이에 이명박은 이른바 '7·4·7'공약을 내세워서 임기중에 연평균 경제성장률 7%, 그리고 10년 이내 1인당 국민소득 4만불 그리고 세계 7위의 경제 대국을 달성하겠다고 공약을 내걸었고 이것이 국민들에게 먹혔다. 그러나 결과적으로는 연평균 경제성장률 3.2%, 2012년 1인당 국민소득 2만 5천 불 그리고 국내총생산(GDP)기준으로 세계 경제 순위는 2007년의 13위에서 2012년의 14위로 오히려 낮아졌다. 다시 말하여 그의 경제 공약은 처음부터 실현 가능성이 거의 없는 것이었지만 선거 전략으로는 큰 성공을 거두었다. 한편 진보 정권의 대북 유화정책과 친노동 정책 등에 반대해 오던 보수 계층은 당연히 이명박을 지지하였는데 특히 보수 개신교가 열심히 참여하였다.

이명박은 대통령 취임 이후 보수주의 정책 또는 신자유주의 정책을 자신만만하게 추진하였다. 규제 완화 등 친기업 정책 및 시장경제의 강조, 감세 정책, 노동시장 유연화 정책, 노조에 대한 엄정한 법 집행, 자립형 사립고등학교 확대 등 교육에 있어서의 경쟁 요소 도입 등이 그러하다. 이에 따라 전반적인 정부 정책의 방향이 전임 진보 정부와는 확연히 달랐다. 또한 2008년 말의 세계 금융위기 때는 재정지출의 확대 등으로 즉각 대응하여 빠르게 경제를 회복시켰다. 그러나 이명박 정부가 부유층의 이해를 대변한다는 인식이 퍼지면서 중산층 및 저소득층이 반발하여 지지율이 하락하자 정책 방향을 중도 및 친서민 정책으로 급하게 수정하였다. 또한 대미 외교에 신경을 써 한미 관계가 좋아졌지만 광우병 사태로 어려움을 겪었다. 대북한 관계에서는 불편을 경험하였다. 그리고 적극적으로 추진한 4대강 사업은 논란을 빚었다.

전반적으로 보아 이명박 시대는 정부 등 사회 각 분야에 있어서 문화 예술계에 이르기까지 인적 구성이 보수 중심으로 전면적으로 바뀌었으며 전통적 기득권 계층의 이해가 공고하여 지는 등 한국사회의 진로와 분위기가 보수 쪽으로 확연하게 변화하였다. 그리하여 한국사회는 정권교체의 영향을 실감하게 되었다. 그러나 대통령을 포함하여 사회의 도덕성 관련 논란이 수그러들지 않았다. 이렇게 한국사회가 김대중 시대에 이어 이명박 시대로 두 번째 정상적인 정권교체를 경험하면서 드디어 한국국민은 정권교체가 국가 사회에 미치는 영향을 체득하기에 이르렀고 그런 면에서 한국의 민주주의는 진일보하게 되었다고 볼 수 있다.

전체적으로 보아 이명박 대통령직은 무난한 것으로 평가할 수 있을 것이다. 그러나 그의 깊이 없는 보수화 정책의 실시는 한국사회의 공정성 체계를 훼손하는 부작용을 초래하였고 더욱이 그 자신을 둘러싼 비리 의혹이 계속하여 그에게 부담이 되었다. 결국에는 퇴임 5년 후인 2018년에 종전부터 의혹이 있던 부패 혐의로 구속 수감되어 재판 중에 있다. 이로 인해 국민들이 그의 대통령직을 성공이라고 보기 어렵게 하였다고 하겠다.

보수 개신교의 보수 대통령 당선 활동

이제 이명박 시대에 있어서 기독교와 정치 관련 특징을 살펴보도록 하자.

첫째, 이명박의 당선과 정부 운영에 있어서 보수 개신교의 역할이 강하였다는 점이다.

이명박은 이승만 김영삼에 이어 세 번째 개신교 대통령이다. 이승만은 감리교회인 정동제일교회 장로였고 김영삼은 장로교회인 충현교회 장로, 그리고 이명박도 장로교회인 소망교회 장로였다. 또한 앞의 이승만과 김영삼의 경우와 마찬가지로 이명박도 조직적이고도 적극적인 개신교의 지원을 받았다. 그런데 이명박의 경우에 있어서 한 가지 주목되는 점은 개신교의 이명박 지지에는 이념적인 요소가 개입되었다는 점이다. 곧 이승만 김영삼의 경우에는 개신교가 개신교인 대통령을 원하여서 이들을 지원하였지만 이명박의 경우에는 이러한 종교적인 이유 외에 보수 개신교가 보수 인사의 대통령 당선을 원하여 이명박을 지원한 면이 강하다는 것이다.

종전 10년간 진보 인사인 김대중과 노무현의 집권 기간 중 정부는 북한에 대한 유화정책과 대미 관계에 있어서의 어느 정도의 독자 노선을 추구함으로써 보수 개신교가 절대 가치로 여기는 반공 친미를 부인하고 더하여 개신교 계통 중고등학교에서의 기독교 교육을 금지함으로써 이들 진보 정권에 대한 적대감이 강하게 형성된 바 있었다. 이러한 때에 보수 야당 후보 이명박이 등장하였기 때문에 보수 개신교는 그를 지원한 측면도 큰 것이다. 이명박의 당선을 적극적으로 지원한 단체가 '뉴라이트 전국연합'이었다. 이 조직은 개신교 단체는 아니었지만 진보 정권에 비판적인 김진홍 목사가 보수 이념의 확산을 위해 만든 조직으로서 그 이름부터가 새로운 보수를 표방한 우파 단체였다.

또한 영남 출신 김영삼이 대통령에 출마하였을 때 호남 출신 김대중과 경쟁하였고 이번에도 영남 출신 이명박은 호남 출신 정동영과 대결하였다. 그런데 김영삼의 경우에는 호남 지역에서의 득표율이 4%에 지나지 않았는데 이명박의 경우에는 호남 지역에서의 득표율이 9%로 김영삼보다 높아 호남지역에서 이명박이 개신교의 지지를 좀 더 많이 받았을 것으로 짐작된다.

한편 이승만 김영삼 이명박의 정책과 인사 면에서의 개신교 영향을 보면 이승만은 정책과 인사 면 양쪽에서 개신교를 배려하는 태도를 보인 반면 김영삼은 정책과 인사 면에서 모두 별다른 개신교 배려를 보이지 않은 편이었다. 이명박은 정책 면에서는 개신교 배려가 눈에 띄지 않았지만 인사 면에서는 개신교 쪽 사람을 쓰는 모습을 보였다. 특히 그가 장로인 소망교회 인사들이 눈에 띈 편이었다. '고소영'이라는 말이 나돌았는데 이 말은 이명박의 인사에서는 그가 나온 고려대학교와 그가 다니는 서울 강남의 대형 교회인 소망교회 그리고 그의 출신 지역인 영남 사람들을 중용한다는 뜻이었다.

둘째, 이명박의 퇴임 이후에는 개신교가 개신교 대통령과의 특수한 관계에 대하여 좀 거리를 두는 경향이 보이기 시작했다는 점이다.

이명박은 그의 적극적인 성격을 반영하여 평소에 그가 개신교인임을 거침없이 나타내었다. 그런데 퇴임 후 5년 뒤인 2018년에 비리 관련으로 구속되었다. 대통령 후보 때부터 문제가 되었던 비리 문제가 결국 그의 발목을 잡은 셈이었다. 대형 교회 장로인 그가 비리 문제로 구속됨으로써 개신교 쪽에서도 이를 부담스럽게 느끼는 분위기가 있었다.

한편 이명박 대통령의 임기 중이던 2010년대 초부터 개신교는 교인 수가 줄어들기 시작하였다.

11 ___ 박근혜 시대(2013~2017):
대통령 탄핵과 극우 개신교의 탄핵 반대

촛불 집회 그리고 대통령 탄핵

박근혜는 이명박에 이어서 보수 정권의 대통령이 되었다. 대통령 선거에서 야당 후보 문재인과 득표율에서 4% 차로 이기면서 제6공화국에 들어 처음으로 50% 이상의 득표율을 보였다. 이로써 김대중 노무현에 의한 10년간의 진보 정권 시대를 거쳐 보수 진영도 이명박 박근혜의 10년 보수 정권 시대를 기약할 수 있게 되었다.

박근혜는 박정희의 딸로 그의 대통령 취임은 한국 최초의 여성 대통령 및 부녀 대통령의 탄생을 의미하였다. 그는 부친 사망 후 20년 가까이 은 둔 생활을 하다가 정치인으로 등장하여 네 번의 국회의원 생활을 통하여 소속 정당의 위기 때에 당을 회생시키고 선거를 승리로 이끌었다. 그의 정치 인생에는 박정희의 딸이라는 점이 큰 도움이 되었으며 아버지에 이어 대구 경북 지역이 강력한 지지 세력이 되었다. 그는 정치인 생활을 통하여 국민들로 하여금 원칙을 중시하며 신뢰감을 주는 정치인이라는 인식을 갖도록 하였다. 그러나 그가 대통령이 된 이후에는 국민들과 유리된 채 국정에도 소극적이라는 인상을 주었다. 특히 세월호 사건은 한국 사회의 부패와 정부의 무능을 여지없이 드러내었다. 전반적으로 박근혜 정부는 행정이 미숙하고 내세울 성과가 거의 없었다. 그리고 최순실 게이트가 터지면서 이는 결국 촛불 집회와 대통령 탄핵으로 이어졌다.

박근혜 정부의 정책 수행은 이명박에 이어 보수 정권의 행태를 보였다. 2014년에는 종북주의 혐의를 이유로 통합진보당의 해산을 헌법재판소

에 청구하여 해산시켰으며 2016년에는 남북 간의 마찰로 개성공단이 폐
쇄되었다. 박근혜 정부의 역점 사업으로는 '창조 경제'를 통한 경제 활력
및 일자리 창출과 문화 융성을 내걸었는데 창조 경제가 무엇을 뜻하는
지에 대하여 계속 혼란을 겪었고 문화 융성에 있어서는 정부가 기피하
는 문화계 인사들 명단인 블랙 리스트를 작성한 문제로 큰 오점을 남겼
다. 2014년에는 세월호 침몰 사고가 발생하였는데 대부분이 고등학생인
300여 명이 희생되는 참사였다. 결국 이 사고는 박근혜 정부의 실패로
연결되었고 한국사회에 어두운 그림자를 드리었다. 2015년에는 세계적
전염병 메르스가 유행하여 38명이 사망하였다. 대북한 관계에 있어서는
전체적으로 이명박 정부에 이어서 마찰과 긴장이 강화되는 양상을 보였
으며 개성공단도 가동이 전면 중단되었다.

그런데 박근혜 개인으로나 한국사회로 보아 불행한 일은 이른바 최순
실 게이트로 말미암아 박근혜 대통령이 탄핵 당한 사태였다. 2016년 10
월에 그동안 박근혜 대통령이 민간인 측근인 최순실의 국정 개입을 초
래하고 또 그의 사익 추구를 도왔으며 이러한 사실을 숨겨 왔다는 것이
밝혀졌다. 이러한 국정 농단 사건으로 인하여 국민들이 주말마다 광화
문에서 촛불 집회를 열어 박근혜 대통령의 퇴진을 요구하였고 국회는
박근혜 대통령의 탄핵소추를 결의하였으며 결국에는 2017년 3월 10일
에 헌법재판소의 결정에 의해 대통령직에서 파면되었다. 이는 헌정 사
상 첫 대통령 탄핵이었다. 이리하여 그는 임기를 1년 남기고 대통령직에
서 물러나게 되었다.

이러한 박근혜 대통령의 탄핵은 본인 및 한국 정치로 보아서는 불행
한 일이었지만 한편으로는 한국 민주주의의 성숙을 보여주는 일이기도

하였다. 곧 현직 대통령이라 할지라도 법을 위배할 경우에는 파면된다는 법치의 원칙을 확실히 하였으며 또한 의혹 보도에서 국회의 탄핵소추, 헌법재판소의 파면 결정에 이르는 모든 절차가 철저하게 법에 따라 이루어졌고 또한 파면이 결정되자 별다른 혼란 없이 이행되었으며 모든 과정에서 정부 체제와 기능이 정상적으로 작동하였다. 더욱이 5개월간 수십 차례 천만이 넘는 촛불 집회에서 단 한 건의 사건 사고 없이 완전한 평화적 시위가 이루어진 점은 특기할 만한 사항이었다.

전체적으로 보아 박근혜 대통령직은 '박정희 딸 첫 여성 대통령'이라는 외향적 화려함 외에는 세월호와 최순실 국정 농단이 대표하듯이 어둡고 내실 없는 시대였다고 하겠다. 다만 역설적으로 그의 탄핵은 한국 민주주의의 성숙을 보여주었다.

한편 박근혜는 파면되면서 대기업 관련 범죄, 문화 예술계 블랙 리스트 관련 등 여러가지 혐의로 구속 수감되어 전두환 노태우에 이어 세 번째로 구속된 전직 대통령이 되었으며 2020년 9월 현재 재판이 진행 중에 있다.

극우 개신교의 탄핵 반대 등장

이제 박근혜 시대에 있어서 기독교와 정치 관련 특징을 살펴보도록 하자.

박근혜 자신은 어느 특정 종교의 교인이 아니었다. 곧 박근혜는 천주교 불교 개신교와 두루 관련을 가진 바 있지만 어느 종교와도 긴밀하거나 꾸준한 관계를 맺지 않았으며 개인적 신앙에 있어서 어느 종교인지 분명하지 않다. 오히려 그는 의문의 종교인 최태민과 그의 딸 최순실과 밀접한 관계를 갖고 큰 영향을 받은 것으로 보인다.

　박근혜는 불교계와는 좋은 관계를 유지한 편이지만 개신교나 천주교와는 별다른 관계를 가지지 않은 편이다. 대통령 선거에 있어서 불교계는 박근혜를 지지하고 또 당선 후에는 환영 논평을 냈다. 당시 야당 후보는 문재인으로 천주교인이었다. 이러한 상황에서 개신교는 대통령 선거에서 별다른 입장을 내지 않고 중립적인 태도를 보였다. 다만 박근혜는 대통령에 취임 후 초기 인사에 있어서는 개신교인을 중용하는 모습을 보였다. 이러한 상황에서 기독교가 박근혜와 관련해서 서로 별다른 영향을 주고받는 관계는 아니었다고 하겠다. 박근혜와 개신교의 이러한 관계는 과거 개신교가 개신교인 대통령 정권이나 군사독재 정권과는 공존하는 태도를 보이고 진보 정권과는 대립하는 태도를 보인 경우와는 구별되는 상황이라고 할 수 있다.

　이러한 상황에서 개신교는 박근혜 정부와의 관계에 있어서 탄핵 과정 이전에는 관망적인 자세를 보였다고 하겠다. 그러나 촛불 집회와 탄핵 과정에서는 보수 개신교 중 극우 성향의 개신교 집단이 탄핵 반대에 나섰다.

　최순실 비리가 밝혀지고 그가 최태민의 딸이라는 점이 주목을 받으면서 대부분의 개신교계는 이러한 비리를 규탄하는 입장을 보였다. 그 이후 탄핵에 이르는 촛불 집회 과정에서도 개신교계는 특별한 공식적인 움직임을 나타내지 않는 가운데 대체로 국민 대다수의 행동에 함께하는 태도를 보였다. 그리고 많은 기독교인들은 개인적으로 촛불 시위에 참여하였다. 다만 한국기독교 교회협의회와 천주교는 2016년 12월에 공식적인 입장을 통하여 박근혜 대통령의 퇴진을 촉구하였다. 그런데 2017

년 1월 이후 박근혜 대통령 지지 세력들이 결집하여 이른바 태극기집회로 불리우는 탄핵 반대 집회를 열기 시작하였는데 여기에 보수 성향의 개신교 연합 기구들인 한국기독교총연합회와 한국교회연합 소속 교인들이 조직적으로 대거 참여하였다. 이로써 보수 개신교 교인들이 극우 정치 집단의 탄핵 반대운동에 강력한 동맹 세력으로 등장하기 시작하였다. 이렇게 하여 개신교 극우 세력의 극우 정치활동이 등장하기 시작하였다.

그런데 극우 보수 개신교의 박근혜 대통령 탄핵 반대 활동은 국민 대다수의 생각과는 동떨어진 것으로서 국민들에게 의아한 느낌을 주었으며 개신교가 대통령 탄핵에 반대한다는 인상을 강하게 주어 그로 인해 개신교 전체에게 부담을 주었다. 그 뒤 한기총은 2019년에 전광훈 목사가 회장이 되면서 본격적인 극우 정치활동을 벌이게 된다.

12 ___ 문재인 시대(2017~): 3기 진보 정부의 쉽지 않은 여정, 보수 개신교의 극우 정치활동

세 번째 진보 정부의 쉽지 않은 여정

문재인은 박근혜의 탄핵으로 치러진 대통령 선거에서 당선됨으로써 이명박 박근혜의 9년 보수 정권에 이어 다시 진보 정권의 시대를 열었다. 이로써 한국사회는 세 번째로 평화적인 정권교체를 경험하게 되었으며 문재인은 김대중 노무현에 이어 3기 진보 정부 대통령이다. 문재인은 인권 변호사 출신으로서 노무현의 변호사 사무실 동료였고 노무현 대통령의 비서실장을 맡았었다. 노무현 사망 후 국회의원이 되었고 지난번 선거에서 야당의 대통령 후보가 되었으나 박근혜에게 패배한 바 있다. 문재인 정부는 정책 방향과 인사에 있어서 노무현 정부의 뒤를 잇는 성격이 매우 강한 편이다.

1988년 제6공화국이 시작되어 30년이 되면서 한국사회는 10년 단위로 보수와 진보가 교대하는 행태가 세 번을 거듭함에 따라 이제 보수와 진보의 이념적 순환이 자리를 잡게 되는 모습을 보이게 되었다. 그리고 이 과정에서 시간이 갈수록 보수 정부와 진보 정부는 국정을 담당하는 태도와 그 방향성에 있어서 차별성이 보다 뚜렷해지는 경향을 보이고 있다. 곧 대체로 보아 보수 정부는 경제성장과 경쟁체제 유지, 자유로운 기업 활동 보장 그리고 과거사 정리 보다는 미래 지향적 태도를 보이고 국제 관계에 있어서는 미국과의 우호적 관계를 최우선시하는 입장이다. 반면 진보 정부는 경제적 형평과 국가 역할 강조 그리고 기업 활동에 제약이 있더라도 노동자 계층의 불이익을 없애도록 하는 것과 과거사 정리를 통한 정의 실현을 중시하고 국제 관계에 있어서는 독자 주권 강조 및 북한과의 공존을 우선시하는 입장이다. 결국 상대적으로 보아 보수 정부는 자유와 번영을 그리고 진보 정권은 공정과 정의를 강조하는 편이라고 하겠다.

그런데 북한과의 관계 문제에 있어서는 보수 정부의 경우에도 북한과의 관계 개선에 노력한 편이었다. 노태우와 이명박의 경우가 그러한데 특히 노태우의 경우에는 김대중에 앞서서 북한과의 관계 개선에 노력하고 성과를 얻었기 때문에 사실 남한의 북한과의 관계 개선은 노태우로부터 시작되었다고도 볼 수 있다.

문재인 정부는 당연히 진보 정권의 입장에서 국정을 운영하고 있다. 문재인은 취임 초기 탈권위적이고 예의 바르고 성실한 태도로 집무하면서 인사를 비롯하여 국정을 안정적으로 이끌어 감으로써 박근혜 때의 침울하고 무기력한 분위기를 일신하였다. 더욱이 북한 관계에서는 북한과 미국을 대화로 끌어들이고 북한에 방문하여 평양과 백두산을 방문하고 김정은과 세 차례 만나며 긴장 완화 조치를 시행토록 하는 등으로 성과를 보여 국민들로부터 높은 지지율을 얻는 한편 국제 사회로부터도 좋은 평가를 받았다.

그러나 임기 중반에 들어서면서부터 그가 역점을 두었던 정책들이 미흡한 결과를 보이는 등 여러가지 어려움이 겹치면서 쉽지 않은 상황에 들어가게 되었다. 세 가지 대표적인 사안을 보도록 한다.

먼저 가장 큰 문제가 경제 악화이다. 문재인 정부에 들어 한국경제의 실적이 나빠지고 있기 때문이다. 박근혜 정부 4년 평균 경제성장률이 3.0%였는데 문재인 정부 3년은 2017년 3.2% 2018년 2.9% 2019년 2.0%

로 계속 낮아지는 가운데 평균 2.7%로 낮아졌다. 이에 따라 실업률의 경우는 박근혜 정부 4년간 연평균 실업률이 3.5%였는데 문재인 정부는 3년간 3.8%로 높아졌다. 이와 같은 경제 부진은 미국과 중국 간 무역 분쟁과 같은 해외 여건 악화도 영향을 주었는데 문재인 정부의 친노동 반기업적인 정책 방향도 비판의 대상이 되었다. 그리고 부동산 가격의 폭등 현상은 국민들의 불만을 크게 높이고 있다. 더욱이 코로나19사태로 경제 상황은 더욱 나빠지고 있다.

둘째, 임기 초반 큰 기대를 모았던 남북 관계는 두 차례에 걸친 트럼프와 김정은의 회담이 실패하여 북한 비핵화에 진전이 없게 되고 북한이 기대한 경제제재 해제가 이루어지지 않게 됨에 따라 실망한 북한이 남한에 적대적인 자세를 보여 실제적인 성과를 이루지 못하게 된 점이다. 또한 이 문제는 미국 대통령 선거 결과에 따라 크게 영향을 받게 될 것이다.

셋째, 문재인 정부는 진보 정부의 강점이라고 여겨졌던 도덕성과 공정성 분야에서 실망스러운 모습을 보이고 있다는 점이다. 문재인이 신임했던 인사들이나 여권 인사들이 추문과 가족의 특권 특혜 의혹 및 위법 의혹 등으로 비판의 대상이 되고 또 이들 문제에 대해 문재인 정부가 단호한 태도를 보이지 않음으로 인하여 실망을 주게 되었다. 그리하여 종전까지 확고한 지지층이던 청년층이 떠나고 있다. 여기에는 종전보다 높아진 국민의 공정 의식과 일자리 찾기가 어려워진 청년층의 특혜에 대한 반감이 문재인 정부에게 부담이 되고 있는 측면이 있다.

이러한 과정에서 문재인 정부는 보수 진영으로부터 극심한 비판을 받고 있으며 지지율도 눈에 띄게 낮아지고 있는 상황이다. 그리하여 강력하게 추진해 온 검찰 개혁도 매듭을 못 짓고 있는 상황이다. 그러나 2020년 내습한 세계적 코로나19유행 사태에 문재인 정부가 전문가 집단 중심으로 잘 대처하여 세계적으로도 좋은 평가를 받고 또한 야당이 박근혜 탄핵 이후 제대로 자세를 추스르지 못한 상태라 2020년 4월의 21대 총선에서는 여당이 압승을 거두었다. 그 이후 문재인 대통령의 지지율이 상당히 낮아졌으며 쉽지 않은 여정을 가고 있다. 전반적으로 한국사회는 이념적 지형이 진보와 보수로 극명하게 분리되어 마치 두 진영 간의 전쟁터와도 같은 분위기를 보이고 있다.

보수 개신교의 본격적인 극우 정치활동

이제 문재인 시대에 있어서 기독교와 정치 관련 특징에서 가장 두드러진 현상은 일부 보수 개신교가 극우 정치활동에 본격적으로 나선 점이다. 그리고 그 중심이 전광훈 목사와 그가 대표로 있는 한기총이다.

문재인 대통령은 천주교인이다. 선거 기간 중 천주교는 특별히 문재인 지지에 직접적으로 나서지 않았고 보수 개신교 일부가 강하게 반대의견을 보였지만 전체적으로 보아 선거에 종교적 요인은 덜 개입한 편이었다. 그러나 문재인 정부의 대북 대화정책이 본격화하면서 보수 개신교 진영 가운데 한기총이 문재인 정부에 대하여 적극적인 반대 활동에 나섰다. 본래 한기총은 1989년 한경직 목사가 주동이 되어 만든 한국을 대표하는 보수 개신교 단체였다. 그러나 2010년대 초반 이후 금품 선거 등으로 말썽이 나면서 주요 교단이 모두 탈퇴하여 군소 교단만 모인 작은 단체가 되었다.

종전부터 개신교 정치활동에 참여해온 전광훈 목사는 2019년 초에 한기총 대표회장이 되자 한기총을 이끌고 극우 정치운동에 매진하였다. 그리고 그해 여름에는 '문재인하야 범국민투쟁본부'를 만들어서 문재인 대통령의 하야를 주장하는 집회를 계속하고 여기에 극우 보수 진영이 가세하여 이른바 태극기 집회를 주도하고 또 보수 야당과 연합하여 활동하였다. 한 가지 주목되는 점은 박근혜 탄핵 반대 때는 극우 정치 단체의 정치활동에 지원군으로 참여하였던 극우 개신교 집단이 이제는 극우 정치활동의 주도자가 된 점이다. 2020년에 그는 결국 선거법 위반 혐의로 구속되었으며 한기총에는 법원이 직무대리를 지정하였고 그는 회장직에서 자퇴하였다. 그러나 그는 코로나19상황 가운데서도 8.15문재인 대통령퇴진 국민대회를 열고 또 그가 목회하는 사랑제일교회가 당국의 방역 활동을 방해하고 있어서 국민들의 분노를 샀다.

대부문의 개신교계는 그의 극우 정치활동으로 인해 한국사회에서 개신교가 비판을 받게 되어 그의 정치활동에 반대하고 있지만 문제는 보수 개신교 집단 특히 대형 교회들 가운데 그와 심정적으로 동조하고 또 그를 암묵적으로 지원하는 상당수가 있다는 점이다.

그리고 이러한 현실은 한국 개신교의 앞날에 우려를 낳고 있는 상황이라고 할 것이다.

3장

한국 기독교와
정치 관계의 특징 그리고 과제

1 _____ 한국 기독교와 정치 관계의 시대별 특징

(1) 기독교 전래에서 조선 말기
- 전통 파괴 세력(천주교)과 근대화를 돕는 세력(개신교)

천주교: 고난의 십자가 길. 개신교: 신문명 소개자의 밝은 길

천주교는 조선에 18세기 말에 들어왔고 개신교는 그보다 100년 후인 19세기 말에 들어왔다. 그런데 같은 기독교이면서도 천주교와 개신교 는 조선 사회로부터 완전히 다른 태도를 대하게 된다. 천주교는 조선 사 회로부터 전통 파괴자로 받아들여져서 엄청난 박해를 받은 반면 개신 교는 조선 사회의 근대화를 돕는 조력자로 받아들여져서 조정의 후원을 받았다.

천주교가 조선 조정으로부터 박해를 받은 핵심적인 이유는 조선 가정들이 집안의 조상에 대한 제사를 천주교가 우상 숭배라고 하여 교인들로 하여금 이를 금하였기 때문이다. 그런데 조상에 대한 제사 행위는 부모에 대한 공경 곧 효(孝)를 표현하고 실천하는 행위이다. 이러한 효는 조선 사회로 보아서는 가장 기본적인 가치로서 무엇보다 중요하게 여기고 있는 것이며 사회윤리의 기초이자 가정과 사회와 나라를 유지하는 기본 질서를 이루는 것이다. 달리 표현한다면 효는 조선 사회의 정체성을 나타내는 것이라고 할 수 있다. 따라서 천주교가 조상에 대한 제사를 금지한다는 것은 조선 사회의 근간을 흔드는 파괴 행위라고 본 것이다. 여기에다 천주교인들이 외국과 내통하며 나라를 위태롭게 한다는 인식이 더하여 조정은 천주교에 대하여 가혹한 박해를 가한 것이다. 이리하여 천주교는 정조 때 조선에 들어온 직후부터 조선 말기 대원군 때에 이르기까지 거의 100년 동안 간단없이 세계적으로도 유례가 없을 정도로 극심한 박해를 받았다.

이에 반해 천주교보다 100년 후에 들어온 개신교는 들어온 처음부터 조선 조정의 후원을 받았다. 개신교가 천주교와는 완전히 다르게 조정의 후원을 받은 것은 개신교가 병원과 학교 등 근대 서양 문명의 소개자로서 조선의 근대화를 돕는 조력자 역할을 담당하였기 때문이다. 미국의 의료 선교사 알렌이 갑신정변 때 크게 다친 민영익을 치료한 것이 계기가 되어 1885년에 조선 조정의 출자로 한국의 첫 근대식 병원인 제중원(지금의 세브란스 병원)을 세우게 되었으며 이어서 여러 미국 선교사들이 배재학당, 이화학당 등 학교를 세우게 된 것이다. 이러한 기관들이 선교의 전초기지로서의 역할을 담당하였고 빠른 시일 내에 수많은 선교사들이 본격적인 선교활동을 할 수가 있었다. 이러한 개신교의 활동은 조선 조정의 호의적인 태도에 의하여 가능한 것이었다. 조선 조정이 개신교에 대하여 우호적인 자세를 취한 이유는 조선이 건국 이래 500년간 따르던 중국의 노쇠함을 버리고 세계 강대국들의 신문명을 받아들이기로 하였기 때문이다.

조선은 19세기까지 유교적 이상 국가의 체제를 지키고자 하여 이를 파괴하는 세력이라 여긴 천주교에 대하여는 엄청난 박해를 가하였지만 국력이 극도로 쇠한 19세기 말에 이르러서는 국력 증강에 도움이 될 신문명을 받아들이고자 하는 필요에서 주로 미국의 개신교를 우호적으로 받아들이게 된 것이다. 그리고 이렇게 개신교를 한국사회의 근대화를 돕는 신문명의 소개자로 대하는 태도는 개신교가 이 땅에 들어온 이후 오늘에 이르기까지 계속 이어지고 있다고 할 것이다.

(2) 한일합병 시대 - 일제 압정 아래 훼절의 길, 저항의 길

천주교와 개신교 교단: 일제 압정에 굴복.
개신교 보수 근본주의 소수만 끝까지 저항

일제는 합병 초기에는 기독교에 대하여 유화적인 모습을 보였지만 일제 말기에 이를수록 기독교에 대한 절대적인 압박을 가하여 기독교의 존립 자체를 위협하였다. 그리하여 천주교와 개신교 교단들도 차례로 이에 굴복하였다. 그러나 소수의 목사들은 일제의 요구에 목숨을 걸고 항거하였다.

일제는 일본의 전통적 민중 종교인 신도(神道)에다 살아 있는 일본 국왕인 천황을 정점으로 둔 국가신도(國家神道)를 만들어서 이를 국민의례의 기본으로 정하여 일본 국민과 식민지 조선인 모두가 지키도록 하고 이에 따라 신사참배를 의무화하였다. 그리고 천황을 모든 종교의 신보다도 더 상위에 두어 숭배하도록 하였다. 일제는 국가신도가 종교가 아니고 국민의례라고 하였지만 내용으로 볼 때 신사참배는 명백한 우상숭배이며 천황 숭배 또한 천황을 하나님 위에 두는 것으로서 기독교의 기본 전제를 파괴하는 것이었다. 따라서 이러한 일제의 국가신도의 강제는 기독교를 기독교가 아닌 것으로 변질시키는 것이었다. 그리고 해방 직전에는 조선내 기독교단들을 통합시켜 일본 정부의 통제를 받는 일본 기독교단 소속의 조선교단으로 만들어 민족 교회의 정체성을 없애려고 하였다[20]. 이리하여 조선의 기독교는 기독교로서의 정체성과 민족교회로서의 정체성을 아울러 잃게 되었다.

문제는 일제가 이러한 기독교 교회로서는 받아들일 수 없는 내용을 강제하고 이를 거부할 경우에는 교단을 폐쇄시킨다고 할 때 어떻게 할 것인가 하는 것이다. 결국 조선의 기독교는 주기철 등 근본주의적 보수 신앙을 지닌 소수를 제외하고 모든 교단이 일제의 압박에 굴복하였다. 조선의 기독교는 신앙의 순수성을 희생하는 대신 교회의 존속을 택하였던 것이다. 결과적으로는 그 뒤 10년이 지나기 전에 일제는 망하고 조선은 해방되어 종교의 자유를 누리게 된 것이다. 그리고 조선의 천주교와 개신교에게 신사참배는 수치의 역사로 남게 되었다.

그런데 이와 관련하여 한 가지 주목되는 사실은 교회와 마찬가지로 신

---

20) 서정민, 《한국교회의 역사》, p. 43.

사참배를 강요당한 기독교계 학교들 가운데 평양의 숭실전문학교와 전주 신흥학교 등 여러 학교들이 신사참배를 거부하고 자진 폐교를 택하거나 또는 광주 숭일학교 목포 영흥학교 등 여러 학교들이 신사참배 거부로 폐교 당하였다는 점이다.

(3) 해방 이후 2020까지
- 기독교의 놀라운 성장세 속 개신교의 혼돈과 천주교의 시대적 대응

기독교: 기독교세의 확장과 함께 사회적 영향력이 커지다

해방 이후 한국 기독교의 성장세는 세계적으로도 유례가 드물 정도로 컸다. 개신교의 교인 수는 1950년 50만 명 정도로부터 2015년 950만 명 정도로 대략 20배 가까이 증가하고 천주교의 교인 수는 1950년 15만 명 정도로부터 2015년 400만 명 정도로 대략 25배 정도 증가한 것으로 보인다. 전체 인구에서 차지하는 비중은 개신교가 1950년 2%에서 2015년 20%로 그리고 천주교가 1950년 1% 미만에서 2015년 8%로 각각 증가하여 기독교 전체로는 1950년 3%에서 2015년 28%로 증가하였다.

이리하여 개신교는 이제 한국 최대 종교가 되었다. 곧 2005년 총인구 조사까지는 불교가 최대 종교이고 개신교가 다음이었는데 2015년 조사에서는 불교 인구 비중이 16%로 개신교의 20%보다 적게 나타나고 있다. 다만 개신교 내에서는 근년에 교인 수가 적어지고 있다고 느끼고 있어서 조사 결과에 대하여 확신을 가지지 못하고 있다. 그렇다고는 하더라도 앞에서 살펴본 바와 같이 해방 이후 개신교와 천주교의 교인 수가 놀라울 정도로 증가한 것은 분명한 결과인 것이다.

　이렇게 해방 이후 한국사회에서 기독교 인구가 크게 증가한 것은 동시에 한국사회에 있어서 기독교 영향력의 증가를 의미하게 된다. 입법 기능을 책임지고 있는 국회의 예를 보도록 하자. 2020년 출발한 21대 국회의원들의 종교를 보면 개신교 125명(42%), 천주교 79명(26%), 불교 34명(11%)으로 알려지고 있다. 그런데 이들 종교의 전체 인구에서의 비중은 개신교 20%, 천주교 8%, 불교 16%로 개신교는 인구 비중의 2배 정도, 천주교는 인구 비중의 3배 정도, 불교는 인구 비중보다 적은 국회의원 비중을 나타내고 있다. 개신교와 천주교의 경우에 자신들의 전체인구에서의 종교인구 비중보다 2~3배 큰 비중으로 국회에 진출하고 있는 것이다.

　이러한 경향은 18대에서 21대의 최근 네 차례 국회에서 비슷한 경향을 보이고 있다. 지난 네 차례 국회에서 개신교 국회의원의 비중은 34~42%, 천주교 국회의원 비중은 24~26% 수준을 보이고 있고 이 둘을 합한 기독교 국회의원의 비중은 58%~68%로 과반수를 넘는 2/3에 가까운 대단한 비중을 차지하고 있는 것이다.

　이렇게 기독교인 국회의원 수가 과반을 넘는다는 사실은 한국사회의 입법 사항에 있어서 기독교의 영향력이 클 수 있다는 것을 의미하는 것이다. 물론 국회의원들은 자신들의 소속 정당에 철저하게 매여 있고 또한 대부분의 법안 처리에 있어서 당론이 미리 결정되고 국회의원 각자의 판단에 의한 자유 투표가 허용되는 경우는 거의 없는 형편이라 입법에 있어서 기독교의 영향력은 그 여지가 없지만 법 내용이 기독교가 관심을 갖고 있는 법안의 경우에는 기독교 국회의원의 수가 중요해지는 것이다. 예를 들어 개신교가 반대해 온 종교인 과세 문제는 논의된 지 50

년이 되어서야 시행이 되었고 사립학교법의 개정 관련 문제도 기독교 단체의 의견에 상당한 영향을 받았다. 그리고 차별금지법의 입법 문제는 결정이 안 된 상태이다.

여기에서는 국회의원의 예를 들었지만 한국사회에 있어서 기독교의 영향력은 매우 크며 이는 사실 기독교가 한반도에 들어온 19세기 말 이후 한일합병 시대, 해방 시기, 미군정 시기 그리고 한국 정부 수립 이후 오늘에 이르기까지 계속된 현상이라고 할 것이다. 천주교와 개신교는 이 땅에 들어올 때부터 서양의 새로운 사상과 신문명을 의미하였으며 해방 이후에도 그러하였다. 특히 남한의 경우에는 기독교와 민주주의는 같이 가는 것으로 받아들여졌다. 이승만 시대에는 기독교와 반공은 분리될 수 없는 것이었고 그 뒤 군사독재의 시기에도 개신교의 주류라고 할 보수 개신교가 박정희 전두환의 독재체제와 반공으로 연합하였으며 그 영향력이 계속되었다.

보수 개신교 군사독재 정권과 협력 관계 아래 복음화에 매진하다.

이 기간 중 정치에 있어서 한국사회 전체와 기독교에 영향을 준 지배적인 요소는 박정희 전두환의 군사독재체제였다.

군사독재체제에 대하여 한국의 기독교는 두 갈래로 나뉘어져 대응하였다. 한국 개신교의 주류라고 할 보수 개신교는 군사독재체제에 대하여 찬성하고 지원하는 입장을 취하였고 진보 개신교와 천주교는 적극적으로 반대하고 이에 강력하게 저항하였다. 곧 한국의 기독교는 정반대되는 두 진영으로 나뉘어 군사독재체제에 대하여 대응한 것이다. 곧 보수 개신교는 군사독재체제 지원하는 한편으로 독재 정권의 협조를 얻으면서 적극적인 복음화운동을 추진하였고 진보 개신교와 천주교는 감옥에 가는 것을 두려워하지 않으며 적극적인 민주화운동을 추진하였다.

그렇다면 이 두 갈래의 상반되는 대응이 기독교 성장세에는 어떠한 영향을 주었을까?

요약해서 말한다면 개신교의 경우에는 주류인 보수 개신교는 군사독재체제의 비호 아래 적극적인 복음화운동을 추진하고 이것이 성과를 보여 기간 중 기독교의 빠른 증가세를 이끌었다. 반면 비주류인 진보 개신교는 천주교와 함께 한국사회의 민주화운동을 이끌었지만 군사독재체제의 탄압 아래 교세는 정체를 보였다. 주목을 끄는 것은 천주교의 경우인데 천주교는 군사독재체제에 대하여 강경하게 저항하였음에도 불구하고 기간 중 교세가 꾸준하게 증가세를 보였다. 이를 단순화시켜 말하면 보수 개신교는 군사독재체제에 협조하면서 교세의 증가를 이룬 반면 진보 개신교는 군사독재체제에 저항함으로써 교세가 정체되었으며 천주교는 군사독재체제에 저항하면서 교세가 증가되었다고 할 수 있다.

보수 개신교의 전국 복음화운동 가운데 특히 노력을 집중한 것이 대규모 전도집회였다. 그리고 이러한 대규모 집회 개최는 정부의 적극적인 협조에 의하여 가능하였다. 1970년대에는1973년의 빌리 그래함 전도대회와 1974년의 '엑스플로74' 그리고 1977년의 '민족 복음화 대성회'가 개최되었고 이어서 1980년대에는 1980년의 '세계 복음화 대성회'와 1984년의 '한국 기독교 100주년 선교대회'가 각각 개최되었다. 이 가운데 1970년대에 열린 집회들은 유신체제 아래서 개최된 것들이고 1980년대 집회들은 전두환 정권 아래서 개최된 것들로 정부의 지원 없이는 개최가 불가능한 것들이었다.

이러한 집회들은 모두 성공을 거두어서 수많은 인파가 모였는데 '빌리 그래함 전도대회'의 마지막 날에는 100만 명을 넘는 사람들이 참가하였으며 김준곤 목사의 CCC(Campus Crusade for Christ, 한국대학생선교회)가 개최하고 CCC 창설자인 빌 브라이트(Bill Bright) 목사가 주강사인 '액스플로 74'는 6일간 600여만 명이 참여하였다. 이러한 대형 전도집회는 개신교 붐을 일으켜 개신교 성장에 큰 도움이 된 것으로 생각된다.

진보 개신교와 천주교의 민주화 투쟁

진보 개신교는 기간 중 군사독재체제에 대하여 강인한 저항을 보였다. 그 첫 번째 본격적인 체제 저항은 1969년의 3선개헌에 대한 강력한 반대였다. 3선개헌 반대운동 이후 진보 개신교는 20년 동안 군사독재 정권의 무자비한 탄압에 굴하지 않고 강인하게 군사독재체제에 대한 저항과 민주화운동을 펼쳐 나갔다. 그리고 3선개헌에 대한 보수 기독교의 찬성과 진보 개신교의 반대에 따라 한국 개신교는 군사독재체제를 지지하는 보수 개신교와 이를 반대하는 진보 개신교로 확실하게 분리되기 시작하였다. 보수 개신교는 확실한 교회 연합단체를 갖지 않았으나 진보 개신교의 경우는 일제시대에 설립된 이래 꾸준히 활동해 온 한국기독교교회협의회(교회협, NCCK)가 진보 개신교의 민주화운동을 주관하였다.

이후 진보 개신교는 1972년의 유신에 대하여 비기독교인 및 천주교 그리고 성공회와 함께 민주화 추진 세력을 형성하여 1987년 6월 항쟁으로 군사독재체제가 항복할 때까지 강력한 민주화운동을 추진하였다. 그런데 개신교의 경우에는 주류인 보수 개신교가 군사독재체제를 지원하고 비주류인 진보 개신교가 체제에 반대하여 민주화운동에 참여한 데 반하여 천주교와 성공회의 경우는 조직 전체로서 민주화운동에 참여하였다.

이러한 군사독재체제의 공포에 의한 절대적인 지배에도 불구하고 20년에 걸친 반체제 민주화운동이 개별적이고 우발적인 저항이 아니라 조직적이고 꾸준한 반체제운동으로 지속될 수 있었던 데에는 그 중심에 진보 개신교와 천주교와 성공회가 있었기 때문이라고 하겠다.

한편 20년에 걸친 이러한 치열한 민주화운동 기간 동안 진보 개신교의 교세는 보수 개신교의 놀라운 성장세와는 달리 정체를 보였다. 이는 정권의 탄압으로 진보 개신교 교인으로서의 생활에 상당한 부담이 따랐기 때문인 것으로 생각된다. 이러한 사정은 성공회의 경우에도 마찬가지로 기간 중 성공회 교세도 정체되었다.

결국 한국의 기독교는 군사독재체제 아래에서 개신교 쪽은 보수 개신교가 현세 중심의 번영신학으로 준비한 가운데 군사독재체제를 지지하면서 독재 정권의 지원 아래 군 선교 등 열성적인 복음화운동의 추진과 대규모 전도집회를 통하여 인구의 도시 집중 및 경제성장에 대처하면서 놀라운 성장세를 기록하였고 천주교는 오히려 반독재 민주화 투쟁에 헌신함으로써 군사독재의 암흑 속에 한국사회의 빛의 역할을 감당하며 민주화를 희망하는 사람들의 신뢰를 얻으며 꾸준히 성장세를 보였다.

기독교 대통령에 대한 평가와 기독교

앞에서 우리는 기독교의 사회적 영향력과 책임 문제를 일반적인 측면에서 살펴보았는데 이제 여기에서는 특수한 측면에서의 한 가지 문제를 논의해 보고자 한다. 기독교 고위 공직자의 사회적 영향력과 책임 문제의 경우이다. 공직자들은 사회적 영향력과 책임이 크다. 그리고 그 가운데서도 가장 영향력이 큰 사람이 대통령일 것이다. 따라서 대통령이 기독교인인 경우에는 국민들에게 기독교에 대한 인식에도 영향을 주게 되는 것이다. 그래서 이제 대통령의 (장면 총리 포함)경우를 가지고 이 문제를 논의하여 보도록 하자.

지금까지 기독교인 대통령(총리)은 이승만, 장면, 김영삼, 김대중, 이명박 그리고 현재 문재인의 여섯 사람인데 이 가운데 개신교인은 이승만, 김영삼, 이명박 세 사람이고 천주교인은 장면, 김대중, 문재인이다. 여섯 사람의 대통령직 수행에 대한 평가를 보면 이승만, 장면, 김영삼, 이명박 네 사람의 경우에는 그들의 대통령직 수행에 대한 평가가 부정적인 반면 김대중의 경우에는 그 평가가 긍정적이라고 하겠다. 문재인의 경우에는 임기 말까지 기다려야 할 것이다.

결국 전반적으로 보아 기독교인 대통령에 대한 평가는 부정적이라고 볼 수밖에 없다고 할 것이다. 개신교는 이승만, 김영삼, 이명박의 선거에 공개적으로 지원에 나섰기 때문에 이들 대통령에 대한 부정적인 평가는 개신교의 입장에서도 부담이 된다고 할 것이다. 이와는 구별되게 천주교의 경우에는 장면, 김대중, 문재인의 선거에 공개적으로 지원에 나서지는 않았기 때문에 이들 세 사람에 대한 평가로 인한 부담은 조금 덜한 편이라고 할 수 있다.

이와 같은 상황을 고려할 때 개신교가 앞으로의 대통령 선거에서도 과거와 같이 개신교인 대통령의 당선을 위하여 공개적이고 적극적으로 선거 지원에 나서는 것이 바람직한 것인가 하는 문제에 대하여 보다 신중해질 것으로 생각된다.

민주화 이후에도 보수 개신교 반공으로 뭉치다

한국사회의 보수 개신교는 박정희, 전두환의 군사독재체제 때에도 반공을 공유하는 독재 정권들과 공조를 이루어 왔다. 그리하여 진보 개신교와 천주교가 박정희의 유신체제 이후 전두환의 군사독재체제의 종료까지 15여 년간 희생을 무릅쓰며 군사독재에 저항하며 민주화운동을 계속하는 동안 보수 개신교는 시종일관 박정희와 전두환의 군사독재체제를 지지하였다. 그러다가 전두환 말기에 6월 민주항쟁이 일어나고 전두환이 이에 굴복하여 대통령 직선제가 실현되자 보수 개신교는 표면적으로는 잠잠한 태도를 보였다.

그러나 김대중 때에 이르러 정부가 북한과 대화하자 이에 반대하는 목소리를 내기 시작하였고 노무현 정부 때에도 대북 대화가 계속되자 강력하게 이에 반대하기 시작하였다. 이후 이명박, 박근혜의 보수 정권 때 남북 관계가 냉랭해진 동안에는 보수 개신교도 특별한 움직임이 없다가 문재인 정부에 들어서 남북 관계가 다시 본격적인 대화 체제로 들어가고 여기에 미국까지 참여하게 되면서 보수 개신교는 강하게 반대하였다. 한편 진보 개신교는 남북한 대화에 지속적으로 긍정적인 입장을 취하고 있다.

1970년대와 1980년대에는 보수 개신교가 반공을 위하여 군사독재체제를 지지한 반면 진보 개신교는 민주화운동에 헌신하였다. 그 뒤 1980년대 말 민주화 시대에는 보수 개신교가 계속 진보 정권의 대북 유화정책에 반대하는 태도를 보이고 있다. 그런데 문재인 정부에 들어와서도 보수 개신교는 꾸준하게 반공 이데올로기를 자신들의 기본 이념으로 유지하고 있다. 이제는 반공을 가지고 극우 정치활동에 본격적으로 나서고 있으며 이에 대하여 보수 개신교가 대형 교회를 중심으로 심정적으로 동조하고 있는 상황이다. 결국 보수 개신교는 과거 독재 정권에서처럼 반공으로 다시 단결하고 있는 상황이라고 할 것이다. 이러한 반공 이데올로기 문제를 보수 개신교와 진보 개신교가 어떻게 풀어 나갈 것인가 하는 것이 한국 개신교의 과제로 생각된다.

극우 보수 개신교의 정치활동

위에서 보았듯이 전광훈 목사와 한기총의 본격적이고도 과격한 정치활동은 한국 개신교로서는 일찍이 보지 못하던 성격의 것이라고 할 것이다. 더욱이 이러한 정치활동에 교회 밖의 극우 세력과 연합할 뿐만 아니라 이를 주동적으로 진행시키고 있는 점도 특이하다고 할 것이다. 이러한 극우 세력은 문재인 정부와 진보 진영을 좌파라고 규정하며 북한 공산주의의 동조자로 보고 공격하고 있다.

이러한 한기총의 정치활동은 국민 대다수에게 부정적인 인식을 주고 있어 개신교에게 부담이 되고 있다고 하겠다. 결국 2020년 4월의 21대 국회의원 선거에서도 전광훈이 참여하였던 기독자유통일당이 51만 표를 얻어 득표율이 1.8%에 그쳐 지역구 의원은 물론 비례대표 의원을 내는 데 또 다시 실패하였다. 이렇게 보수 개신교 정당이 2004년 이후 다섯 번의 국회의원 선거에서 단 한 명의 국회의원도 내지를 못하고 있는 실정이다.

이는 극우 보수 개신교 정당에 대하여 천만 가까운 개신교인들이 외면하고 있다는 사실을 나타낸다고 하겠다. 동시에 개신교인들이 극우 개신교 정당뿐만 아니라 개신교 정당 자체에 대하여 거부감을 갖고 있음을 보여주고 있다고 생각된다. 따라서 이러한 현상은 한국사회와 한국 개신교에 있어서 직접 개신교 정당을 만들어 정치에 참여하는 것은 가능성이 거의 없다는 점을 분명히 보여주고 있는 것으로 보인다.

그러나 보수 개신교의 극우 정치활동 문제는 간단하지 않은 것으로 생각된다. 보수 개신교인들이 기독교 정당의 창설에 대하여는 동조하지 않지만 대형 교회를 중심으로 목사와 장로들 가운데 극우 정치활동에 심정적으로 동조하는 사람들이 상당수 있다는 점이다. 그리고 일반 국민들에게는 개신교의 극우 정치활동이 개신교를 기피하게 만들고 있다는 현실이다. 결국 보수 개신교의 극우 성향은 한국 개신교의 미래에 큰 부담이 되고 있다고 할 것이다.

천주교의 시대적 대응

천주교는 일제시대 동안 일제의 종교정책에 순응하여 별다른 어려움을 겪지 않았다. 일제의 신사참배 강요에도 이를 종교적 의례가 아니라 국민의례라고 보아 이를 순순히 받아들였다. 당시 한국 천주교를 이끌고 있었던 프랑스 선교사들은 일제의 한반도 지배를 정당한 것으로 받아들였으며 정교분리를 내세우며 독립운동에 대하여 반대하였다. 1909년 이토 히로부미를 살해한 천주교인 안중근을 파문하였으며 3.1운동에 참여한 천주교 신학생들을 퇴학시켰다. 이러한 일제시대 천주교의 행태는 일제에 저항하였던 개신교의 태도와 대비되며 천주교의 오점으로 역사에 남게 되었다.

이와 같은 천주교의 떳떳하지 못한 과거의 면모는 1960년대 이후 군사독재체제 아래에서 천주교가 사회참여에 나서면서 정의구현을 위하여 헌신하고 특히 군사독재 정권의 가혹한 탄압에도 굴하지 않고 강력하게 민주화운동을 추진함으로써 일신되었다.

1960년대에서 1980년대에 이르는 암울한 군사독재체제 아래에서 재야 및 학생들의 민주화 투쟁이 이어지고는 있었다. 하지만 그 동력이 약하여 별다른 희망이 없는 상황이었는데 여기에 천주교와 진보 개신교가 연합함으로써 민주화 추진 세력이 동력을 얻고 안정감을 갖게 되었다. 특히 개신교의 경우에 주류인 보수 개신교가 군사독재체제를 지지하고 정권에 저항하는 진보 개신교는 소수에 그치는 분열상을 보이고 있는 상황에서 천주교는 추기경에서 신부 수녀 및 평신도에 이르기까지 천주교회의 거의 모두가 민주화운동에 나섬으로써 국민들에게 희망을 주었다. 특히 지학순 주교의 투쟁과 김수환 추기경의 분명한 반독재 태도 그리고 1974년에 결성된 '천주교정의구현사제단'의 존재는 국민들의 뇌리에 강하게 심어졌다. 명동성당은 민주화의 성지가 되었다. 무엇보다도 김수환 추기경은 국민들의 존경과 신뢰의 대상이 되었다. 결국에는 1987년 5월에 정의구현사제단이 박종철 고문 치사 사건에 대한 경찰의 은폐 조작을 폭로하여 6월 민주항쟁을 촉발함으로써 박정희에 이은 전두환의 군사독재체제를 무너뜨리는 계기를 만들었다.

그런데 여기에서 주목되는 점은 천주교가 특히 1970년대 초 이후 민주화운동에 헌신하는 과정에서 국민들의 신뢰를 얻게 되는 가운데 청년층과 지식인층 그리고 중산층이 천주교에 입교하는 움직임이 발생한 점이다. 이들 가운데에는 타 종교 소속 사람들도 포함되어 있었다. 그리하여 앞에서도 본 바 있듯이 이 기간 중 천주교세는 정권의 탄압에도 불구하고 교세가 성장하여 천주교인 수는 1970년의 79만 명으로부터 1990년의 275만 명으로 20년 동안 3.5배로 늘었고 이에 따라 전체 인구에 대한 비중도 같은 기간에 2.5%로부터 6.4%로 증가를 보였다.

이렇게 천주교는 군사독재체제 아래에서 사회참여를 통하여 정의구현 특히 민주화운동에 헌신함으로써 한국사회의 시대적 상황에 바르게 대응하였으며 그 결과로 선교에서도 성과를 거두었다. 그러는 가운데 일제시대의 과오로 인한 어두운 면모를 완전히 새롭게 하였다. 한국사회가 상당한 민주화를 이룬 지 이제 30여 년이 되었지만 오늘날에도 천주교는 한국국민들에게 정의롭고 신뢰할 수 있는 종교라는 인식을 주고 있다[21].

---

21) 서정민, 《한국 가톨릭의 역사》 (㈜살림출판사, 2017), pp. 128~135 참조.

2 ___ 한국 기독교와 정치 관계의 일반적 특징

앞에서 우리는 한국에 기독교가 들어온 이후 지금에 이르기까지 약 250년 동안 기독교와 정치의 관계가 어떻게 진행되어 왔는지를 각 시대별로 구분하여 살펴보았다. 그 결과 한국에서는 기독교와 정치가 매우 밀접한 관계를 가지고 진행하여 왔음을 보았다. 여기에서는 한국에서 기독교와 정치의 관계에 있어서 그 특징과 정치가 기독교에 준 영향을 종합적으로 살펴본 다음 현 단계 한국 기독교의 과제를 정리하여 보고자 한다.

먼저 지금까지 기독교와 정치 관계가 보인 특징들을 뽑아보고자 한다.

정치에 의하여 결정적으로 영향을 받아온 한국 기독교

한국에서 기독교는 이 땅에 처음 들어온 이래 오늘에 이르기까지 끊임없이 그리고 결정적으로 정치적 상황에 의하여 영향을 받아왔다.

앞에서 보았듯이 한국에 처음 들어온 기독교인는 중국을 통하여 전해진 천주교는 조상 제사 문제와 외세 의존 문제로 조선 왕조의 극심한 박해를 받은 반면 개신교는 조선 왕조의 지원을 받았다. 일제시대에는 개신교 천주교 모두 일제의 압제에 굴복함으로써 처음으로 기독교 정체성에 훼절을 보이게 되었다.

한편 1945년의 해방과 분단은 북한에서는 개신교와 천주교를 거의 명목상 존재로 만든 반면 남한에서는 유례가 드문 성장세를 이루게 하였다. 또한 미군정 이후 개신교가 한국사회에서 주도 세력으로 자리잡도록 하였다. 1960년대 1980년대에 이르는 군사독재 시대에는 개신교 쪽에서는 군사독재의 반공 입장에 동조하여 군사독재를 꾸준히 지지하고 경제개발에 따른 경제성장 성과에 만족하는 주류의 보수 개신교와 군사독재에 저항하여 민주화운동에 적극 참여하고 경제개발 과정에서 소외된 노동자 계층 등의 권익 증진에 헌신하는 소수의 진보 개신교로의 분리를 형성하였다. 천주교 쪽에서는 분열된 개신교와는 달리 합심하여 정의구현의 사명을 감당하였다. 그리고 민주화 이후에도 북한 공산주의 체제의 존재는 남한 개신교의 보수와 진보의 분리를 계속하도록 하고 있다.

이렇게 한국 기독교의 역사는 격변하는 역사 과정에서 정치와 함께 또는 정치에 의하여 격변을 겪어 온 것이다. 그 근본적인 이유는 기독교가 처음 들어온 18세기 말 이후 오늘에 이르기까지 한국의 역사가 조선의 쇠망과 일제와의 합병, 일본의 전쟁 패망에 따른 해방과 남북 분단, 6.25 동란을 거쳐 이승만 독재와 학생 혁명, 박정희, 전두환의 군사독재체제와 민주화로 이어지는 격변의 과정을 거치면서 기독교 또한 이 격변의 과정에 휩쓸릴 수 밖에 없었기 때문이다.

정치적 격변 가운데 놀라운 성장을 기록하다

한국의 개신교와 천주교를 합한 기독교 인구는[22] 일제시대와 해방과 남북한 정부 수립과 3년간의 6.25전쟁 기간에 이르기까지 오랫동안 전체 인구의 5% 미만 수준에 머문 것으로 보인다. 그러다가 전쟁이 그친 1953년 이후부터 교인 수가 증가하기 시작하여 1960년대에는 매우 빠르

---

22) 통계청의 첫 번째 종교인구통계가 나온 1985년 이전의 경우에는 믿을 만한 통계가 없는 데 따른 단편적인 자료를 통한 추측임.

게 증가하는 가운데 1960년대 중반에 이르러 10% 수준을 넘은 것으로 추정된다. 이후 1970년대에도 계속 빠른 증가세를 보였으며 1980년대 에는 증가세가 둔화되었으나 1985년에는 21%로 드디어 20% 수준을 넘 게 되었다. 2005년에는 기독교 인구가 29%를 보였고 2015년에는 28%를 보였는데 이 가운데 개신교가 20%로 처음으로 불교를 제치고 한국 최대 종교가 되었다. 그리고 천주교가 8%였다. 그런데 천주교의 경우는 1990 년대 중반 이후에도 증가세를 계속하여 2000년대까지 이어지고 있는 가 운데 최근에는 증가세가 낮아지고 있는 것으로 보인다.

〈표1〉 한국의 종교인구 (만 명, %)

	1985	1995	2005	2015
전체 인구	4,045(100)	4,383(100)	4,635(100)	4,905(100)
종교 있음	1,720(43)	2,210(50)	2,453(53)	2,155(44)
불교	806(20)	1,015(23)	1,059(23)	762(16)
개신교	649(16)	851(19)	845(18)	968(20)
천주교	187(5)	289(7)	502(11)	389(8)
종교 없음	2,322(57)	2,174(50)	2,183(47)	2,750(56)

자료: 통계청, 주택인구센서스

이와 같이 한국의 기독교는 6.25전쟁 이후 오늘에 이르기까지 세계적 으로 예가 드물게 빠른 성장세를 보였다. 1950년대 초 이후 1990년대 중 반에 이르기까지 40년 동안 놀라운 성장을 보였다. 이하에서는 이 기간 동안 한국 기독교가 급속히 성장한 여러 요인들을 살펴보도록 하자.

먼저 6.25전쟁 이후 한국 기독교의 빠른 성장 요인들에 대하여 보도록 하자.

1950년 6월부터 1953년 7월까지 진행된 6.25전쟁은 남한 기독교에 엄청난 피해를 주었다. 전쟁 기간 중 수많은 목회자와 교인들이 전투 남북 학살 등으로 희생되었고 수많은 교회들이 파괴되었다. 그러나 이러한 비극적인 상황 가운데서도 한국 기독교는 쓰러지지 않고 오히려 회생과 성장을 기록하게 되었다. 그리하여 1950년대는 한국 기독교의 장기 증가 추세가 시작되는 시기라는 점에서도 한국 기독교 역사에 있어서 큰 의미가 있는 시기가 되었다.

1950년대 중의 기독교 인구 증가는 혹독한 전쟁과 종전 이후의 사회적 혼란으로 인한 사람들의 생존에 대한 불안감과 삶의 고단함으로 인한 종교로의 도피 및 의존 심리가 컸던 것으로 생각된다. 그리고 이러한 종교 의존 욕구를 충족시켜준 곳이 전통의 유교나 불교가 아니라 기독교였다. 이와 같이 절망적인 시기에 한국국민들이 기독교를 찾은 이유로는 먼저 힘든 현실에서도 소망을 주는 기독교 복음이 가지는 역동성을 들 수 있겠고 다음으로는 기독교가 선진국, 특히 미국으로부터의 종교라는 점이었다. 곧 미국은 한국을 전쟁의 절대적인 위기에서 구해주고 적극적인 구호 활동을 통하여 도움을 주어 가난한 한국으로서는 선망의 대상인 잘사는 대표적인 나라였다.

당시에 한국교회에서는 부흥회가 크게 유행하였는데 이들 부흥회는 단순하면서도 적극적인 신앙을 강조하는 말씀과 신유 방언 예언 등 영적 은사를 강조하여 교인들에게 강한 영향을 주었다. 미국의 부흥사인 밥 피어스(Bob Pierce)와 빌리 그래함(Billy Graham)도 여러 차례 한국을 방문하여 대형집회를 인도하여 개신교 전도에 큰 역할을 하였다. 또한 미국 개신교 및 천주교의 6.25전쟁 시작 이후의 한국교회와 피난민 그리고 고아 등을 위한 적극적인 구호 활동도 한국 기독교 성장에 도움이 되었다. 이러한 미국 기독교 관련 행사 및 구호 활동 등에는 한국교회 쪽에서 한경직 목사가 중요한 역할을 하였다.

북한 기독교인들의 월남 현상도 기독교 성장에 활력을 더하였다. 해방 이후 그리고 전쟁 중에 월남한 북한 목회자들과 교인들이 남한에 내려와서 독자적인 교회들을 세웠는데 이들 교회들이 크게 성장함으로써 후에 한국교회에서 처음 보는 대형 교회의 출현을 이루었다. 한경직의 영락교회, 김창인의 충현교회, 김선도의 광림교회 등이 그 예이다. 여기에 더하여 이승만 정부의 1951년 군종 제도의 도입 등 적극적인 개신교 지원이 기독교 성장에 힘이 되었다. 이와 같이 여러가지 요인들이 6.25 전쟁 이후의 한국 기독교의 성장을 실현하였다.

이렇게 1950년대 중 한국 기독교는 전쟁의 엄청난 충격과 상처로 인하여 절망과 불안에 빠져 있던 한국국민들에 대하여 역동적인 복음과 체험적 영성으로 위로를 준 부흥회와 미국 부흥사들의 대규모 집회 그리고 외국 교회들의 구호 금품과 구호 활동과 월남 교인들의 응집력 등으로 성공적으로 부응함으로써 한국교회가 전쟁으로 인한 위기 가운데 쓰러지지 않고 오히려 생명력을 발휘하여 한국 기독교로서는 처음 보는 장기 성장세의 계기를 만들었다고 하겠다.

이리하여 전쟁 이후 1950년대에 한 번 빠른 증가세를 이룩한 기독교는 뒤를 이어 1960년대 이후 1990년대 중반까지 30년 동안 한층 빠른 증가세를 보이게 된다.

한 세대를 조금 넘는 이 기간은 한국이 군사독재체제 아래 경제개발을 추진함으로써 한국사회가 경제적, 사회적 측면에서 근대화가 급속하게 진행되고 그 결과 한국인들의 생활 수준의 상승이 실현되고 또 정치적 민주화가 상당 부분 실현된 역사적 전환기를 기록한 전환기적 시기였다.

예를 들어 이 기간 중 한국의 생활 수준의 변화를 1인당 국민총소득 수준을 통하여 다른 나라와 비교하여 보자. 1962년 한국의 1인당 국민총소득은 120달러로 미국의 1/27 수준이었고 필리핀의 1/2 수준이었으며 케냐와 비슷한 수준이었다. 그러나 33년이 지난 1995년의 경우를 보면 한국은 11,600달러로 미국의 1/3 수준이고 필리핀의 11배 수준이고 케냐의 43배 수준이다. 곧 한국은 1960년대에서 1970년대와 1980년대의 30년 동안 1인당 국민총소득이 매년 10% 이상 증가하는 세계적으로도 가장 높은 성장률을 기록하였다. 이렇게 한국은 기간 중 경제 수준이 세계에서 가장 빠르게 증가한 나라인 것이다.

다음으로 정치적인 측면에서 보면 한국은 1960년대 초부터 1980년대 후반까지 30년 가까운 기간 중에는 군사독재체제를 유지하여 정치적으로는 후진성을 보여주었다. 1980년대 말에는 국민들의 민주주의를 위한 항쟁이 성공함으로써 제도적으로는 민주화를 이룩하였다.

이렇게 한국의 기독교가 한국 역사상 전례가 없는 빠른 성장세를 보인 1960년대 초 이후 1990년대 중반까지의 기간은 한국사회가 경제적, 사회적, 정치적으로 급속한 근대화가 집중적으로 진행된 시대적 상황을 배경으로 한 것이다. 그렇다면 이러한 시대적 변화 가운데 기독교의 빠른 성장세를 촉진시킨 요소들은 어떠한 것들일까?

가장 큰 요소는 역시 한국사회의 성격이 농업 중심의 전통사회로부터 공업 중심의 근대 사회로 전환된 것이라고 할 것이다. 예를 들어 산업별 인구 구성을 보면 1963년에는 농업 등 1차 산업 63%, 제조업 등 2차 산업

9%, 상업 등 3차 산업 28%에서 1990년에는 1차 산업 18%, 2차 산업 28%, 3차 산업 54%로서 기간 중 1차 산업의 비중이 63%에서 18%로 1/3 이하로 감소한 반면 2차 산업의 비중은 9%에서 28%로 3배로 증가한 것이다. 이로 인하여 도시인구 비중은 1960년의 36%에서 1990년의 80%로서 2배 이상 증가한 것이다.

이와 같이 한국사회의 성격이 근본적으로 바뀜에 따라 농촌의 인구가 도시로 몰려들었고 농업에 종사하던 사람들이 공장과 회사의 근로자로 변화한 것이다. 그리고 여성들의 취업도 늘어났다. 이러한 변화는 인구 측면만이 아니라 정치 경제 사회 문화 등 한국사회의 모든 측면에서의 급격한 변화를 의미하는 것이다. 그리고 생활의 모든 면에서 충격과 혼란을 겪게 된 사람들이 정신적 안식처를 찾아 교회로 오게 된 것이다. 고향을 떠나 도시로 몰려든 사람들은 그들이 의지할 새로운 공동체를 찾아 교회 공동체로 모여든 것이다. 그리고 교회는 이 땅에서의 축복과 성공을 강조하는 기복신앙으로 그들에게 위로와 소망을 주며 성장해 나갔다.

공산주의 북한의 존재가 주는 영향

앞에서 우리는 한국 기독교가 정치에 의해 결정적으로 영향을 받고 그 가운데서 개신교가 군사독재체제에 대한 지지 여부로 보수 개신교와 진보 개신교로 분리되는 것을 보았다. 이와 같이 해방 이후에 이러한 한국 정치와 기독교의 상호 작용에 있어서 중심이 되는 외부 요소가 바로 공산주의 북한 정권의 존재였다. 해방 후 남북한의 분단에서 시작하여 6.25전쟁과 이승만 독재체제와 박정희 전두환의 군사독재체제의 성립에 있어서 결정적인 요소는 바로 북한의 존재였다. 이들 독재체제들이 성립되고 자신의 독재체제를 합리화한 요소도 공산주의 북한의 존재였다.

개신교가 보수와 진보로 나뉜 결정적인 요소도 북한 요소였다. 보수 개신교는 이승만 독재와 군사독재체제가 북한의 공산 정권에 철저히 반대하고 있다는 점 때문에 이들을 지지하였다. 단순히 말하여 '공산주의가 아니라면 독재도 괜찮다'라는 입장이었다. 반면 진보 개신교는 독재는 그 자체가 나쁜 것이며 자유 민주주의의 원리에 비추어 받아들일 수가 없다는 입장을 취하였다.

그런데 이러한 북한 요소는 1980년대 말의 민주화 이후에도 작용하고 있다.

1988년의 대통령 직선제 체제 이후 정부가 10년 주기로 보수 정부와 진보 정부로 번갈아 정권교체가 진행되는 상황에서도 보수 개신교는 북한에 대하여 유화적 태도를 보이는 진보 정부에 대하여 강한 반대를 표현하고 있는 것이다.

공산주의 북한의 존재는 다른 어느 나라 와도 다른 한국 기독교의 특수성을 형성하고 있다. 한반도가 북쪽의 공산주의 체제와 남쪽의 민주주의 체제가 군사적인 대치를 이어가고 있는 적대적 분단 상태를 이루고 있는 유일한 장소인 것이다. 더욱이 이들은 같은 민족이면서도 순전히 이념적인 차이로 3년간의 참혹한 전쟁까지 치룬 바가 있다. 이렇게 제2차 세계 대전 종전 이후 계속되어 온 남북한 간의 이념과 체제 대립은 세계에서 유일한 경우이다. 따라서 남한으로서는 공산주의 북한의 존재가 국가 상황의 기본적인 요소이다.

한국 기독교 중 개신교의 경우 북한이 주도적이고도 중심적인 지역이었는데 공산주의 진영에 의해 해방 직후부터 북한지역에서 탄압을 받았으며 이후 북한 정권의 수립과 전쟁을 통하여 많은 기독교인들이 학살 등으로 희생되었으며 결국 북한지역에서는 기독교가 명목상으로만 남기에 이르렀다. 이러한 과정에서 수많은 북한의 기독교인들이 남한으로 피난하였으며 이후 남한에서 30년 가까이 개신교에서 중심적인 역할을 담당하였다. 그리하여 많은 남한의 보수 기독교인들에게 기독교를 금지하고 탄압하는 공산주의 북한 정권은 추상적인 이념상의 거부 대상일 뿐만 아니라 실제적인 악의 세력으로 받아들여지고 있는 것이다. 그들에게 공산주의 북한 문제는 정치 차원을 넘는 생존의 문제가 되는 것이다. 그렇기 때문에 정부의 대북한 정책에 대하여 보수 개신교는 적극적으로 그리고 경우에 따라서는 정치적으로도 반응하고 있다.

이렇게 북한의 공산주의 체제는 그 존재만으로도 남한의 기독교에게 절대적인 요소로 영향을 미쳐 오고 있으며 이러한 상황은 다른 나라의 기독교의 경우와는 근본적으로 다른 한국 기독교의 환경적 특수성을 형성하고 있는 것이다.

개신교 주류의 보수 성향과 비주류 개신교의 진보 성향

한국 개신의 주류는 보수 개신교이다. 주류라고 함은 편의상 교세를 기준으로 한 것으로 한국 개신교는 초기 이후 오늘에 이르기까지 보수적 성격의 개신교 교세가 진보적 성격의 개신교 교세에 비해 훨씬 크기 때문에 보수 개신교를 개신교의 주류라고 부르는 것이 자연스러운 편이다. 다음으로 보수성이란 신학적인 측면과 정치적인 측면으로 구분할 수 있는데 이제 이 두 가지 측면으로 구분하여 차례로 살펴보도록 하자. 먼저 신학적 측면에서 보도록 하자.

한국 개신교에 있어서 보수 개신교와 진보 개신교를 신학적으로 구분하는 일은 가장 큰 교단인 대한예수교장로회의 세 번에 걸친 분열 과정을 통하여 살펴볼 수 있다.

대한예수교장로회는 일제시대에 조선예수교장로회로 창립되었고 일제 말에 일제에 의하여 사라졌다가 해방 후 1947년에 남한에서 재건되었다. 대한예수교장로회는 재건 이후 세 차례 큰 분열을 경험하였다. 첫 번째가 1952년에 일제의 신사참배에 끝까지 참여하지 않은 고신파가 예수교장로회에서 나와서 독립된 교단인 예장(고신)을 세운 일이며 두 번째는 김재준 등을 중심으로 한 진보 성향의 신학자들이 대한예수교장로회에서 나와서 한국기독교장로회 교단을 만든 일이며 세 번째는 세계교회협의회(WCC, World Council of Churches)에 가입하는 문제로 대한예수교장로회가 대한예수교장로회(통합)과 예수교장로회(합동)로 분열한 일이다. 이제 이 세 차례 분열을 살펴보도록 하자.

첫 번째로 고신파의 독립은 해방 후 신사참배에 참여하지 않아 감옥에 갇혔다가 해방과 함께 출옥한 출옥 성도들을 둘러싸고 이들을 지지하는 쪽과 그렇지 않은 쪽 사이에 치열한 교권 다툼이 있었는데 결국에는 소수파인 출옥 성도를 지지하는 인사들이 별도의 교단인 대한예수교장로회(고신)을 세운 것이다.

두 번째로 대한예수교장로회와 한국기독교장로회의 분열을 보도록 하자.

이 분열은 성경무오설(聖經無誤說)을 확고하게 믿는 예장 다수파가 성경이 인류의 구원을 이루는 데 있어서는 완전하고 흠이 없지만 역사적이거나 과학적 내용에 있어서는 오류가 있을 수 있다는 자유주의 신학 성향의 김재준을 퇴출시킴에 따라 김재준을 지지하는 인물들이 예수 교장로 교단을 떠나 한국기독교장로회(기장) 교단을 세웠기 때문이다.

이리하여 한국 개신교의 대표적 주류 교단이라고 할 대한예수교장로회는 보수적 정통주의 신학을 고수하며 보수 개신교를 대표하는 기존의 예장과 진보적 자유주의 신학을 취하는 진보 개신교를 대표하는 기장으로 나뉘게 되었으며 동시에 한국의 개신교 또한 주류인 보수 개신교와 비주류인 진보 개신교의 두 진영으로 명확하게 형성되게 되었다.

세 번째로 1959년에는 WCC 가입 문제로 대한예수교장로회가 WCC 가입에 찬성하는 예장(통합)과 이에 반대하는 예장(합동)으로 분열되었다. 1948년 암스테르담에서 창립된 WCC는 전 세계 교회의 연합과 일치 곧 에큐메니즘(ecumenism)을 추구하는 기관이다. 그런데 WCC의 가입을 두고 예장 안에서 이에 찬성하는 쪽과 반대하는 쪽으로 갈라졌는데 WCC 가입에 찬성하는 한경직 등은 예장(통합)으로 그리고 이에 반대하는 박형룡 등은 예장(합동)으로 각각 분열하였다.

이러한 세 번의 분열 요인으로는 표면적으로는 신학적 입장 차이가 기본적인 이유로 거론되고 있지만 실제에 있어서는 지연 학연으로 얽힌 집단간의 반목과 교권 다툼이 더욱 크게 작용하였다[23].

현재 교인 수를 보면 예장(고신)이 40만 명, 기장이 20만 명 정도로 추산되며 예장(통합)과 예장(합동)이 각각 250만 명 정도로 추산되어 한국 개신 교단 가운데 가장 크다. 그런데 당초 예장 단일 교단에서 출발한 이 네 교단의 교인 수를 합하면 560만 명 정도인데 이는 개신교 전체 교인 수 960만 명의 60%에 가까운 수준이다. 참고로 한국 개신 교단 가운데

---

23) 장동민, 《대화로 풀어보는 한국교회사2》 (부흥과개혁사, 2009), p. 227~233 참조.

세 번째로 큰 기독교대한감리회는 130만 명 정도로 추산되고 있다.

이렇게 한국 개신교 가운데 가장 컸던 한국예수교장로회가 세 차례 큰 분열의 결과로 신학적 성향이 다른 네 교단으로 나뉘었는데 예장(고신)이 가장 보수적이고 다음으로는 예장(합동), 그 다음으로는 예장(통합)의 순으로 세 교단이 보수 교단으로 받아들여지고 있으며 기장은 진보 교단으로 분류되고 있다. 이렇게 보면 한국 개신교에 있어서 신학적 측면에서 볼 때 보수 개신교의 비중이 진보 개신교에 비하여 압도적으로 크다는 것을 알 수 있다.

다음으로는 한국 개신교를 정치적 측면에서 보수 개신교와 진보 개신교로 구분하여 보도록 한다.

정치적 측면에서의 구분이라고 함은 한국 개신교 교단들을 그들의 정치적 성향에 따라 보수와 진보로 구분하는 것이다. 개신교 내부에서 교단들의 성향을 보수와 진보로 구분하는 경우에는 당연히 신학적 측면에서 살펴보아야 할 것이다. 그렇지만 기독교인이 아닌 교회 밖의 일반 국민의 입장에서는 이를 신학적 측면에서 보다는 정치적 측면에서 살펴보는 것이 보다 의미가 있다고 하겠다. 왜냐하면 그들의 삶에 영향을 미치는 것은 교회의 신학적 입장이 아니라 교회의 정치적 입장이기 때문이다.

한국 개신교에 있어서 정치적 측면에서 보수와 진보가 확연하게 드러나기 시작한 것은 1969년 박정희의 3선개헌에 대한 입장 차이에서 비롯된 것으로 볼 수 있다. 그 이전 1961년 박정희의 군사쿠데타가 일어났을 때에는 한국 개신교가 전반적으로 반공을 내세우는 쿠데타를 환영 또는 인정하는 태도를 보였으며 특별히 반대하는 움직임은 없었다. 다음으로

1965년의 박정희의 한일 국교 정상화 조치에 대하여는 김재준, 한경직 등을 비롯한 개신교 전체가 일본의 반성 미흡을 들어 이에 반대하였다. 따라서 이때까지는 개신교 내에 별다른 정치적 성향의 분리가 나타나지 않은 셈이다.

그러나 이러한 개신교 공동 보조는 박정희가 장기 집권을 위하여 3선 개헌을 무리하게 추진하면서 깨어졌다. 1969년 박정희가 3선개헌을 추진하자 개신교는 이에 반대하는 진보 개신교 진영과 이에 찬성하는 보수 개신교 진영으로 확연하게 나뉘어졌다.

박정희가 3선개헌을 추진하자 김재준, 함석헌, 박형규 등은 당시 야당인 신민당 등이 만든 '3선개헌반대 범국민 투쟁위원회'에 재야 인사로 참여하였고 김재준은 위원장을 맡아 3선개헌 반대운동에 앞장섰다. 그리고 1920년대 이후 한국의 정통 개신교 연합 기구인 한국기독교교회협의회(교회협NCCK)도 3선개헌에 반대하였다. 그러나 김준곤, 김윤찬, 김장환 등은 이러한 행동이 정교분리의 원칙에 어긋난다고 비판하며 교회는 대통령을 위하여 기도해야 한다고 주장함으로써 3선개헌에 찬성하는 태도를 취하였다.

이로써 한국의 개신교는 박정희의 3선개헌에 대한 입장차이를 통하여 보수 개신교와 진보 개신교로 분리되었으며 이후 정치적 성향에 따른 분리는 지속되었다. 보수 개신교는 박정희의 3선개헌에 찬성하였으며 이후 1987년 6월 민주항쟁으로 군사독재체제가 굴복할 때까지 20년 가까이 박정희 전두환의 군사독재체제를 지지하면서 이들 정권과 협력 체제를 유지한 반면 진보 개신교는 3선개헌에 반대한 이후 6월 민주항쟁 때까지 가톨릭 및 성공회와 함께 군사독재체제에 대하여 끝까지 저항하며 민주화운동에 헌신하였다.

이 과정을 통하여 보수 개신교와 진보 개신교를 이끄는 중심 인물과 계열도 변화가 없었다. 보수 개신교 쪽에서는 한경직, 김준곤, 김장환, 조용기 등으로 예장 등 한국 개신교 주류 교단의 목사들이었고 진보 개신교 쪽에서는 김재준, 문익환, 김관석, 박형규 등으로 주로 기장 계열이었다. 그리고 이러한 흐름은 오늘날까지 계속 이어지고 있다고 할 것이다. 관련 기관을 보면 진보 개신교 쪽에서는 교회협이 계속하여 중심 기관의 역할을 담당하여 왔다. 한편 보수 개신교 연합 기관으로는 민주화 이후인 1989년 한경직의 주도로 만들어진 한기총이 있다.

이렇게 정치적 측면에서 본 한국 개신교의 보수와 진보의 구분은 매우 분명하다. 우리의 주목을 끄는 점은 앞에서 보았듯이 신학적 측면에서 본 보수 개신교와 진보 개신교가 정치적 측면에서 본 개신교와 그 활동 인사들과 교단이 정확하게 서로 겹치는 동질성을 보이고 있다는 점이다. 다시 말하여 신학적으로 보수 개신교인 인물들과 교단이 정치적으로도 여전히 보수 개신교인 인물들과 교단이 겹치는 동시에 진보 개신교의 경우도 신학적 진보 개신교인 인물들과 교단이 정치적으로도 여전히 진보 개신교인 인물들과 교단이 겹치는 것이다. 그리고 이렇게 1960년대 말에 시작된 정치적 보수, 진보 개신교의 두 흐름의 특징은 50년이 지난 지금도 한국 개신교에 있어서도 여전하다고 하겠다.

보수 개신교와 진보 개신교 신학의 실천적 입장

그렇다면 이제 우리는 이렇게 신학적 측면과 정치적 측면의 보수와 진보의 분류가 일치하는 이유를 보도록 하자.

그 이유는 보수 신학과 진보 신학이 교회의 역사적 및 사회적 역할에 대하여 각기 다른 인식을 갖고 있기 때문이라고 하겠다. 먼저 보수 신학의 입장을 보도록 하자.

한국 개신교 보수 신학은 보수주의적 정통 신학이라고 부를 수 있으며 그 기본적인 특징은 성경 전체는 하나님의 말씀으로 흠이 없다는 것을 믿음으로 받아들인다는 점이다. 따라서 신학의 목적도 기독교인들에게 삼위일체 하나님을 더욱 잘 알게 함으로써 성도의 믿음을 돕는 데 있다고 본다. 그리고 교회와 성도의 사명으로서는 개인의 영혼 구원을 근본으로 삼아 천하 만민에 대한 복음 전파에 있다는 입장이다.

그러므로 다른 어느 것보다 민족 복음화에 전력을 다하며 이를 위하여는 군사독재체제와도 협력할 수 있다는 입장이다. 그리고 사회에 대한 관계에 있어서는 교회가 사회봉사 활동을 적극적으로 실천한다는 입장이다. 교회와 교인들은 하나님의 사랑을 실천할 임무가 있으므로 나라와 국민과 이웃을 위한 봉사에 적극 나서야 한다는 입장이다. 국민의 한 사람으로서 당연히 나라와 민족을 사랑하는데 나라가 잘 살려면 하나님의 축복을 받아야 하고 이를 위하여는 국민 한 사람 한 사람이 구원을 받고 하나님의 뜻에 합당하게 살아가야 한다는 입장이다. 곧 개인이 구원을 받는 것이 무엇보다 중요한 일이며 구원받은 사람들이 하나님의 뜻에 합당하게 살아가면 사회와 국가와 민족도 잘 살게 된다고 본다.

독재체제에 저항하며 민주화운동에 나서는 것과 같은 국가 체제나 사회 구조의 변경은 교회와 신자들의 임무가 아니며 이러한 정치 행동은 정교분리의 원칙에 어긋나며 개인은 몰라도 교회가 이에 참여해서는 안 된다는 입장이다. 오히려 교회와 교인들은 국가와 위정자들을 위하여 하나님께 기도해야 한다고 믿는다. 그러나 실제로는 보수 개신교의 군사독재 정권에 대한 지원과 상호 협동을 의미하는 것이었다. 1966년에 시작되어 군사독재 기간 중 매년 열린 대통령 조찬기도회가 그 단적인 예라고 할 것이다.

북한의 공산주의 정권에 대하여는 공산주의가 기독교를 대적하고 있을 뿐 아니라 해방 이후 기독교를 무자비하게 박해한 바 있고 결코 신뢰할 수 없으므로 절대적으로 대적해야 하며 반공 태세를 유지해야 한다는 입장이다. 미국에 대하여는 우리나라에 복음을 전하고 일제에서 해방시키고 6.25전쟁에서 우리를 구한 고마운 나라임을 기억하고 한국의 안전 보장도 미국에 의존하여야 한다. 또한 하나님을 잘 믿어 발전한 나라이므로 우리나라가 본받아야 한다는 입장이다.

이와 같은 보수 개신교의 신학에 대한 관점은 신학도 당연히 신앙에 포함되는 것으로 신앙과 독립된 공간이 인정되지 않는다는 것이다. 보수 개신교 신학의 근본 인식인 성경무오설은 복음은 물론 역사 및 과학의 영역도 포함되며 역사와 과학 영역의 진리도 하나님의 진리에 포함된다고 보고 있다. 따라서 보수 신학 체계에서 사회와 과학이 별도의 독립적인 공간을 가지지 않는다고 본다. 이러한 사고 체계에서는 교회가 민주화운동과 같은 정치적인 활동을 통하여 사회 구조의 변화나 국가 체제의 개혁에 직접 참여할 근거와 공간이 없다고 보는 것이다. 교회는 이러한 문제에 대하여 오직 하나님께 기도하는 것이 본분에 맞다고 생각하고 있다.

다음으로 진보 신학의 입장을 보도록 하자.

한국 개신교 진보 신학은 진보주의적 자유 신학이라고 부를 수 있으며 기본적으로 성경무오설의 제약에 매이지 않는다. 따라서 성경의 역사와 과학적 영역에서 이성과 자유를 존중한다. 그리하여 전반적으로 신앙 양심의 자유를 주장하고 있다. 영혼 구원과 복음의 절대적 중요성을 강조하기보다는 교회를 둘러싸고 있는 역사적, 시대적 환경에 대한 정확한 이해와 이에 대한 기독교적 대응을 강조하고 있다. 그리하여 교회가 처해있는 현실의 여러 측면에서의 문제점을 인식하고 이의 해결을 모색하고자 한다. 그리고 이러한 신학적 태도는 역사 참여와 사회참여로 이어진다. 따라서 한국 개신교 진보 신학의 가장 두드러진 특징은 현실참여 또는 사회참여적 태도에 있다고 할 것이다. 그리고 이러한 진보 신학은 종전 한국 개신교의 주류인 보수주의적 정통 신학과는 크게 다른 흐름이라고 할 것이다.

한국 개신교 진보 신학의 실질적이고 본격적인 출발은 1953년 한국기독교장로회(기장)가 대한예수교장로회에서 분리 독립하여 새로운 교단을 형성한 것이라고 할 수 있는데 그 이후 기장을 중심으로 한국사회의 현실에 적극적으로 참여하였다. 1960년대 말 이후 1987년의 민주화에 이르는 20년 동안 철통 같은 군사독재체제에 굴하지 않고 희생을 감수하며 강력한 민주화운동을 추진하였으며 민주화 이후에는 통일운동에 적극적으로 나서고 있다.

북한의 공산주의 정권에 대하여는 민족의 통일을 위하는 입장에서 유화적인 접근 방식을 택하고 있는 편이다. 미국에 대하여는 미국이 자국의 이해를 위하여 군사독재 정권을 지원한 데 대하여 비판적인 입장이며 자국 이익을 위하여 한반도에 있어서 군비 경쟁을 부추기며 긴장을 고조시키는 행위를 중단하고 항구적인 평화체제 구축과 남북 상생 및 통일에 기여하는 길로 나가라고 촉구하고 있다. 한반도 평화에 도움이 된다면 미군 철수도 가능하다는 입장이다. 또한 진보 개신교는 세계 교회의 일치 운동인 에큐메니칼 운동에 적극적인 태도를 보이고 있다. 이와 같이 진보 개신교 신학의 실천적 입장은 보수 개신교와 완전히 다른 입장을 보이고 있다.

한국 진보 개신교 신학의 특징 가운데 하나는 한국적 특수성의 존재이다. 이는 진보 신학이 한국사회와 역사의 현장에 참여하는 데 따른 당연한 현상이라고 할 것이다. 이러한 한국적 특수성에는 우리 민족이라는 요소도 들어가는 것이다. 또한 한국적 신학의 모색 노력도 기억할 만하다. 1960년대에는 감리교의 유동식과 윤성범에 의하여 기독교에 한국적 또는 동양적 사상을 도입시킨 토착화 신학이 등장하였으며 1970년대에는 민주화운동을 실천하는 과정에서 서남동과 안병무 등에 의하여 기독교 역사와 한국 역사에 있어서의 민중의 존재와 그 의의에 주목하는 민중신학이 대두되었다. 결과적으로 이러한 한국적 신학은 보수 기독교의 반발과 한국사회의 민주화와 함께 그 흐름이 매우 약화되었다. 그렇지만 이러한 한국적 신학의 모색은 한국의 개신교 신학이 이 땅에 개신교가 들어온 때부터 시작하여 보수와 진보 모두 주로 미국을 중심으로 한 서구 개신교의 신학을 받아온 점을 생각할 때 의미 있는 현상이라고 할 것이다. 이렇게 볼 때 한국의 진보 개신교 신학은 보수 개신교 신학에 비해 교세에 있어서는 상대적으로 작은 편이지만 보수 개신교 신학과 함께 한국 개신교에 있어서 뚜렷하고도 중요한 흐름으로 형성되어 진행중이라고 하겠다.

지금까지 한국 기독교에 있어서의 보수 개신교 신학과 진보 개신교 신학의 실제적 의미를 살펴보았는데 이러한 보수 진보의 두 개신교 신학의 흐름은 오늘에 이르기까지 각기 특별한 변화를 보이지 않고 이어져왔으며 앞으로도 이러한 흐름을 계속할 것으로 생각된다.

개신교의 친미적 성격

앞에서 보았듯이 한국 개신교는 이 땅에 개신교가 들어온 초기부터 지금까지 여러 면에서 미국 개신교 및 미국에 크게 의존하여 왔다. 개신교가 처음 들어온 길은 만주를 왕래하던 조선인들이 개신교인이 되어 평안도와 황해도로 들어온 것이지만 본격적으로 들어온 것은 미국 선교사들이 들어와서 여러 선교활동을 시작하면서부터였다. 교회와 병원과 학교가 그들에 의하여 세워졌다. 성경 번역과 찬송가 편찬에도 미국 선교사들이 중요한 역할을 감당하였다. 한국교회의 주류인 보수적 신학도 그들이 심어준 것이었다.

일제시대 중에도 미 선교사들은 일제 후반기에 한국에서 추방될 때까지 한국에서 선교활동을 계속하였다.

1945년 해방은 미국의 일본에 대한 승전으로 이루어진 것이며 이후 3년 동안 남한에서의 미군정은 한국 개신교의 회복과 성장에 큰 도움이 되었다. 1948년 남한의 정부 수립은 미국의 협조에 크게 의존하였으며 1950년 6.25전쟁이 일어나자 즉시 자국 군대의 참전과 UN군 참전을 주도하여 북한의 침공으로부터 남한을 지켰으며 1953년 정전 후에는 바로 한미상호방위조약을 체결함으로써 한국의 안전 보장의 기초를 마련하였다. 전쟁 중과 이후에 미국 교회는 한국교회에 많은 원조를 통하여 계속 도왔고 밥 피어스와 빌리 그래함이 전도집회를 통하여 복음화에 도움을 주었다. 이후에도 미국 교회는 한국 교단에 대한 재정 지원 및 복음화운동 참여를 계속하였다. 또한 미국 개신교는 한국의 5.16군사쿠데타 등 정치적 사안으로 한미 관계가 불편해지는 상황이 발생하는 경우에는 한국의 보수 개신교 인사들과 협력하여 이를 개선하기 위하여 함께 노력하였다.

또한 해외에서 신학을 공부하는 한국교회의 많은 젊은이들이 박형룡, 김재준, 한경직 등 현대 한국 개신교의 1세대 지도자들이 그랬던 것처럼 대부분 미국 신학교에서 공부하고 귀국하여 활동하고 있다. 그리하여 주요 대형 교회의 2세대 목회자들이 대부분 미국에서 공부하고 그곳 한인 교회에서 활동하다가 온 사람들이다. 주요 신학교 교수들도 마찬가지로 대부분 미국에서 공부한 사람들이다. 미국 개신교의 영향은 한국 개신교 전반에 걸쳐 미치고 있다고 하겠다. 그리고 이러한 상황은 한국 개신교 시작 이후 오늘날까지 개신교 역사 전체를 통하여 지속되고 있다. 한 가지 예를 든다면 현재 개신교가 사용하고 있는 찬송가에 포함된 전체 645장 가운데 한국 사람이 작사 작곡한 노래는 20%에 지나지 않고 나머지 80%의 노래가 구미의 노래로 주로 초기 미국 선교사들이 소개한 노래들인 것이다.

이리하여 한국 개신교는 개신교 전래 이후 130여 년 동안 이와 같은 한미 간의 선교적 및 선교외적 관계의 진행을 통하여 한국 개신교의 친미적 성격은 기본 성향으로 자리잡고 있다고 하겠다. 그리고 이러한 성향은 진보 개신교보다는 보수 개신교의 경우에 더욱 그러하다고 할 것이다.

그런데 이러한 한국 개신교 성향이 정치적 맥락도 가지고 있음을 보게 된다. 이에 대하여는 앞의 여러 부분에서 다루어진 바 있으므로 여기서는 최근의 예를 보도록 하겠다.

보수 정권의 박근혜 대통령이 탄핵되고 2017년 5월 진보 정권의 문재인이 대통령이 된 이후 북한과 적극적으로 유화정책을 진행시키며 한미 관계 보다는 남북 관계에 중점을 두는 인상을 주자 보수 개신교 진영 가운데 극우적인 성향의 교인들이 이러한 급격한 남북 유화정책에 반대하며 서울에서 극우 보수 단체들과 함께 대규모 시위를 벌였다. 그리고 이러한 집회에는 그들 집회의 상징인 태극기만 아니라 미국의 성조기도 함께 흔들었다. 보수 개신교의 극우파와 정치 진영의 극우파가 함께 시위를 하면서 그들의 친미적 성향을 분명하게 보여주고 있는 것이다.

이렇게 보수 개신교 진영에서는 문재인 정부의 대북 유화정책과 한미 동맹의 약화 가능성에 대하여 극단적이라 할 정도의 우려를 하고 있다. 남한의 반공 태세를 무너뜨릴 뿐 아니라 공산화의 가능성까지 우려를 하고 있으며 한국 안보의 기본인 한미동맹도 무너질 것이라고 크게 걱정하고 있는 것이다. 문재인의 사상도 좌익이 아닌가 의심하고 있는 형편이다. 그리고 미국에 있는 많은 교포 개신교인들도 같은 걱정을 하고 있다. 이러한 극단적인 견해가 보수 개신교인들 사이에 의외로 많이 퍼져 있는 상황이다. 그러다 보니 이들 보수 개신교인들 중에는 한국 정부보다 미국 정부를 더 신뢰하고 의지하는 모습도 보이고 있다.

이러한 이들의 성향은 트럼프 미 대통령에 대한 강한 지지로도 나타나고 있다. 한국의 보수 개신교인들 가운데는 트럼프가 하나님의 뜻에 합당하게 직무를 수행하고 있다고 믿는 사람이 많으며 이러한 현상은 미국에 있는 교포 교인들에서도 관찰되는 사항이다.

3 ____ 한국 기독교의 현 단계 과제

지금까지 우리는 한국 기독교와 정치의 관계와 특징을 살펴보았다. 이 장에서는 이러한 역사를 통하여 오늘에 이른 한국 기독교가 지금 단계에서 어떠한 과제들을 마주하고 있는지 몇 가지 사안으로 간추려 보고자 한다. 다만 앞에서 보았듯이 한국의 경우 정치적인 사항이 한국 역사 및 한국 기독교 역사를 전반적으로 규정하여 왔으므로 여기의 한국 기독교의 현 단계 과제를 정리함에 있어서도 비단 정치와의 관계에 국한하지 않고 보다 넓게 보도록 하였다. 또 현실적으로 한국사회와 역사를 논의함에 있어서 정치만을 분리하는 것이 불가능해 보인다.

주류 보수 개신교(=대형교회)의 성장 지상주의와
사회정의 회피 및 보수성 고수에 대한 비판적 환경에 대한 대응

먼저 전제로 할 점은 한국 기독교의 주류는 보수 개신교라고 할 수 있으며 그 중심이 대형 교회라는 점이다. 그리하여 여기에서 논의되는 보수 개신교 관련 문제는 대형 교회의 문제라고 보아도 좋다는 점이다.

한국의 주류 개신교는 1980년대까지 정부와 대체로 우호적인 관계를 유지해 온 가운데 복음화에 전력을 다함으로써 놀라운 성장세를 기록하였다. 이러한 교세의 급성장에는 개별 교회의 급성장 곧 대형 교회의 출현이 큰 기여를 하였다. 예를 들어 1993년 어느 발표[24]에 따르면 당시 세계 50대 교회 중 23개가 한국교회고 10대 교회 중 5개가 한국교회이며 세계 최대 교회는 여의도순복음교회로 교인 수가 60만 명으로 보도되었

---

24) 미국 기독교 잡지 〈*Christian World*〉, 1993. 국내 여러 일간지 (1993. 2. 8)에서 재인용.

다. 조용기 목사가 이 교회를 1958년에 개척하였으므로 이 한 교회에서 기독교인 수가 30여 년 사이에 60만 명이 늘어난 셈이다.

보수 개신교는 민주화 같은 사회정의 문제를 회피하면서 오로지 교회 성장에만 전력을 기울여 성과를 본 것이다. 종전 한국의 군사독재체제가 민주주의를 무시하면서 경제 면에서의 성장 지상주의에 모든 역량을 집중한 것과 평행되게 한국의 주류 개신교는 사회정의 문제를 회피하면서 교회 규모에 있어서의 성장 지상주의에 모든 역량을 집중한 것이다. 그리고 군사독재체제와 주류 개신교는 각자의 성장 지상주의 노력에서 성공을 거둔 것이다.

군사독재체제가 1980년대 말에 국민들의 민주화운동에 굴복하며 무너짐으로써 한국사회에 있어서 경제 면에서의 성장 지상주의 추구도 중단된 것과는 달리 주류 개신교는 오늘날에 이르기까지 이러한 성장 지상주의를 계속하고 있는 것으로 생각된다. 박정희, 전두환 정권에서 30년 가까이 추진된 한국경제의 성장 지상주의가 1988년 이후 민주 체제에 들어서면서 형평의 추구로 방향을 전환한 것과는 달리 주류 개신교의 종교 면에서의 성장 지상주의 추구는 성장 지상주의를 대신할 새로운 패러다임의 설정을 실현하지 않고 계속 종전의 성장 지상주의의 추구를 계속해 온 것이다.

그런데 교회의 지상 과제는 전도이고 전도의 결과는 교인 수로 나타날 수밖에 없는 것이므로 이러한 면에서 성장 지상주의는 기독교로 보아서는 근본적인 성격의 목표라고 할 것이다. 그렇기 때문에 다른 어떤 것으로도 이러한 성장 지상주의를 대체할 수는 없는 것이라고 할 것이다.

여기에서 한 가지 주의를 요하는 현상이 있다. 1980년대까지 급속한 성장세를 보여온 개신교가 1990년대에 들어오면서 성장세가 크게 둔화되었으며 2010년대에 들어오면서 성장이 멈추고 감소 추세를 보이고 있다는 점이다. 한가지 이유로는 개신교가 한국사회에서 신뢰성을 잃고 있기 때문이라고 할 것이다.

참고로 기독교윤리실천운동의 '한국교회의 사회적 신뢰도 여론조사'에 의하면 천주교에 대한 신뢰도는 2009년 36% 2020년 30%로 한국의 종교 가운데 가장 높은 신뢰도를 보이는 반면 개신교는 2009년 26% 2020년 19%로 2009년에는 천주교보다 낮고 불교보다 높았지만 2020년에는 천주교와 불교보다 낮다. 불교는 2009년 22% 2020년 26%로 2009년에는 세 종교 가운데 가장 신뢰도가 낮았지만 2020년에는 개신교보다 높다.

이렇게 본다면 비록 주류 개신교가 군사독재 기간 중에는 독재 정권에 협력하면서 교세의 성장을 이루었지만 1980년대 말에 한국사회의 민주화가 큰 진전을 이룬 이후에는 지난 기간 사회정의를 회피한 태도가 한국사회의 신뢰를 잃게 하는 요인으로 작용한 것으로 생각된다. 그리고 이러한 신뢰 상실에는 사회정의 회피 태도 외에 특히 대형 교회의 목회 세습 문제와 내분 그리고 불투명한 재정 사용과 목회자의 개인적 윤리 문제의 발발 등 교회의 윤리적 문제점들이 한국사회에서 개신교에 대하여 부정적인 인상을 준 것이 영향을 미친 것으로 보인다.

<表2> 한국인이 가장 신뢰하는 종교 (%)

	2009	2013	2020
천주교	36	29	30
불교	22	28	26
개신교	26	21	19
없음 기타	16	22	25
계	100	100	100

자료: 기독교윤리실천운동 '2020 한국교회의 사회적 신뢰도 여론조사' (2020. 2)

오늘날 한국사회에서 개신교에 대한 평가가 호의적이 않은 점을 예를 들어 인물 면에서 보도록 하면 한국사회가 존경하는 개신교 인물로는 해방 전 시대에는 해방 전해에 순교한 주기철 목사[25]가 있고 해방 후에는 6.25 동란 중 순교한 손양원 목사[26]가 있지만 그 이후에는 이렇다 하게 일컬어지는 인물이 없는 상황이다.

현 단계에서 보수 개신교 중심의 한국 개신교가 계속 성장하는 데 불리한 환경 요소가 한 가지 더 있다. 서구의 자유주의와 개인주의가 한국사회의 위계질서 중심의 집단주의를 대체하고 있는 상황이라는 점이다.

대표적으로 두 가지 예만 들고자 한다. 그 하나는 한국사회의 분위기가 동성애 허용 쪽으로 빠르게 변하고 있고 이러한 현상은 기독교 안에서도 그러하다. 또 다른 예로 코로나19에 대한 방역을 위하여 교회의 예

---

25) 주기철 (1897~1944) 장로교 목사. 3.1운동 참여. 평양 산정현교회 목사 시절 일제의 신사참배에 죽음을 각오하고 반대. 여러 차례 투옥됨. 해방 전 해 감옥에서 고문으로 인한 건강 악화로 순교. 순교 날 오정모 사모가 살아서 나오지 말라고 말함. 병보석 제안 거부 후 밤에 순교.

26) 손양원 (1902~1950) 장로교 목사. 신사참배 반대로 투옥되었다가 해방으로 출옥. 나환자 시설 여수 애양원에서 목회와 봉사. 여순반란 사건 때 자신의 두 아들을 죽인 청년을 양아들로 삼음. 6.25전쟁 중 애양원에 나환자들 곁에 계속 남아 있다가 공산군에 의해 순교.

배를 금지하는 정부의 정책에 대하여 보수 개신교가 반발하는 태도를 보이는 데 대하여 사회 여론은 호의적이지 않은 상황이다. 보수 개신교로서는 동성애는 하나님께서 죄라고 하신 것으로서 결코 이를 받아들일 수 없는 사항이며 코로나19방역을 위한 예배 금지 문제 또한 기독교에서 예배가 가지는 핵심적인 가치에 비추어 받아들이기가 어려운 것이다. 그럼에도 불구하고 한국사회의 전반적인 분위기는 이 두 가지 사항에 대한 보수 개신교의 강한 거부에 대하여 부정적인 반응을 보이는 것이다. 그리하여 보수 개신교로서는 보수 정통적인 신앙의 계승과 유지를 계속함에 있어서 더욱 어려워지는 환경에 놓이고 있는 것이다.

그렇다면 한국 기독교의 당면 과제로는 한국사회에 큰 영향을 미치게 된 대형 교회를 중심으로 하여 대사회적 관계에 있어서 사회정의 문제에 대한 바른 태도의 형성과 교회 내부적 문제에 있어서 교회 윤리의 고양과 여기에 더하여 악화되고 있는 사회적 문화적 환경 변화에 적절히 대응하는 것이 필요하다고 할 것이다.

보수 개신교의 극우 정치활동으로 인한 신뢰성 문제 대응

전광훈 목사가 이끄는 극우 정치활동은 몇 가지 점에서 주의를 요한다고 하겠다. 먼저 개신교 안에서는 이러한 전광훈 목사의 정치활동은 한국 보수 개신교의 보수적 성향의 연장선 상에 있다는 점이다. 한국 개신교의 주류인 보수 개신교는 앞에서도 보았듯이 보수정치 성향이 강하여 대외적으로는 정교분리의 원칙을 내세우면서도 실제에 있어서는 군사독재체제에 동조하는 정치적 보수성을 강하게 유지하였다는 점이다. 따라서 전광훈 목사의 정치활동은 정도에 있어서 극단적으로 흐르긴 하였지만 여전히 보수 정치의 흐름을 이어가고 있다는 점이다. 개신교인 가운데는 심정적으로는 전광훈 목사의 극우 정치활동에 동조하는 교인들이 많이 있다. 이러한 경향은 한국교회의 노령화 현상이 심해지면서 더욱 강해질 것이라는 점이다.

다음으로 사회적 관계에 있어서 보수 개신교의 극우적 흐름은 한국의 개신교가 한국사회의 주류와는 더욱 더 거리가 벌어지는 현상을 초래할 가능성이 크다는 점이다. 근년에 이르러 한국교회의 모습은 건전한 교회라는 인식을 주기보다는 극우적인 모습으로 각인되게 되었다는 점이다. 이러한 상황은 젊은 층과 중도 층이 교회로부터 멀어지는 현상으로 이어질 가능성이 크다는 점이다. 따라서 한국 개신교의 주류인 보수 개신교로서는 극우 정치활동으로 인한 신뢰성 저하 문제에 대하여 적절하게 대응할 과제를 가지게 되었다고 할 것이다.

북한 요소에 대한 대응

한국의 보수 개신교가 군사독재체제를 지지한 이유가 쿠데타 세력의 강경한 반공 입장에 동조한 것이고 1989년에 월남 개신교인인 한경직 목사가 나서서 한기총을 만든 것도 민주화 후 진보 개신교가 평화와 통일을 내세우면서 종전의 맹목적인 반공주의에 대하여 반성하며 북한 공산 정권에 대하여도 유화적인 태도를 표명하자 이를 불안해하며 자유민주주의 수호와 국가 안보를 위하여 개신교를 단결시키고자 한 것이었다. 그리고 이후에도 진보 정부에 대하여 강하게 반대하며 결국에는 보수 개신교 일부에서 극우적인 정치활동에까지 뛰어든 것도 반공 때문인 것이다. 또한 한국의 진보 개신교로서도 군사독재체제 하에서의 민주화 투쟁이 상당한 성과를 거둔 이후 다음 단계로 한반도 평화와 통일을 가장 중요한 의제로 삼고 있다. 다음 절에서도 보겠지만 한국 개신교가 보수 개신교와 진보 개신교로 나뉜 현실적인 이유는 바로 북한 요소에 대한 대응 차이였으며 이러한 상황은 계속되고 있는 실정이다.

이렇게 보면 북한 요소는 한국의 존재의 성격을 결정하는 기본 요소일 뿐 아니라 보수 개신교와 진보 개신교를 모두 포함하는 한국 개신교 전체의 성격도 결정하는 기본 요소라고 할 것이다. 따라서 한국 개신교에게 북한 요소에 대한 적절한 대응은 역사적으로 그리고 현실적으로 더 없이 중요한 과제라고 할 것이다.

한국 개신교에게 중요한 과제인 북한 요소에 대한 대응은 앞으로도 쉽지 않을 것으로 예상된다. 보수 개신교와 진보 개신교가 이 문제에 대하여 종전의 입장을 계속 유지할 것으로 생각된다. 특히 보수 개신교는 공산주의 문제에 대하여는 이를 죽고 사는 문제로 인식하고 있다고 할 것이다.

그런데 북한 요소의 성격은 단순하지 않다. 북한의 공산주의 문제에는 이념적이고 정치적이며 안보적이며 기독교에 대한 위협이라는 차원을 넘어 민족 복음화 곧 전도 차원도 있는 것이다. 따라서 맹목적인 성격을 넘는 면이 있는 것이다. 그렇기 때문에 북한 요소는 한국 개신교로서 중요하면서도 그만큼 어려운 과제라고 할 것이다.

보수 개신교와 진보 개신교 사이의 간극이 더욱 벌어지는 현상에 대한 대응

한국의 보수 개신교와 진보 개신교 사이의 간극은 1988년 민주 체제가 들어선 이후에도 계속되고 있다. 민주화가 이루어진 바로 다음 해인

1989년에 보수 개신교가 한기총을 설립하는 반면 진보 개신교는 통일운동에 적극 참여함으로써 두 개신교 사이의 입장 차이가 계속되었다. 그리하여 민주화 이후 한국사회에서 보수 정권과 진보 정권이 10년 주기로 정권교체가 일어나는 과정에서 보수 개신교가 진보 정부의 대북 유화정책에 적극 반대하기 시작하면서 보수 개신교와 진보 개신교 간의 차이는 확실하게 지속되었다. 최근에는 보수 개신교 가운데서 한기총이 전광훈 목사의 극우 정치운동에 앞장섬으로써 두 개신교 사이의 간극을 더욱 극적으로 보여주었다.

이렇게 한국 개신교의 보수와 진보 진영의 차이는 무엇보다도 그들의 정치적 입장의 차이를 통하여 보다 확연하게 드러나고 있는 것이다. 1960년대에서 1980년대에는 군사독재체제에 대한 입장 차이가 보수 개신교와 진보 개신교의 간극을 만들었는데 민주화 이후에는 북한 문제에 대한 입장 차이가 종전의 간극을 지속시키고 있는 것이다. 이러한 입장 차이는 그 결정적인 요소가 반공 문제 곧 북한 문제에 대한 철학의 차이에서 비롯된 것으로 문제의 해결이 쉽지 않아 보인다.

한국 개신교의 보수와 진보 사이의 입장 차이는 물론 신학적인 태도의 차이에서 비롯된 것이지만 그 실천적이고 현실적인 측면에서는 바로 북한 공산 정권에 대한 입장 차이에서 비롯된 것이라고 할 것이다. 교회 밖의 국민들의 입장에서는 신학적 차이 문제는 그 내용을 잘 알기가 어려울 뿐만 아니라 아예 관심이 없는 사항인 것이다. 그렇다면 결국 한국사회 전반적으로는 보수 개신교와 진보 개신교 사이의 차이는 그들의 대북한 태도에 있는 것으로 인식하게 되는 것이다. 그리고 지난 70년간의 역사를 되돌아볼 때 두 개신교 진영 간의 합일은 극히 어려운 것으로 생각된다.

앞으로는 어떨까? 앞으로 보수 개신교와 진보 개신교 사이의 간극은 좁혀질 수 있을까?

전망한다면 한국 개신교에 있어서 보수 개신교와 진보 개신교 사이의 간극은 더욱 벌어질 것으로 생각된다. 왜냐하면 종전의 북한 요소에 더하여 앞으로는 사회 문제에 대한 태도의 차이가 있을 것이기 때문이다. 그리고 그 대표적인 예가 동성애 문제이며 구체적으로는 차별금지법의 입법 문제 및 동성 결혼 문제이다. 이 문제에 대한 보수 기독교와 진보 기독교의 입장 차이는 완전히 반대이다. 따라서 한국 개신교는 북한 문제에 더하여 동성애 문제에 대한 간극 문제에 대응해야 할 과제를 갖게 되었다.

이 과제에 대한 한국 개신교의 대응은 극히 어려울 것이다. 보수 개신교로서는 이 문제를 하나님의 기본적인 창조 질서에 반하는 죄의 문제로 보아 어떠한 희생이 따르는 경우에도 물러서지 않을 것이다. 반면 진보 개신교는 한국사회의 국민 의식이 서구적 개인주의를 쫓아가는 추세 속에서 과거보다 더욱 강하게 진보적 태도를 보일 것이다. 경우에 따라서는 이러한 동성애 허용 분위기 아래서 보수 개신교 진영 가운데서 현실적 환경을 감안하여 보다 절충적이고 온건한 대응을 모색하는 움직임도 있을 것이다. 그러나 한국 개신교로 보아 사회 문화적 문제인 동성애 문제에 대한 대응은 종전의 북한 문제에 대한 대응의 경우보다 훨씬 어려운 측면이 있는 것으로 생각된다.

여기서 한 가지 유념할 점은 보수 개신교와 진보 개신교 사이의 간극이 벌어지는 것이 한국 개신교 전체로 보아 그리고 한국사회로 보아 반드시 바람직하지 않다고만 볼 것인가 하는 문제이다. 그리고 이 문제에 대한 대답은 확실치 않다고 할 것이다. 문제는 이 문제를 떠나서 한국교회가 보수 개신교와 진보 개신교 사이의 간극이 더욱 벌어지는 추세에 대하여 어떻게 대응할 것인가 하는 문제라고 하겠다.

교회의 윤리성을 높이는 문제

개신교 그리고 그 중에서도 보수 개신교의 경우에는 사회적 신뢰성을 높이기 위하여 교회의 윤리성을 높이는 것이 실제적인 과제이다. 왜냐하면 한국사회에서 개신교의 평판이 그리 좋지 못한 이유 가운데 가장 큰 것이 교회 윤리와 관련된 문제이기 때문이다.

그런데 이렇게 교회의 평판과 신뢰를 떨어뜨리고 있는 교회 윤리 문제들로는 교회 세습 문제, 교회 내 분란, 불투명한 재정 사용, 목회자 추문 등이 대표적이다. 이 가운데서 가장 사회적으로 문제가 된 사항이 교회 세습 문제인데 교회 세습이란 교회의 담임 목사가 자신의 아들이나 혈연관계에 있는 사람에게 담임 목사직을 대물림하는 것을 말한다.

한국사회에서 교회 세습이 논란이 되기 시작한 것은 1997년 당시 대형 교회였던 서울의 충현교회에서 담임 목사인 김창인 목사의 후임으로 아들 김성관 목사를 세우면서였다. 그 이후 서울에서의 경우 광림교회, 금란교회, 임마누엘 교회 등 대표적인 대형 교회에서 교회 세습이 이루어졌으며 근래에는 2017년에 명성교회가 편법을 사용하여 담임 목사인 김삼환 목사의 후임으로 아들 김하나 목사를 후임자로 세워 개신교 안에서는 물론 사회적으로도 큰 물의를 일으켰다. 이들 교회는 서울의 대표적인 대형 교회일 뿐 아니라 아버지 목사들이 모두 소속 교단에서 총회장을 역임하는 등 사회적으로 개신교를 대표하는 사람들이었다. 이들 교회와 목사들은 교회 교인들이 원하여서 합당한 절차를 따라 한 일인데 왜 교회 밖에서 간여하느냐 또는 재벌 세습은 인정하면서 왜 교회 세습은 반대하느냐는 입장을 보였다.

이러한 태도에 대하여 개신교 안에서는 물론 한국사회가 전반적으로 매우 비판적인 태도를 보였다. 개신교 내부에서는 대부분의 목사와 교인들이 교회는 하나님의 것인데 교회 세습은 교회를 마치 담임 목사 개인의 것으로 여기는 태도라며 강력하게 반대하고 있으며 개신교 주요 단체들이 참여하는 교회세습반대운동연대라는 단체도 결성되어 있다. 언론을 비롯한 일반 여론도 교회 세습이 교회의 사유화이며 특권의 대물림으로 사회적 공정성을 해치는 것이라고 하며 매우 비판적인 태도를 보이고 있다. 교회 세습 문제는 개신교의 사회적 평판과 신뢰를 크게 해쳤다. 결국에는 개신교의 주요 교단들도 교단 헌법을 고쳐서 교회 세습을 금지하였다. 그러자 교회들은 교단 헌법의 허점을 이용하여 변칙 상속을 계속하여 여론을 더욱 악화시켰다.

교회 세습 문제 외에도 교회 분란 문제와 목회자 추문 문제 등도 교회의 사회적 평판에 좋지 않은 영향을 주고 있다. 예를 들어 교회 분란 문제에 있어서는 강남의 초대형 교회들인 소망교회와 사랑의교회에서 창립 목회자가 떠난 이후 후임 목회자에 대하여 찬성하는 교인들과 반대하는 교인들 사이에 분란이 생기고 법정 싸움까지 가는 일이 수년 이상 지속되면서 언론 보도를 통하여 사회적으로도 알려지게 되었다가 해소되는 일들이 있었다. 가끔 목회자들이 추문에 연루되어 법정에 서는 일들이 있어서 교회의 평판에 해를 주는 일들도 있다.

이렇게 한국 개신교는 교회의 윤리성을 높임으로써 사회적으로 교회의 평판과 신뢰를 제고하도록 노력해야 하는 과제를 지니고 있다고 하겠다. 이러한 노력이 성과를 거둘 때 교회의 지상 목표인 전도에도 유익한 영향을 주게 될 것이다.

한국 개신교의 미국 편향성 극복 문제 - 한국적 교회 추구

한국 개신교는 현 단계에서 또 한 번 사회적 문화적 변화를 대하고 있다고 할 것이다. 한국교회의 미국 편향성 문제이다. 이 문제는 비단 한국 개신교만의 문제가 아니라 한국사회 전체에 해당하는 문제이기도 하지만 한국 개신교도 한국교회의 진로 문제에 대하여 합당한 입장을 가져야 할 것이다.

개신교는 이 땅에 들어온 이후 한국의 진로와 동행하기도 하며 앞장서기도 하였다. 그 진로란 크게 보아 근대화였으며 민주주의 체제와 자본주의 경제의 추진이었다. 이 과정에서 한국사회는 서구 사회, 그 중에서도 미국 사회를 쫓아가려고 하였다. 그 이유는 한국의 운명에 결정적으로 영향을 준 것이 미국이었으며 서구화의 주 통로 또한 미국이었기 때문이다. 특히 해방 이후 한국사회는 미국을 세계에서 가장 훌륭한 이상적인 나라로 생각하여 미국처럼 잘살고 좋은 나라가 되고자 모든 면에서 미국을 쫓아가기 위하여 온갖 노력을 다하였다. 이 과정에서 6.25전쟁의 경우처럼 미국이 한국을 결정적으로 도와주었다. 또한 한국국민의 이러한 태도는 강한 동기 부여가 되어 한국의 발전에 큰 도움이 되었다.

그러나 이제 한국의 경제력 및 국력은 세계적으로 10위권 수준에 이르고 있으며 민주화 수준은 미국 및 일본과 대등한 수준을 보이고 있다[27]. 그리고 문화의 경우 연예 부문에서 BTS가 미국 및 세계의 젊은이들에게 큰 인기를 끌고 있으며 영화 〈기생충〉은 미국 아카데미 영화제에서 비영어권 영화로는 처음으로 작품상을 받았다.

미국을 비롯한 세계 선진국의 모습을 볼 때 한국이 과거처럼 이 나라들을 맹목적으로 따라가는 행태는 재고해야 할 것으로 생각된다. 2020년 초에 세계를 엄습한 코로나19의 경과를 보면 미국을 비롯한 세계 선진들의 대응이 매우 서툴 뿐만 아니라 선진화되었다고 평가되었던 그들의 국가 체제도 효율적으로 작동하지 않고 있는 것으로 보인다. 2020년 중반 미국에서 흑인이 백인 경찰관의 무릎에 눌려 질식사하는 사건이 계기가 되어 미국은 물론 서구 여러 나라에서 폭발한 인종 차별에 대한 항의 사태는 선진국들의 역사적 부도덕성을 새롭게 되돌아보게 하고 있다. 이러한 상황을 고려할 때 한국사회가 종전처럼 미국 등 선진국을 맹목적으로 쫓아가는 행태는 지양하는 것이 좋을 것으로 생각된다.

한국 천주교가 중국 주재 프랑스 천주교 신부들의 지도를 받은 것과는 대조적으로 한국 개신교는 미국 개신교 선교사들의 절대적인 영향을 받았다. 그리하여 한국 개신교에서는 오늘날까지 미국의 영향력이 절대적이다.

그런데 미국 개신교의 현재를 보면 한국에 절대적인 영향을 준 장로교단도 동성 결혼을 받아들이고 있는 상황이다. 이제는 한국 개신교가 미국 편향성을 극복하고 한국적 교회를 추구하는 문제를 진지하게 모색하여야 할 단계라고 생각된다.

---

27) 영국의 주간지 〈이코노미스트(The Economist)〉가 2006년 이후 매년 발표하는 세계 각국의 민주주의 순위를 보면 최근에는 한국의 민주주의 수준이 미국보다 높은 것으로 평가되고 있다.

한국교회의 노령화 현상 극복 문제

한국교회가 현재와 미래에 대하여야 할 심각한 문제가 노령화 문제이다. 2010년대에 들어서 한국 개신교는 개신교 교인 수가 감소 추세를 보이고 있다고 우려를 하고 있다. 특히 교회에서 청년층과 유년층이 눈에 띄게 줄고 있어서 걱정을 하고 있다. 구미 여러 나라에서 진행된 교회 노령화 추세가 한국교회에서도 시작된 것 아닌가 하고 의구심을 가지고 있는 것이다. 한 통계의 개신교인 연령 분포를 보면 20~30대의 비중이 1985년 64%에서 2014년 33%로 29년동안 절반 가까이로 크게 줄어든 반면 60세 이상의 비중은 1985년의 9%에서 2014년의 24%로 29년동안 3배 가까이 크게 늘어난 것으로 나타나고 있다[28].

〈표3〉 개신교인 연령분포 (%)

	1985	1995	2005	2014
60대 이상	9	12	18	24
50대	10	11	15	22
40대	17	19	23	21
30대	27	29	23	18
20대	37	29	21	15
계	100	100	100	100

자료: 국민일보 (2016. 6. 16)

이렇게 한국교회에서 젊은 세대가 떠나고 있는 이유로는 여러가지가 있겠지만 특별히 신경이 쓰이는 부분은 한국 개신교가 앞에서 살펴본 행태 특히 사회정의 문제의 회피나 교회 세습과 같은 윤리적 문제점이 젊

---

28)   국민일보 2016.6.16 기사.

은 층에게 실망을 줌으로써 그들로부터 외면을 당하고 있는 것 아니냐는 의문이 있는 것이다.

이 외에도 교회의 담임 목사를 정점으로 한 엄격한 가부장적 위계질서를 기본으로 하는 봉건적 조직 문화가 개인주의 성향이 강한 젊은이들을 힘들게 하고 있는 것이 아닌지 의문이 가기도 한다. 생각해 보면 한국사회가 민주화가 진전되는 과정에서 거의 모든 부문에서 조직 문화가 보다 민주적으로 변화하고 있는데 유독 한국의 개신교 그리고 그 가운데서도 보수 개신교의 조직 문화가 위계적 성격을 여전히 고집하고 있다는 점을 부인하기는 어려울 것으로 생각된다. 따라서 한국의 개신교는 교회의 조직 문화를 바꾸어 가는 문제도 고려해야 할 것이다.

문제는 한국의 교회를 지배하고 있는 60대 이상의 세대가 현재의 정보화 시대 이전 세대로서 젊은 세대의 문화 및 사고방식과 큰 세대 차를 보이고 있다는 점이다. 물론 시대마다 세대 차가 있는 것은 당연한 일이고 이러한 세대 차를 통하여 시대는 진행된다고 할 것이다. 그러나 정보화 현상은 산업혁명에 버금가는 산업적, 문화적 변화라고 인식되고 있을 만큼 큰 역사적 현상이라고 할 것이다. 그렇기 때문에 한국교회에 있어서도 교회 질서를 주관하는 60대 이상 세대와 젊은 세대와의 가치관과 행태의 차이는 크다고 할 것이다.

이렇게 한국의 개신교는 한국사회의 사회적 문화적 변화에 적절히 대응해야 하는 과제를 안고 있다고 할 것이다. 특히 한국의 경우에는 정보혁명이 세계에서 가장 빠르게 진행되고 있는 나라이므로 정보화의 세대차도 세계에서 가장 큰 사회라고 하겠다. 정보 혁명이 한국사회에서 일어나기 시작한 것은 불과 20년 전이다. 인터넷 이용자 수를 보면 1998년 말에 310만 명에서 1999년 말 1,086만 명 그리고 2000년 말에는 1,904만 명으로 급속히 늘어났다. 그리하여 지금의 60대 이상은 그들이 40대에 들어선 다음에야 비로서 인터넷에 접하게 된 것이다. 현재 정보화의 중추적인 기능을 하는 스마트폰이 한국에 들어오기 시작한 것도 불과 10년 전인 2009년이다. 이러한 점을 고려할 때 한국사회 일반 및 한국교회에 있어서의 세대 차는 일찍이 보지 못한 큰 격차를 보이는 면이 있다고 할 것이다. 그리고 이러한 세대간 격차 문제에 대하여도 한국교회도 대응해 나가야 하는 것이다.

천주교의 대응

지금까지 한국 기독교의 현 단계 과제를 살펴보는 과정에서 개신교 관련 사항만 논의하고 천주교 관련 사항에 대하여는 논의하지 않았다. 이제 천주교의 현 단계 과제 문제와 관련하여 간략하게 논의하고자 한다.

가장 중요한 선교 및 복음화 사역에 있어서 한국 천주교는 해방 이후 오늘에 이르기까지 꾸준하게 교인 수의 증가를 실현하였다. 그리하여 1954년 19만 명이던 교인 수는 계속 증가하여 2017년에는 581만 명으로 전국 인구의 11%를 차지하고 있다.

천주교는 해방 이후 정치, 사회, 문화적인 상황 변화에 비교적 잘 대응하여 온 것으로 보인다. 그 가운데서도 특히 군사독재체제 아래에서의 민주화운동은 한국사회의 선진화에 크게 기여하였다고 할 것이다. 이밖에도 폭 넓고 조직적인 사회정의구현 활동을 통하여 노동자 권익 사회 복지 부문 환경 부문 등에서 실효성 있는 성과를 보여왔다. 또한 통일 분야에서도 적극적으로 대응해 오고 있다고 하겠다.

이러한 그동안의 활동들을 반영하여 천주교는 현 단계에서 한국사회로부터 우리나라 종교들 가운데 가장 정의롭고 신뢰할 수 있는 종교라는 평가를 받고 있다는 점이다. 인물의 예를 든다면 한국사회에서 존경받은 기독교 인물 가운데 대표적인 인물로 천주교의 김수환 추기경과 아프리카 수단에서 헌신한 이태석 신부가 있다.

이와 더불어 고무적인 상황은 민주화운동 과정에서 젊은이들과 지식층의 신뢰를 얻어 1980년대 이후 이들 계층의 천주교 입교가 늘어났다는 점이다. 이러한 상황은 개신교의 경우와는 반대되는 현상이라고 하겠다. 이러한 천주교에 대한 한국사회의 신뢰를 반영하듯이 국회의원 가운데 천주교 신자 수가 2004년 17대 국회부터 2020년 21대 국회에 이르는 동안 계속하여 전체 국회의원의 25% 수준을 유지하여 천주교 신자의 인구 비례를 훨씬 넘는 견조세를 보이고 있다는 점도 주목되는 현상이라고 하겠다.

이렇게 볼 때 천주교의 경우에는 해방 이후 전도 곧 민족 복음화와 민주화운동 및 사회봉사를 통한 사회정의의 실현이라는 사명을 비교적 잘 감당해 온 것으로 생각된다. 지금은 통일운동을 중심으로 민족 화해와 평화 실현에 힘쓰고 있는 단계라고 생각된다.

2부
___

기독교는
정치를 어떻게 보는가

지금까지 우리는 한국의 기독교와 정치의 관계를 기독교 전래 이후 오늘에 이르기까지의 역사를 통하여 살펴보고 그 특징을 정리하였다. 그리고 현 단계에서 한국의 기독교가 정치와의 관계에서 당면하고 있는 과제들을 간추려 보았다.

이 장부터는 이러한 역사와 당면 과제를 지니고 있는 한국의 기독교가 앞으로 정치와의 관계에 대하여 어떻게 대응하며 나아갈 것인가 하는 문제에 대하여 생각해 보고자 한다. 그런데 한국의 기독교가 정치에 대하여 하나님의 뜻에 합당하고 올바르게 대응하기 위하여는 먼저 성경이 이 문제에 대하여 어떻게 가르치고 있는지를 알아야 할 것이다. 그런데 성경이 정치에 대하여 가르치는 내용에 대한 이해는 교파와 사람에 따라 그 입장이 많이 다르기 때문에 이하에서는 가급적 중도적 입장을 따르며 이를 살펴보고자 한다.

4장

왜 기독교인들은
정치에 관심을 가져야 하나

먼저, 사람들은 왜 정치에 그렇게 관심이 많나

'기독교인들이 정치에 관심을 가져야 되나' 하는 문제를 논하기에 앞서 먼저 '왜 사람들이 정치에 그렇게 관심이 많은가?' 하는 문제를 살펴보자. 대부분의 사람들은 다른 어떤 일보다도 정치에 관심이 대단히 많다. 그리하여 사람들은 정치 이야기를 할 때는 곧잘 흥분한다.

이렇게 우리가 유독 정치 이야기를 할 때 흥분하는 이유는 무엇 때문일까?

그 이유는 우리가 정치 문제를 정의의 문제라고 생각하기 때문이다. 우리는 정치 문제에 대한 나의 의견은 옳은 것이라고 생각하는 한편 나와 다른 의견은 그른 것이라고 생각한다. 나는 옳은 사람이고 다른 사람은 옳지 않은 사람이라고 생각하는 것이다. 따라서 정치 문제에 나와 의견이 다른 사람을 대할 때에 우리는 흥분하게 되고 분노하게 되는 것이다.

정치 문제를 정의의 문제라고 보는 것은 타당한 태도라고 생각된다. 정치란 간단히 말하여 국가의 전반적인 질서의 형성과 시행이라고 할 수 있고 그 내용이 국가 사회 안에서 가치를 어떻게 배분할 것인가 하는 문제이다. 일반적으로 정의를 '각자에게 마땅히 가져야 할 것을 갖도록 하는 것'이라고 정리하고 있다. 곧 국가의 임무 또는 목적이 정의의 실현인 것이다. 각 국가와 사회는 모든 사람에게 인간으로서의 기본적인 가치를 보장하여 주고 여기에 더하여 각자의 공과에 따라 가치 있는 것을 나누고 잘못을 벌하려고 노력하여야 하는 것이다. 이렇게 정치 문제가 지극히 중요한 정의의 문제이므로 우리는 정치에 무엇보다 큰 의미를 부여하고 중요하게 생각하는 것이다.

정치가 국가의 정치체제와 제도 및 정책과 그 실행에 의하여 사람들의 이해관계에 가장 광범하게 영향을 주게 됨으로 사람들은 생활을 통하여 정치의 중요성을 경험하게 되는 것이다. 국가 체제를 민주주의 체제로 할 것인가 공산주의 체제로 할 것인가? 법을 만들 때 누구를 보호하고 누구를 처벌할 것인가? 재정 제도를 통하여 누구를 돕고 누구에게 비용을 부담시킬 것인가? 시장 질서를 어떻게 정할 것인가? 사람들과 기업의 행태에 있어서 어디까지 자유를 주고 어디서부터 금할 것인가? 병역 문제에 있어서 개병제로 할 것인가 지원제로 할 것인가? 등 많은 사람들의 이해에 직접적인 영향을 주는 이런 것들이 결국은 정치에 의하여 결정되는 것이다. 이렇게 사람들이 정치를 가치와 정의의 문제로 받아들이고 그 영향을 이해관계를 통하여 실제로 경험하게 되기 때문에 많은 사람들에게 정치는 너무나 중요한 일이 되는 것이다. 그리고 어떤 사람들에게는 정치가 죽고 사는 문제가 되기도 한다. 그가 믿는 정의를 위하여

자신의 생명을 내려놓기도 하고 심지어는 다른 사람의 생명을 해하기도
한다.

그리고 기독교인들에게는

사람들에게 정치가 이렇게 중요한데 그렇다면 기독교인들에게는 어
떠한가? 하는 문제에 대하여 살펴보자[29].

물론 기독교인들의 경우에는 정치가 그렇게까지 중요한 일은 아니다.
왜냐하면 기독교인들에게는 하나님의 일 곧 자신의 신앙과 복음 전파가
무엇보다 중요하기 때문이다. 정치는 그 가치가 신앙보다 덜하기 때문
이다. 그러다 보니 기독교인들에게 정치는 부차적인 관심의 대상이 되
며 경우에 따라서는 아예 무관심의 대상이 되기도 한다. 이렇게 기독교
인들의 정치에 대한 생각에는 기독교인들은 정치에 관심을 가지지 말고
정치에 참여할 필요가 없다는 의견과 기독교인들도 정치에 관심을 가져
야 하며 참여도 필요하다는 두 가지 흐름이 있다. 보수 개신교 쪽일수록
정치에 대한 관심과 참여에 반대하는 입장이고 진보 개신교 쪽일수록 정
치에 대한 관심과 참여에 적극적인 입장이다. 이하에서는 이 두 가지 견
해를 보고자 한다. 먼저 정치참여에 반대하는 입장과 관련된 논의를 보
도록 한다.

---

29) John Stott (영국 1921~2011), 《*Issues Facing Christians Today*》, (Marshalls in UK, 1984), 박
영호 역, 《*현대사회와 기독교적 답변*》, (기독교문서선교회, 1985) 1장. Wane Grudem (미국
1948~), 《*Politics According to the Bible*》, (Zondervan, 2010), 1~2장 참조. Stott의 내용은
신학적이고 Grudem의 내용은 실제적임. Stott의 책은 4판(2006)까지 나옴.

기독교인의 정치참여에 반대하는 입장이 있다

기독교인들은 복음 전파 사명만 감당해야 하며 정치에는 참여할 필요가 없다는 입장은 대표적으로 다음 두 가지 이유에 근거하고 있다.

첫째, 교회와 기독교인들에게 중요한 유일한 일은 복음 전파를 통한 영혼 구원인데, 정치는 복음 전파와 관계가 없다. 따라서 기독교인들은 참여할 가치가 없다.

둘째, 교회와 기독교인들의 정치참여는 복음 전파에 집중해야 할 관심과 노력을 분산시킴으로써 신앙생활에 방해가 되며 복음 전파에 지장을 준다.

이제 이 주장들에 대하여 차례로 살펴보도록 하자.

첫째 이유인 정치는 복음 전파와 관계가 없다는 주장에 대하여는 오직 예수 그리스도를 믿음으로 죄의 용서를 받는다는 것이 복음의 핵심이지만 하나님께선 우리 인간의 삶에 있어서 이러한 영적인 것 외에 육체적인 삶의 실제적인 상황에 대하여도 이를 중요하게 생각하시기 때문에 교회와 기독교인들은 복음 전파 이외의 인간 사회의 일에도 참여해야 한다는 것이다.

곧 예수 그리스도께서는 죄사함의 복음으로 변화된 사람을 통하여 세상을 변화시키려 하시는 것이다. 그리고 여기의 세상에는 정치도 당연히 포함되는 것이다. 이와 같이 사람의 삶에 있어서 영적인 부문 외에 실제적인 삶의 부문과 가족과 이웃과 사회 등 세상 모든 것에 있어서의 변화도 복음이 영향을 주며 이 부문도 복음에 포함시켜 복음의 범위를 보다 넓게 이해하는 것이 필요하다는 것이다.

기술적인 측면에서 볼 때에도 정치가 복음 전파와 관계가 없지는 않다고 보아야 할 것이다. 예를 들어 공산주의 국가에서는 기독교를 허용하지 않아 복음 전파가 극히 어려운 상황이고 민주주의 국가에서는 그 반대 상황인데 이러한 정치체제가 복음 전파에 큰 영향을 주고 있는 것이다. 따라서 기독교인들은 정치가 복음 전파에 도움이 되게 변화시키는 활동에 참여해야 할 것이다.

둘째 이유인 기독교인의 정치참여가 복음 전파에 대한 노력을 분산시킴으로 복음 전파에 지장을 준다는 주장에 대하여도 내용적으로는 위의 첫째 이유에 대한 견해와 같은 견해를 제시하게 된다. 곧 문제는 하나님께서 교회와 기독교인들의 정치참여를 포함한 사회참여에 대하여 이를 허용하실까 아니면 금지하실까 하는 문제이다. 만일 하나님께서 복음 전파만이 아니라 사회를 정의롭게 하는 일에도 관심을 가지신다면 교회와 기독교인은 이러한 일에도 참여해야 할 것이다.

따라서 기독교인들이 하나님께서 주신 은사를 이용하여 세상 모든 곳에서 다양한 위치와 활동을 통하여 이 세상을 하나님의 뜻에 합당하게 생활하는 것을 인정해야 하며 여기에는 정치 분야나 정치활동도 당연히 이에 포함된다고 보아야 할 것이라고 하겠다. 특히 하나님께선 이 세상에서 자신의 뜻을 펼치시기 위하여 교회만이 아니라 정부도 세우셨음을 생각해야 할 것이다. 하나님께서 정부를 세우셨다면 기독교인의 정치참여도 허락하신다고 이해하여야 할 것이다.

기독교인에 있어서 이 세상 삶의 의미:
하나님께서 주신 세상에서 '증인'과 '종'의 삶

이제 위의 논의를 거쳐 우리는 기독교인들도 정치에 참여해야 한다는 명제에 대하여 논의할 차례에 이르렀다. 위에서 우리는 기독교인의 정치참여에 대하여 반대하는 입장에 대하여 논의한 바 있지만 결국 이 문제는 기독교가 이 세상 삶에 대하여 어떻게 이해할 것인가 하는 문제에서 비롯되는 것이라고 하겠다. 그래서 우리는 먼저 논의의 출발점으로 기독교인들에게 있어서 이 세상에서의 삶이 가지는 의미에 대하여 정리하도록 하자.

우리는 기독교인들에게 있어서 이 세상에서의 삶이 가지는 의미를 다음과 같이 요약할 수 있을 것이다[30].

"우리 기독교인은 하나님께서 만드셨고 하나님의 형상을 닮은 인간들이 살고 있고 예수 그리스도께서 오셨고 또 그분이 가라고 하신 세상에서, 그분이 본을 보이셨고 또 우리에게 명하신 '증인'과 '종'의 삶을 살아야 하는 것이다."

위의 요약은 기독교인들에게 주는 세상의 의미와 그리고 기독교인들이 세상 속에서 어떻게 살아야 하는가를 말하고 있다.

첫째, 이 세상의 의미에 대하여는 그 중요성과 의의에 대하여 말하고 있다.

이 세상은 하나님께서 만든 것이다. 하나님께서는 분명한 목적을 가지고 만드신 것으로 가치가 있는 것이다. 따라서 기독교인들은 이 세상을 하찮게 여길 수 없는 것이다. 그리고 우리 인간은 하나님께서 자신의 형상을 닮도록 창조하신 귀하고 특별한 존재이다. 비록 인간이 교만과 어

---

30) Stott, 위의 책, 박영호 역, pp. 46~47.

리석음으로 모두 죄인이 되었지만 하나님의 형상이 완전히 파괴되지는 않은 존재이며 여전히 하나님께 그리고 우리에게 서로 귀한 존재이다.

하나님께선 우리 인간이 함께 어울려 사회적 관계 속에서 살도록 하셨다. 인간과 이 세상이 특별한 것은 성자 하나님 예수 그리스도께서 이 세상으로 오심으로 그 특별함이 증명되고 더욱 특별한 의미를 갖게 되었다. 그리스도인들에게 이 세상은 하나님께서 만드신 것이며 하나님이 창조하신 귀한 존재인 인간들이 함께 어울려 사는 매우 중요하고 의미 있는 곳인 것이다. 그리하여 기독교인들에게 이 땅에서의 삶 전체는 신앙생활의 터전이 된다. 기독교인들의 삶의 모든 영역은 각자의 믿음을 훈련하고 실천하는 시간과 공간과 관계의 장(場)이 되는 것이다.

둘째, 이 세상 속에서 기독교인들이 어떻게 살아야 하는가를 말하고 있다.

예수 그리스도께서 우리가 사는 인간 세상에 들어오심으로 인간 역사는 창조 이래 비할 수 없이 중요한 의미를 가지게 된다. 그분이 이 세상에 오심으로 하나님의 인간 구원의 역사가 이루어진 것이다. 기독교인들은 이 세상에서 예수 그리스도의 십자가 죽으심과 부활로 완성된 구원 역사의 '증인'으로 살게 되는 것이다.

그리스도께서는 이 땅에서 사실 때 우리에게 자신의 생명을 던져 스스로 증인으로의 삶을 사심과 더불어 사람들을 섬기는 '종'의 삶을 보여주셨고 또 그렇게 살라고 명하셨다. 말할 것도 없이 그분이 이 땅에 오셔서 자신을 희생하신 것이 증인의 삶은 물론 종의 삶을 보여주신 것이지만 십자가와 부활의 사건 외에도 그분은 끊임없이 아픈 자들을 고쳐 주시고 낙망한 자들에게 위로를 주시는 종으로서의 섬김의 삶을 사셨다.

우리에게도 그렇게 살 것을 명하셨다. 그러므로 기독교인들은 세상에서 이웃을 섬기는 종으로서의 삶을 살아야 하는 것이다.

이렇게 기독교인들은 이 세상이 가지는 의미를 진지하게 받아들이면서 증인으로서의 사명인 복음 전파와 종으로서의 사명인 봉사의 두 가지 사명을 감당하도록 부름을 받았다고 할 것이다.

정치도 하나님께서 주신 삶의 환경으로 증인과 종으로서의 삶의 장이다

이제 우리는 이렇게 이 세상이 가지는 중요성과 의의를 기억하고 다음으로는 우리가 이 세상 속에서 살면서 복음의 증인으로서 그리고 이웃을 섬기는 종으로서의 두 가지 사명을 감당하도록 부름을 받았음을 기억하면서 여기에 정치참여 문제를 비추어 보도록 하자.

첫째, 위에서 보았듯이 하나님께선 이 세상을 만드시면서 믿는 사람들로 사회적 관계 속에서 살게 하셨다는 점이다. 곧 하나님께서는 가정과 이웃과 국가를 만드셔서 사람들이 서로 어울러 살도록 하셨다는 점이다. 이러한 사회적 관계에서 자연스럽게 정치의 영역이 형성되는 것이다. 따라서 정치의 영역은 하나님께서 인간을 창조하실 때에 함께 이루어진 것이라고 할 것이다. 그러므로 기독교인들은 정치 영역도 하나님께서 우리에게 주신 삶의 환경으로 이를 자연스럽게 받아들이고 살아가야 할 것이다.

둘째, 하나님께선 우리 믿는 사람들로 하여금 세상 속에 살면서 복음의 증인으로서 그리고 이웃을 섬기는 종으로서 살도록 하셨다. 따라서 기독교인들은 세상에서 살면서 증인으로서의 사명에 따라 복음 전파에 힘써야 할 것이며 다음으로는 사회생활에 있어서도 사회적 책임인 종으로서의 삶을 살아야 할 것이다. 그리고 사회생활 및 사회 활동의 영역에는 정치도 당연히 포함된다고 할 것이다. 특히 민주주의 사회에서 성인은 누구나 투표에 참여해야 함으로 정치를 무시하며 생활할 수가 없다고 할 것이다. 그러므로 기독교인들은 정치참여에 있어서도 정치도 종이 감당해야 할 부분의 하나로 받아들이면서 자신의 이해관계를 위해서가 아니라 세상의 이웃들을 섬기는 종의 자세로 하나님의 뜻에 합당하게 참여해야 할 것이다.

그리스도인은 하나님께서 원하시는 정의롭고 선한 정치가 이루어지도록 노력해야 한다

하나님께서는 하나님을 믿는 자들이 이 세상에서 하나님의 뜻에 합당하게 정의롭고 선한 사회를 실현하며 살기를 바라신다. 구약의 율법을 보면 고아와 과부, 가난한 자 등 사회적 약자에 대한 배려를 강조하고 있고 부자와 권력자들의 횡포와 왕들의 부당한 권력 행사 등에 대하여 강하게 경계하며 공의에 대하여 자주 강조하고 있다. 미가 6장 8절은 전한다. "너 사람아, 무엇이 착한 일인지를 주님께서 이미 말씀하셨다. 주님께서 너에게 요구하시는 것이 무엇인지도 이미 말씀하셨다. 오로지 공의를 실천하며 인자를 사랑하며 겸손히 네 하나님과 함께 행하는 것이 아니냐!" 그리고 이러한 사회정의와 관련된 일들은 일차적으로는 정치의 영역인 것이다. 그리하여 기독교인들은 정의로운 정치가 이루어지도록 노력하여야 한다. 곧 선한 정치가 이루어지도록 힘써야 한다.

또한 국가 사회에 대하여 도덕적 기준을 제시하고 국가의 제도와 정책이 윤리 도덕에 맞도록 조언하고 감시하고 설득하고 실천하도록 노력해야 한다. 사람에 따라서는 정치활동에 직접 참여하여 선한 정치 실현에 힘써야 할 것이다. 예를 들어서 자의적인 낙태나 결혼 제도의 파괴 등을 허용하지 않도록 노력하여야 한다.

기독교인의 세상 삶은 이웃을 전도하는 장(場)이다. 정치 영역을 포함하여

기독교인들에게 가장 중요한 일은 역시 증인으로서의 삶을 제대로 실천하는 것이라고 할 것이다. 세상은 기독교인들에게 전도할 대상을 만나게 하는 장이다. 기독교인들은 교회에서 나와 세상에 들어감으로써 전도할 대상인 안 믿는 사람들을 만날 수 있게 되는 것이다. 다음으로 세상 사람들은 믿는 사람들의 복음을 전하는 말만이 아니라 그들의 생활 곧 삶의 태도를 보고도 전도가 되는 것이다. 기독교인들이 그들의 삶을 통하여 빛과 소금의 역할을 보여줄 때 안 믿는 사람들은 기독교인들이 전하는 말을 신뢰하게 되는 것이다. 다시 말하여 기독교인들이 세상에서 증인으로 있으면서 종으로서의 섬기는 삶 곧 사랑의 실천을 보일 때 복음을 전하는 사람을 제대로 신뢰하고 또 이들이 전하는 복음을 믿게 되는 경우가 많은 것이다.

예를 들어 영국에서 노예 제도의 폐지에 기독교인 정치인이 핵심적인 역할을 한 것이[31] 안 믿는 사람들에게도 큰 감동을 주었으며 반대로 독일에서 히틀러가 수백만 명의 유대인들을 학살할 때 독일의 기독교가 방관한 것이 두고두고 독일 교회에게 부담으로 남게 되는 것이다. 우리나라의 경우 주기철 목사와 손양원 목사의 순교에 이르기까지의 대의를

---

31)   William Wilberforce (영국 1759~1833) 영국의 기독교 정치인. 45년 동안의 하원의원 시절과 이후 죽을 때까지 노예 제도의 폐지에 헌신하고 그 실현을 보았음.

위한 철저한 희생과 가늠할 수 없는 사랑의 봉사는 한국 개신교의 귀한 유산으로 남아 안 믿는 사람들에게도 오늘에 이르기까지 감동을 주고 있다.

이와 같이 세상은 믿는 자들이 전도할 대상을 만나고 또 종으로서의 삶을 실천함으로써 증인으로서의 사명을 실천할 수 있는 장이 되는 것이다. 정치 영역도 물론 여기에 포함된다.

5장

교회와
정부의 관계[32]

앞의 4장에서 기독교인들이 정치에 관심을 가지고 참여하여야 하는
이유에 대하여 살펴보았다. 여기에서는 정치의 중심 기관인 정부에 대
하여 그리고 교회와 정부의 관계에 대하여 살펴보고자 한다. 정부는 정
치권력을 직접적으로 행사하는 기관으로서 인간 사회의 기관 가운데
세상적으로는 가장 광범하고 강력한 권한을 가지고 이를 행사하는 기
관이므로 우리가 정치를 논의할 때에는 일차적으로 살펴볼 기관이라고
하겠다.

---

32) 5장 '교회와 정부의 관계' 및 6장 '기독교인의 정치참여' 관련 전반적인 논의는 John H.
Redekop, 《Politics Under GOD》, (Herald Press, 2007), 배덕만 역, 《기독교 정치학》(도서출
판 대장간, 2011), Wane A. Grudem, 《Politics-According to the Bible》(Zondervan, 2010),
교황청 정의평화평의회, 《Compendium of the Social Doctrine of the Church》(2004), 한국
천주교 중앙협의회, 《간추린 사회 교리》(2005) 참조할 것.

1 ____ 성경이 말하는 정부의 책무

정부는 하나님께서 세우신 것이다.
따라서 기독교인들은 정부에 복종해야 한다

성경에서 정부에 대하여 가장 직접적으로 전하는 말씀은 로마서 13장 1~7절과 베드로전서 2장 13~14절이라고 하겠다. 특히 로마서1장은 이렇게 전하고 있다. "사람은 누구나 위에 있는 권세에 복종해야 합니다. 모든 권세는 하나님께로부터 온 것이며, 이미 있는 권세들도 하나님께서 세워주신 것입니다."

이러한 말씀을 통하여 우리는 1) 통치자(정부 또는 국가)는 하나님이 세우신 것이며 따라서 기독교인들은 통치자(정부)에 복종해야 한다는 점. 2) 하나님께서 원하시는 통치자(정부)의 책무는 악을 처벌하고 선을 장려하는 것 곧 정의의 실현이라는 점. 3) 통치자(정부)는 하나님의 일꾼이라는 점을 알게 된다.

이 두 말씀의 첫 부분이 바로 기독교인들은 정부 또는 통치자에게 복종하라는 말씀이다. 그 이유는 정부를 하나님께서 세우신 것이라는 점이다. 따라서 기독교인들은 정부가 이 세상 것이지만 그 존재의 근거와 근원이 하나님이라는 점과 그렇기 때문에 정부에 복종해야 한다는 것을 기억해야 할 것이다.

기독교인들은 정부에 복종해야 하는데 복종하는 이유가 공권력을 행사하는 정부를 두려워하거나 또는 복종하지 않는 경우에 받게 될 처벌을 피하기 위해서가 아니라 정부를 세우신 분이 하나님이므로 하나님의 뜻에 따라 정부에 복종해야 하는 것이다.

정부는 악을 처벌하고 선을 장려하여야 한다.
정부의 책무는 정의의 실현이다

정부의 책무와 관련하여서 로마서 13장 3~4절은 다음과 같이 말하고 있다. "권세를 행사하는 사람을 두려워하지 않으려거든, 좋은 일을 하십시오. 그러면 그에게서 칭찬을 받을 것입니다. 권세를 행하는 사람은 여러분 각 사람에게 유익을 주려고 일하는 하나님의 일꾼입니다.…그는 하나님의 일꾼으로서, 나쁜 일을 하는 자에게 하나님의 진노를 집행하는 사람입니다."

우리는 같은 내용을 베드로전서 2장 13~14절에서 볼 수 있다. "여러분은 인간이 세운 모든 제도에 주님을 위하여 복종하십시오. 주권자인 왕에게나, 총독들에게나 그렇게 하십시오. 총독들은 악을 행하는 사람에게 벌을 주고 선을 행하는 사람에게 상을 주게 하려고 왕이 보낸 이들입니다."

여기의 말씀들은 1차적으로는 기독교인들이 시민으로서 선하게 살 것을 권면하고 있지만 동시에 정부의 책무도 의미하는 것이다. 정부는 하나님의 일꾼으로서 국민들에게 유익을 주는 존재이며 악을 행하는 사람에게 벌을 주고 선을 행하는 사람에게 상을 주는 책임을 가지고 있는 것이다.

정부의 책무는 정의의 실현이며 보다 넓게 표현하여 국가적인 공동선의 달성이라고 할 것이다. 정부는 공동선을 보장하기 위하여 각 분야마다 다른 이익들을 정의의 요구와 조화시킬 의무가 있다[33].

---

33) 《간추린 사회 교리》, 168, 169항.

따라서 정부는 하나님 앞에 책임을 져야 한다

정부가 하나님이 세우신 것이며 또 하나님께서 정부에 대하여 정의를 실현하라는 책무를 주셨으며 정부가 하나님의 일꾼이기 때문에 정부는 하나님 앞에 책임을 져야 하는 것이다. 구약의 내용을 보면 하나님께선 악을 행하는 왕이나 국가에 대하여 직접적으로 벌을 내리시는 일을 많이 보게 된다.

따라서 정부와 정치권력은 그들이 하나님 앞에 그들의 행위에 대하여 책임을 지게 됨을 분명히 인식하여야 할 것이다. 이 세상의 많은 정부와 권력자들 가운데는 이러한 책임귀속(accountability)에 대하여 제대로 인식하지 못하고 있는 경우가 많은 것으로 생각되지만 이러한 경우에는 교회가 하나님 앞에서의 책임 문제에 대하여 정부와 권력자들에게 주의를 촉구하는 것이 좋을 것으로 생각된다.

기독교인은 원칙적으로 정부와 법에 순종하여야 한다.
그러나 불순종할 경우도 있다

그런데 하나님께서 정부를 세우셨으니 기독교인들이 정부에 복종해야 한다는 말씀을 기독교인들은 물론이고 정부와 정부의 운영을 담당하고 있는 통치자들도 함께 기억하고 있어야 할 점이다. 특히 통치자들은 하나님의 존재 부분은 무시하고 국민의 복종만 강요해서는 안 될 것이다.

위의 로마서 1장 1절 말씀에 근거해서 모든 권위가 그 정당성을 주장해서는 안된다. 이 말씀 구절 다음 4절 말씀에는 "권세를 행사하는 사람은 여러분 각 사람에게 유익을 주려고 일하는 하나님의 일꾼입니다."라고 전하고 있다. 곧 하나님께서 정부와 권세자를 세우신 목적이 국민의 유익을 위함에 있다는 것이다. 따라서 정부와 권세자가 국민에게 순종을 요구함에 있어서는 자신이 하나님의 일꾼됨을 부인하고 국민을 위함이 아니라 자신의 권세욕과 유익을 위하여 직책을 이용하는 경우에는 국민들이 이들에게 반대하고 저항할 수 있는 것이다[34].

이와 관련된 논의로 정부에 대한 기독교인의 양심에 따른 거부권과 저항권에 대하여 살펴보도록 하자[35]. 정부의 권위(정치 권위)의 주체는 국민 전체이다. 그러나 국민들의 단순한 동의만으로는 그 정당성이 보장되는 것은 아니다. 하나님의 도덕 질서에 합당해야만 정당한 권위라고 할 수 있는 것이다. 그렇기 때문에 공권력의 명령이 도덕 질서나 인간의 기본권 또는 복음의 가르침에 위배될 때 국민들은 양심에 비추어 이에 따르지 않을 의무가 있으며 또한 권위가 자연법의 근본 원리를 심각하게 그리고 반복적으로 침해한다면 권위에 대한 저항은 정당하다고 본다[36].

---

34) 이와 관련된 논의로는 Wane Grudem, 《Politics According to the Bible》 (Zondervan, 2010), pp. 85~91을 참고할 것.

35) 이와 관련된 논의로는 John J. Redekop, 《Politics Under God》 (Herald Press, 2007), 배덕만 역, 《기독교 정치학》, pp. 197~209, 교황청, 《간추린 사회 교리》, 393~401항목을 참고할 것.

36) 위 《간추린 사회 교리》, 399, 400항. 보다 온건한 견해에 대하여는 Norman L. Geisler, 《Christian Ethics: Options and Issues》 (Baker Books, 1989), pp. 239~255을 참고할 것.

2 ＿＿＿ 교회와 정부의 올바른 관계

교회와 정부의 관계에 대한 네 가지 전통적 견해

우리가 교회와 정부 간의 올바른 관계에 대하여 논의함에 있어서 먼저 논의의 배경을 이해하기 위하여 기독교가 교회와 정부간의 관계에 대하여 가지고 있는 전통적 견해들에 대하여 살펴보도록 하자[37].

교회와 정부(정치)의 관계에 대하여는 기독교 안에서 크게 전통적으로 네 가지 흐름이 있다. 교회와 정부의 관계에 대하여 가장 엄격하게 거리를 두는 입장으로부터 가장 밀접하게 생각하는 입장의 순서대로 재세례파 견해, 루터파 견해, 개혁파 견해, 그리고 천주교 견해이다. 이제 이 네 가지 입장에 대하여 살펴보자.

재세례파(Anabaptist)는 기독교의 정치참여에 있어서 가장 제한적인 입장을 취하고 있다. 재세례파는 예수님의 완전한 자기 희생의 생애와 원수를 사랑하라는 산상 수훈의 가르침을 강조하여 비폭력 자세를 중시하고 있다. 그런데 정부는 폭력적 특성이 강하므로 재세례파는 정치와 불편한 관계를 갖고 있다. 그리하여 재세례파의 다수는 정치와의 완전한 분리 및 교인의 정부 업무 참여 금지를 주장하여 왔다. 일부 재세례파는 기독교적 전제가 모든 정치 행태에서 지켜지고 또한 교인들이 어떤 형식의 폭력에도 반대하리라는 것을 기대하여 제한적으로 정치참여에 대하여는 이를 허용하기도 하였다[38].

---

37) 여기의 내용은 Amy E. Black et al, 《*Five Views on the Church and Politics*》(Zondervan, 2015), pp. 7~16을 따름. 다만 책에서 다룬 다섯 가지 견해 가운데 미국적 특수성을 나타내고 있는 Black Church view는 여기에서 제외하였음. Redekop, 위의 책, 2~3장도 같은 내용을 다루고 있음.

38) 물론 모든 재세례파 사상가들이 여기의 전통적인 사상 흐름에 완전하게 일치하는 입장을

정부를 변화의 주체로 보지 않는 반면 교회가 가지는 복음의 진실을 실천할 대체 공동체로서의 중요성과 사명을 강조하고 있다. 교회는 사회적 정치적 영역에 영향을 주려고 하기보다는 하나님의 나라의 그리스도적 특성을 예시하는 독자적인 사회윤리가 되도록 해야 한다고 본다. 한마디로 교회는 정치나 폭력에 참여할 수가 없다고 보고 있다.

하나님 사랑과 이웃 사랑이 기독교인과 교회의 모든 관계에 함께해야 한다고 본다. 이를 위해서는 예수의 급진적인 명령에 따라 사는 반문명적 외침과 일치된 공동체가 필요하다고 본다.

루터파(Lutheran)는 주로 마틴 루터(Martin Luther 독일 1483~1546)의 가르침에 의존하고 있다. 루터파 전통 교리의 핵심 요소들 가운데는 '두 왕국 교리'와 소명론이 있다. 두 왕국의 교리는 이 세상에는 국가가 중심이 되는 창조의 왕국과 교회가 중심이 되는 구속의 왕국의 두 왕국이 있는데 국가는 인간의 타락의 결과로 하나님께서 만드신 것으로 악을 억제하고 시민을 보호하며 정의를 실현할 사명을 지닌 것으로서 경우에 따라 정당한 폭력을 사용할 수 있다고 본다. 따라서 기독교인은 정부가 정의를 추구하고 악을 벌하는 일을 효율적으로 감당하도록 도움으로써 이웃 사랑의 소명을 실천할 수 있다고 본다.

교회는 구속의 복음에 초점을 두고 하나님 말씀의 전파와 성례를 담당하는 기관이다. 따라서 교회가 정치에 직접 참여해서는 안되며 대신 교인들의 마음을 빚어서 사람들을 사랑하고 섬기도록 만들어야 한다. 더욱이 그리스도인에게는 어디에서 무엇을 하든지 그리스도의 능력이 함

취하고 있는 것은 아님. 예를 들어 이 책에서 참고하고 있는 John H. Redekop의 경우에는 기독교인의 정치참여에 대하여 보다 긍정적인 입장을 보이고 있음. 이러한 사정은 다른 전통적 견해에 있어서도 마찬가지라고 할 것임.

께하여 복음의 영향력을 끼치게 된다고 말한다.

그리고 루터파의 소명 교리는 사람의 직업이나 활동이나 분야에 관계 없이 모두 신성하고 중요하다고 본다. 또한 그 중에 어떤 교인들은 소명 을 받아 교회가 가지는 세상의 사회적 관심을 감당하여 하나님 말씀이 가지는 염려를 정부에게 적절하게 통역하는 사명을 감당하기도 한다고 본다. 그렇기 때문에 기독교인들은 비기독교인들과 합력하여 일할 수도 있으며 또 경우에 따라서는 정치적 사안에 대하여 다른 교인들과 의견 을 달리할 수도 있다고 본다.

개혁파(Reformed)는 16세기 프로테스탄트 개혁자들인 츠빙글리 (Ulrich Zwingli 스위스 1484~1531), 칼빈(John Calvin 프랑스 1509~1564), 녹스(John Knox 스코틀랜드 1513~1572) 등의 전통에서 비롯되었다. 개 혁파 전통은 사람, 교회, 정부를 포함한 모든 것 위의 하나님의 최고 주권 을 강조하며 하나님의 섭리를 벗어나는 것은 아무것도 없다고 말한다.

하나님께서 믿는 자에게 구원을 주시는 특별 은혜와 믿지 않는 자를 포함한 모든 사람에게 유익을 주시는 일반 은혜를 구분하고 있다. 정부 는 하나님께서 모든 사람들의 유익을 위하여 만드신 일반 은혜에 속하 는 기관으로 교회와 학교 등과 마찬가지로 하나님께서 주시는 좋은 선 물이다. 그리하여 정부에 대한 순종은 하나님에 대한 순종을 의미하는 것이고 정부에 대한 불순종은 하나님에 대한 불순종을 의미하는 것이 다. 기독교인들은 복음의 능력을 통해 어디에서나 세상을 변화시키는 사명을 감당함으로써 그리스도의 빛으로 정치를 포함하여 사회 전체를 밝혀야 할 소명을 지니고 있는 사람들인 것이다.

그리하여 교회 또한 공공의 영역에서 분명하게 신념과 정책 면에서의 견해를 밝힐 수 있다고 보는 것이다. 그리스도인들은 비록 그리스도의 십자가 외에는 구원이 없다는 점을 확실히 아는 가운데서도 어느 곳에서나 모든 사람을 사랑하는 자세로 정부가 정의와 공동선을 증진시키도록 노력하여야 한다고 보는 것이다. 그러나 그리스도인들은 정부가 할 수 있는 일과 할 수 없는 일에 대하여 절제된 기대를 가져야 한다고 본다.

가톨릭교(Catholic)는 이들 중 가장 오래된 것으로 교회와 정치의 관계를 가장 밀접하게 보고 있다. 가톨릭은 예수 그리스도의 성육신이 인간의 존엄성을 보여주고 있음을 강조하고 있다. 그리스도께서 이 땅에 오셔서 우리 가운데 사신 것과 같이 하나님께서는 모든 사람으로 하여금 서로 깊은 교감 속에서 서로 간 그리고 모든 피조물들의 필요에 대한 책임을 지면서 살도록 만드셨다고 본다. 그리고 성례가 교회생활의 중심으로서 그리스도인들을 그리스도와 실체적으로 연결시킨다고 본다.

토마스 아퀴나스의 가르침을 따라 가톨릭의 정치사상은 인간 생활이 본질적으로 정치적임을 인정하고 있으며 또한 국가에게는 공동선을 증진시킬 책임이 있음을 강조하고 있다. 그리하여 교회는 시민으로 하여금 모든 사람의 공동선을 위하여 정부에 참여할 것을 권고하고 있다. 모든 기독 시민의 세 가지 의무로 투표와 국가 방위 그리고 납세를 규정하고 있다. 더 나아가 국가에 대한 의무는 국경을 넘어 평화의 증진을 위한 세계 공동체 전체를 향하도록 하고 있다.

비록 가톨릭 전통이 교회와 국가가 공동 목표를 위하여 협동할 수 있는 여러가지 방법을 강구하여 왔지만 근래에는 종교의 자유를 위하여 정교분리의 원칙을 강조하고 있다. 오직 교회만이 그리스도를 따르며 복음을 전파하는 초월적인 목적을 지니고 있기 때문이다. 그리하여 기독교의 정치참여는 교회가 규정하는 신성한 삶에 대한 명령과 긴장 관계에 놓이게 된다.

기독교 전통에서 보는 교회와 정부 관계에 대한 네 가지 견해를 살펴봄으로써 우리는 이 문제에 관한 사고의 범위를 대체로 가늠할 수 있는 것이다. 그리고 오늘날 기독교에서 가지고 있는 교회와 정부 관계에 대한 사고에는 어느 한줄기가 아니라 이러한 여러 전통적 사고가 함께 그리고 폭넓게 자리하고 있는 것이다. 아래에서는 오늘날 우리가 보는 몇 가지 사안을 통하여 이 문제에 대한 일반적인 견해를 살펴보고자 한다. 가급적 일반적인 입장을 취하고자 한다.

교회와 정부는 서로 독립적이고 자율적인 존재이다
- 정교분리의 원칙 존중 필요

교회와 정부(국가 정부 정치공동체)는 모두 하나님의 대리자로서[39] 하나님께서 창조하신 질서의 한 부분을 이루고 있다[40]. 교회의 사명은 구원의 복음을 선포하고 전달하며 그리스도인 공동체를 이루어 하나님 나라에 봉사하는 것이다[41]. 한편 정부 사명은 국민들이 참되고 인간다운 삶을 영위하기 위하여 필요한 물질적 문화적 도덕적 정신적 재화를 이용할 수 있도록 하여 국가의 공동선을 실현하는 데 있다[42]. 이와 같이 교회는 하나님 나라의 일 곧 영적이고 신앙적인 일과 관련된 일을 담당하는

---

39) John H. Redekop, 《*Politics Under GOD*》, 배덕만 역, 《*기독교 정치학*》 (도서출판 대장간), p. 44.
40) 교황청, 《*간추린 사회 교리*》, 383항.
41) 교황청, 《*간추린 사회 교리*》, 50항.
42) 교황청, 《*간추린 사회 교리*》, 168항.

2부_ 기독교는 정치를 어떻게 보는가   169

조직이며 정부는 이 땅에서의 사람들의 삶과 관련된 일을 담당하는 조직이다. 교회와 정부는 각각 담당하는 일의 성격과 내용이 전혀 다르다.

정부와 교회는 그 고유 영역에서 서로 독립적이고 자율적이다. 국가 등 정치 공동체가 국민들의 현세의 공동선을 이루는 것들에 유익한 제도와 관계를 형성시키려는 반면에 교회는 신자들의 영적 요구를 충족시키기에 알맞은 방식으로 조직된다[43]. 이렇게 국가와 교회는 각각 그 목적과 기능이 독립적이므로 서로가 상대방을 통제하려고 해서는 안된다. 정부는 종교의 자유를 허용하여야 하며 교회는 정부 위에 군림하면서 정부를 통제하려고 해서는 안된다. 당연히 정부와 교회는 각자의 일을 처리함에 있어서 자율성이 보장되어야 한다.

이러한 정교분리의 원칙은 로마 가톨릭의 오랜 경험과 종교개혁을 통한 개신교의 출현을 배경으로 하여 형성되어 왔으며 이후 근대 국가가 출현하면서 대체적으로 일반적인 추세로 받아들여지고 있다. 예를 들어 1791년 미국의 수정헌법 제1조를 통하여 근대 헌법에 처음으로 명문화되었고 한국에서도 1948년의 제헌 헌법 제12조에 신앙의 자유와 정교분리 조항이 규정되었다[44].

그러나 교회가 정부보다 근본적이고도 영속적이고 중요한 공동체이다

교회와 정부 사이에 정교분리의 원칙이 받아들여지는 가운데 서로 독립적이고 자율적인 존재라고 해서 교회와 정부가 그 위치와 가치에 있어

---

43) 교황청, 《간추린 사회 교리》, 424항.

44) 제헌 헌법 제12조 모든 국민은 신앙과 양심의 자유를 가진다. 국교는 존재하지 아니하며 종교는 정치로부터 분리된다. 현행 헌법 제20조 ① 모든 국민은 종교의 자유를 가진다. ② 국교는 인정되지 아니하며, 종교와 정치는 분리된다.

서 동등한 존재라는 의미는 아니다. 교회는 하나님의 영원한 나라를 전제로 하여 영원하고 절대적인 하나님을 섬기며 그분의 다스림과 질서를 기초로 하고 있는 반면 정부는 인간의 이 땅에서의 삶과 관련된 인간이 만든 질서를 기초로 하고 있다. 곧 교회가 인간의 영원한 생명을 아우르는 존재임에 반해 정부는 인간의 이 땅에서의 삶만 규정하는 존재인 것이다. 그리고 교회는 예수 그리스도 부활 후 성령에 의해서 형성되고 이후 오늘에 이르기까지 계속되어 온 반면 정부의 경우는 역사를 통하여 셀 수 없을 정도로 수많은 정부가 생겼다 사라졌다를 되풀이해 오고 있다.

그렇기 때문에 교인들에게는 교회가 소속감과 충성에 있어서 우선적인 존재이며 정부는 그 다음의 존재인 것이다. 교인들에게 교회가 국가보다 중요한 존재인 것이다. 그러나 이러한 우선순위가 교인들이 정부를 전혀 무시해도 좋다는 것을 의미하는 것은 아니다. 교인들에게 있어서 국가에 속한 국민으로서의 삶은 교인으로서의 삶의 한 부분으로 포함되는 것이다. 왜냐하면 국민으로서의 삶 또한 하나님의 질서가 다스리는 삶의 한 부분이기 때문이다. 그렇다고 하더라도 교인으로서의 삶과 국민으로서의 삶이 서로 모순을 보이는 경우에는 교인들은 교인으로서의 삶을 우선하는 태도로 살게 되는 것이다.

교회는 민주주의 체제를 선호한다[45]

비록 근대 사회에서 교회와 정부가 서로 분리되어야 하고 각각 자율적으로 운영되어야 한다는 정교분리의 원칙이 넓게 받아들여지고 있지만

---

45) 기독교와 민주주의의 관계에 대한 비판적인 논의에 관하여는 이병주, 《박근혜 사태와 기독교의 문제: 기독교인들에게 민주주의는 무엇인가?》 (도서출판 대장간, 2017)을 참고할 것.

그렇다고 해서 교회가 정치체제 문제에 있어서 무관심한 자세를 보여야 한다는 말은 아니다. 정치체제 문제와 관련하여 말할 수 있는 것은 현 단계에서 교회는 민주주의 체제를 선호한다는 점이다. 이렇게 교회가 민주주의 체제를 선호하는 것은 무엇보다도 민주주의 국가에서는 종교의 자유가 이루어지고 있다는 점이다. 사회주의 국가에서는 그들의 헌법에 종교와 관련하여 어떻게 쓰여 있든지 실제로는 종교의 자유가 허용되지 않고 있다[46]. 왕정 체제에서나 독재국가 체제에서도 종교의 자유는 여러 모로 제약되고 있는 실정이다.

다음으로는 민주주의 체제가 성경의 가르침에 비교적으로 합당하다는 점이다. 성경은 하나님께서 인간을 그의 형상대로 창조하셨음을 알려주고 있다. "하나님이 당신의 형상대로 사람을 창조하셨으니, 곧 하나님의 형상대로 사람을 창조하셨다. 하나님이 그들을 남자와 여자로 창조하셨다."(창 1:27) 하나님의 인간 창조의 내용은 모든 인간이 하나님을 닮게 창조된 존재임을 밝히고 있다. 인간이 하나님을 닮게 창조되었다는 사실은 인간에 대하여 많은 내용을 말하고 있지만 그 가운데서도 우리는 정치체제에 대한 평가와 관련성이 있는 다음 몇 가지 사항을 알 수 있다. 첫째, 인간은 하나님께서 자신을 닮게 창조하신 귀한 인격적인 존재라는 점이다. 둘째, 모든 인간은 그들을 창조하신 하나님 앞에서 평등한 존재라는 점이다. 셋째, 인간은 자신의 의지에 따라 선택을 할 수 있는 자유로운 존재라는 점이다.

그렇다면 인간의 이러한 특성에 비추어 대표적으로 사회주의 체제와

---

46) 참고로 북한의 헌법에는 종교와 관련하여 "제68 조: 공민은 신앙의 자유를 가진다. 이 권리
     는 종교 건물을 짓거나 종교의식 같은 것을 허용하는 것으로 보장된다. 종교를 외세를 끌어
     들이거나 국가사회 질서를 해치는 데 이용할 수 없다."라고 규정하고 있다.

민주주의 체제를 비교하여 보자. 사회주의 체제의 경우에는 인격적인 존재가 갖는 기본적인 인권이 크게 침해를 당하고 있으며 평등을 지향하고 있다. 경제적인 평등은 상대적으로 이루어지고 있는 편이지만 권력의 배분 면에서는 크게 불평등하며 국민 개개인의 정치적 선택권은 거의 무시되고 있는 편이다. 민주주의 체제의 경우에는 다른 체제들과 비교하여 기본적인 인권과 평등권 그리고 지배자 선택권이 상대적으로 잘 보장되는 편이라고 할 수 있다. 그리하여 교회는 민주주의 체제가 성경의 가르침에 상대적으로 합당하다고 볼 수 있다[47].

교회가 정치 영역에 참여하는 특별한 경우

비록 정교분리의 원칙이 자리잡고 있는 환경이라고 하더라도 교회가 정부 영역 곧 정치 영역에 참여하는 경우가 있을 수 있다. 아래 몇 가지 경우를 보도록 하자.

첫째, 정부 관련 사항이 교회의 영역과 관련되는 사항에 대하여는 이에 참여할 수 있다는 점이다. 둘째, 바울이 말하고 있는 로마서 13장 1절의 "사람은 누구나 위에 있는 권세에 복종해야 합니다. 모든 권세는 하나님께로부터 온 것이며…"의 의미는 정부가 내린 모든 명령에 복종하는 것이 아니라 정부라는 제도에 복종하는 것이라는 점이다[48]. 따라서 공권력의 명령이 도덕 질서의 요구나 인간의 기본권 또는 복음의 가르침에 위배될 때 기독교인들은 양심에 비추어 그 명령에 복종할 의무가 없다

---

47) 민주주의 체제에 대한 기독교의 평가와 관련하여서는 Wane Grudem, 앞의 책, pp. 105~111 와. 교황청, 《간추린 사회 교리》, 406~416항을 참고할 것.

48) Redekop, 위의 책, 배덕만 역, p. 203.

는 점이다[49]. 실제 이러한 상황이 발생할 때 교회는 상황 판단에 매우 엄격해야 하고 극히 신중하게 대처하여야 한다. 셋째, 권위(정부 또는 통치자)가 자연법의 근본 원리를 심각하게 또는 반복적으로 침해하고 압제를 계속한다면 그러한 정부는 진정한 정부라고 할 수 없으며 따라서 국민들에게 복종을 요구할 권리가 없다. 또한 법치의 원칙은 통치자에게도 예외 없이 적용되어야 함으로 이를 어기는 통치자에 대하여는 국민들이 저항할 수 있다고 본다[50].

끝으로 교회의 독재체제에 대한 저항이 갖는 실제적 측면에서의 긍정적 영향을 보도록 하자.

폭력적인 절대 권력이 지배하는 사회는 국민들에게 사회정의가 사라진 사회라는 인식을 주어 도덕의 근간이 무너진 느낌을 주게 되며 또 이러한 어두운 상황이 계속되리라는 절망감을 주게 된다. 이러한 상황에서 교회의 정의 실현을 위한 저항은 사회에 도덕적으로 큰 힘이 되고 소망을 준다. 그러나 개인이 아니라 교회가 절대 권력에 저항하면 국민들은 용기와 희망을 갖게 된다. 예를 들어 한국사회의 경우 유신독재체제에 절망한 젊은이들이 개별적인 저항의 표시로 스스로의 생명을 끊어버리는 비극이 되풀이되고 있을 때 김수환 추기경부터 수녀에 이르기까지 천주교 전체가 유신체제에 대한 저항에 나선 것이 국민들에게 미래에 대한 희망을 갖게 하였다.

---

49)   교황청, 《간추린 사회 교리》, 399항, Grudem, 위의 책, p. 88.
50)   교황청, 《간추린 사회 교리》, 400항, Grudem, 위의 책, p. 89.

6장

기독교인의
정치참여

1 ____ 어떤 원칙을 따를 것인가

정치참여의 원칙 - '기독교 제자도가 허용하는 범위 안에서'

우리는 앞에서 기독교인은 정치에 관심을 가져야 하며 또 참여해야 한다는 점에 대하여 논의하였다. 여기에서는 기독교인이 정치에 참여함에 있어서의 기초적이고 일반적인 원칙 문제를 논의하고자 한다.

먼저 우리는 정치참여에 대하여 바르게 인식할 필요가 있다. 정치에 참여한다고 할 때는 반드시 국회의원이 되어서 정치활동을 해야 하는 것은 아니다. 정치활동에는 여러가지 방법이 있고 또 우리가 의식하지 않는 가운데 정치에 참여하는 경우도 많다. 정치참여 방법으로는 개인적으로 소셜 미디어나 언론을 이용하여 정치적 사안에 대하여 의견을 내기, 정치 관련 조직에 의견을 전하기, 투표에 참여하기, 정당에서 일하기, 정부에서 일하기, 선출직에 당선되어 일하기 등 이 모두가 정치참여인 것이다. 이렇게 오늘날의 민주주의 사회에서는 정치참여가 거의 모든 사람에게 열려 있는 것이고 기독교인에게도 그러하다.

그러면 기독교인의 정치참여 원칙은 어떻게 말할 수 있을까? 그 기본 원칙으로는 '기독교인의 정치참여는 어디까지나 기독교 제자도(弟子道)가 허용하는 범위 안에서 참여하여야 한다'고 말할 수 있을 것이다[51].

우리는 앞에서 기독교인의 삶의 의미는 하나님께서 주신 세상에서 증인으로서 복음 전파의 사명과 종으로서 봉사의 삶을 사는 것이라고 본 바 있다. 우리는 이를 예수님의 제자로서의 삶이라고도 표현할 수 있을 것이다. 따라서 기독교인의 정치참여의 원칙으로 기독교 제자도가 허용하는 범위 안에서 또는 예수님의 제자로서 합당하게 참여해야 한다고 말할 수 있을 것이다.

이러한 원칙은 기독교인의 삶에 있어서 기본적인 태도라고 할 것이며 정치참여에만 적용된다고 볼 수는 없다. 그러므로 이 원칙은 정치참여의 경우에도 적용된다고 할 것이다. 우리 기독교인은 어느 나라의 시민의 한 사람이지만 이보다 중요한 사실은 그가 하늘나라의 시민이고 그리스도의 제자로서의 삶을 살고 있다는 점이다. 그렇기 때문에 기독교인이 정치참여를 하는 경우에는 기독교 제자도 곧 그리스도의 제자로서의 삶에 합당하게 참여하여야 할 것이다. 따라서 기독교인은 정치참여에 있어서도 그리스도의 제자로서 그리스도의 뜻을 실행하기 위하여 정치를 하여야 할 것이다.

---

51) John H. Redekop, 《*Politics Under GOD*》, 배덕만 역, 《*기독교 정치학*》 (도서출판 대장간), p. 42.

이는 기독교인들이 소셜 미디어를 통하여 정치참여를 할 때도 마찬가지이다. 오늘날 페이스 북을 통하여 오가는 정치 관련 의견들을 보면 보수와 진보로 날카롭게 나뉘어져서 상대방을 공격하는 것을 본다. 그런데 그 내용을 보면 정당한 비판이 아니라 상대방에 대한 분노와 증오와 조롱으로 가득 차 있음을 보게 된다. 그런데 이들 가운데는 기독교인들도 있음을 보게 된다. 이러한 정치참여 태도는 제자도와는 크게 거리가 있는 것이라고 할 것이다. 따라서 기독교인들은 정치참여라고 할 때 크고 중요한 경우만이 아니라 이렇게 작은 자기 주변부터라고 제자도를 지키는 것이 필요하리라고 생각된다.

제자도 실천에 유의할 사항들

기독교인이 정치참여에 있어서 제자도를 지키는 것을 원칙으로 한다고 할 때 이의 실행에 있어서 문제가 되는 점들이 있다.

첫째, 사람마다 제자도에 대한 생각이 다를 수 있다는 점이다.

이 점은 기독교인들의 생활의 모든 부문에서 나타나는 현상이라고 할 것이며 기독교인들은 이를 받아들여야 할 것이다. 그러나 동시에 기독교인들은 많은 부분에 있어서 생각이 공통적인 부분이 있어서 실제에 있어서는 생각보다 이로 인한 문제가 작을 수 있다는 점도 이해할 필요가 있다고 하겠다. 실제 문제는 제자도를 얼마나 충실하게 실천할 것인가지 제자도의 해석의 문제는 아닌 것이다.

둘째, 본격적인 정치인으로서 정치참여를 하는 경우에는 제자도의 실천이 매우 어렵다는 점이다.

예를 들어 국회의원의 경우 먼저 자기 당에서 후보로 결정되고 다음 선거에서 당선되는 과정에서 현실적으로 제자도를 제대로 지키면서 당선되기가 많이 어려울 것이다. 이러한 사정은 민주주의가 제대로 자리 잡지 않은 경우에 더욱 그러할 것이다. 다음 당선되어 국회 활동을 하는 경우에도 법안 투표에 있어서 자신의 양심상 당의 방침과 다른 의견을 가지는 경우에 당론과 다르게 투표한다는 것은 극히 어려운 현실이다. 여기에서 제자도의 실천 여부가 결정되는 것이다.

셋째, 기독교인들은 정치가 최고의 가치가 되지 않도록 경계해야 한다는 점이다.

우리가 일상 생활에서 흔히 경험하는 바이지만 사람들은 정치 문제에 대하여 매우 예민하게 반응하고 또 곧잘 흥분하는 모습들을 보게 된다. 그 이유는 앞에서도 보았듯이 사람들이 정치 문제를 정의의 문제라고 받아들이고 있고 거기에 더하여 정치가 그들의 이해관계에 크게 영향을 주기 때문이다. 많은 사람에게 정치는 신념의 문제이고 이념의 문제이다. 이리하여 정치는 사람들을 끌어당기는 블랙홀과도 같은 존재이고 또 아편과도 같은 존재이기도 하다. 특히 전문적인 정치인들에게 정치는 생의 의의와 명예를 결정하는 절대적인 가치가 된다. 이렇게 정치는 사람들에게 마력을 발휘하고 있다. 그러다 보니 기독교 정치인에게도 정치가 최고의 가치가 될 가능성이 있게 된다. 따라서 기독교인들도 정치가 제일의 우선순위가 되지 않도록 경계해야 할 것이다.

넷째, 기독교 정치인은 항상 하나님의 지혜를 구하여야 한다는 점이다[52].

---

52) John H. Redekop, 《Politics Under GOD》, 배덕만 역, 《기독교 정치학》 (도서출판 대장간), p. 151, 232.

기독교인들에게는 세상 모든 일에 있어서 하나님의 지혜를 구하는 것이 당연한 일이지만 기독교 정치인에게는 특히 그러하다고 하겠다. 그 이유는 정치의 기본적인 속성이 타협이기 때문이다. 정치란 서로 다른 의견들이 모여 타협하여 해법을 결정하는 과정이다. 그러므로 기독교 정치인이 아무리 훌륭하고 또 신앙 면에서 합당한 안을 가지고 있다고 하더라도 이를 다른 사람들에게 강제할 수는 없는 것이다. 그러니 타협하게 되는 것이다. 그리고 언제 어떻게 타협할 것인가 아니면 아예 타협하지 않을 것인가를 결정해야 하며 여기에 지혜가 필요한 것이다. 최선이 안 된다면 차선을 택하여야 할 것이고 선을 행할 수 없다면 악을 막아야 할 것이다. 여기에 하나님 주시는 지혜가 필요하며 기독교 정치인은 항상 이 지혜를 구하여야 할 것이다.

다섯째, 기독교인들은 정부를 위하여 국경을 넘어 기도하여야 한다는 점이다.

한국 개신교에는 교회가 생기고 얼마 안 되는 시기부터 평일 새벽기도가 시작되어 전통으로 자리잡았다. 교인들은 새벽기도 시간에 가족을 위하여 그리고 나라와 민족을 위하여 간절히 기도하여 왔다. 또 위정자들을 위하여도 기도하여 왔다. 이러한 기도 태도는 평신도들이 정치에 참여하는 방법의 하나라고도 할 것이며 좋은 전통이라고 할 것이다. 다만 기독교인들은 기도의 범위를 자기 나라에 제한하지 말고 복음이 전파되지 못한 나라들, 이웃 나라들, 가난한 나라들, 어려움에 처한 나라들과 이들 나라들의 국민들과 교회를 위하여도 기도하는 것이 좋으리라 생각된다. 모두 다같이 하나님의 자녀이며 믿음의 형제 자매들인 것이다.

2 ____ 어떻게 참여할 것인가

정치참여의 유형

기독교인이 정치에 참여함에 있어서 기본 원칙이 기독교 제자도가 허용하는 범위 안에서 참여하여야 할 것이다. 그렇다고 하더라도 기독교인이 정치에 참여함에 있어서는 여러가지 유형이 있게 된다[53]. 기독교인의 정치참여 유형으로는 다음의 세 가지 유형으로 분류할 수 있겠다. 첫 번째는 정치에 관심이 아예 전혀 없거나 관심이 약간 있지만 모든 정치 관련 행위에는 참여하지 않는 방관적인 경우, 두 번째는 정치에 참여는 하되 신앙생활에 지장이 없을 정도로 가볍게 투표에만 참여하는 소극적인 경우, 세 번째는 정치참여도 넓은 의미의 신앙생활이라고 생각하여 적극적으로 참여하는 경우가 있다. 이 유형에 대한 논의를 진행하여 보자.

첫째, 방관자적 유형에 대하여 생각하여 보자.

유형은 정치에 아예 관심이 없거나 관심이 있더라도 정치와 관련된 활동에는 일체 참여하지 않아서 예를 들어서 투표에도 참여하지 않는 경우이다. 이 유형은 일반적으로 보수 근본주의적 신앙인으로서 경건주의 성향의 기독교인이 많다고 하겠다.

이 유형과 관련하여 한 가지 유의해야 할 것이 있다. 곧 이러한 투표 기권 행위 또한 정치적인 의미를 갖게 된다는 점이다. 투표에서의 기권은 '나는 정치에 관심이 없으니 너희들 좋은 대로 해라.'라는 의사 표시인데 많은 경우에 있어서 기권은 기권자의 당초 의도와는 달리 정치적

---

53) 기독교인과 정부(정치)의 관계에 대하여는 Wane A. Grudem, 위의 책, 1장과 2장에서 자세히 다루고 있음.

인 영향력을 갖게 된다. 한 가지 예를 든다면 독재체제에 있어서는 독재
체제가 제안하는 안건의 제시 내용에 따라 기권은 독재체제가 의도하는
찬성 또는 반대의 뜻으로 처리되게 된다. 결과적으로 기권 행위가 독재
체제에 유지에 기여하게 되는 것이다. 결국 투표에 있어서의 기권 행위
도 정치적인 의미와 영향을 갖게 될 수 있는 것이다.

그러나 이러한 경건주의 성향의 기독교인들이 비록 정치에 대하여는
방관자적인 태도를 가지고 있지만 만일 정부가 신앙의 순수성이나 종교
의 자유에 대하여 간섭하는 경우에는 이들은 누구보다도 강력하게 이에
저항할 수 있다는 점이다. 일제의 신사참배 강요에 대하여 목숨 걸고 저
항한 인사들이 좋은 예이다.

둘째, 소극적 참여 유형에 대하여 생각하여 보자.

이 유형의 기독교인들은 정치에 대하여 관심은 가지지만 소극적으로
참여하는 편이다. 이들이 정치에 소극적으로 참여하는 이유에는 여러
가지가 있지만 그 가운데 하나는 어차피 역사는 하나님께서 주관하시는
방향대로 진행될 것이니 기독교인들이 정치에 그리 열심을 낼 필요가
없다는 견해이다[54].

역사가 하나님께서 주관하시는 방향대로 진행된다는 것은 물론 맞는
말이다. 그런데 하나님의 역사는 인간을 통하여 진행하시는 것이다. 그
렇기 때문에 사람에 따라서는 하나님의 역사의 진행을 위하여 정치 부
문에 사명을 받아 열심히 감당하게도 되는 것이다. 여기에서 유의해야
할 점은 자칫 하나님의 역사 주관론이 인간의 참여의 불필요성을 강조

---

54) 이 견해에 대하여는 John MacArthur, 〈*Presidential Election & the Christian Vote*/S04J TV〉
    (2016.11.6), YouTube를 참조할 것.

하는 가운데 기독교인들로 하여금 역사에 있어서 허무주의로 빠지게 할 위험성이 있다는 점이다.

셋째, 적극적 참여 유형에 대하여 생각해 보자.

이 유형은 기독교인의 정치참여에 대하여 매우 긍정적인 입장이다. 기독교인들은 성경이 전하는 하나님의 도덕적 기준과 목적에 따라 정부에 영향을 주도록 노력해야 한다고 보고 있다[55]. 위에서 로마서 13장 1~4절 말씀과 베드로전서 2장 13~14절 말씀을 통하여 하나님께서 말씀하신 정부의 책무를 보았다. 이는 곧 기독교인이 정부의 일 또는 정치에 참여하는 경우에 이를 실행하여야 한다는 점을 의미하는 것이다[56]. 직접 참여하지 않는 경우에도 참여하는 사람들에게 이러한 내용 곧 정의를 실현하라는 것을 상기시켜 주어야 하리라는 것이다. 또한 민주주의 체제에서는 국민들이 투표를 통하여 정치에 직접 참여하게 되는데 이러한 투표 참여를 통하여 정치에 대한 하나님의 뜻을 실현하는 데 적극적으로 참여하여야 할 것이며 또한 다른 투표자들에 대하여도 하나님의 뜻에 합당하게 투표하도록 권유하여야 한다는 것이다.

적극적 참여 유형에 있어서 기본적인 투표 참여 외에도 여러가지로 방식으로 정치에 참여할 수 있다. 직업으로 정치 관련 직종을 택하여 정당 활동을 하거나 정치 분야의 선출직에 출마하고 당선되어 직책을 맡을 수도 있는 것이다. 기독교인도 교인이 아닌 사람들과 마찬가지로 정치 분야에서 다양하게 활동할 수 있는 것이다. 그리고 기독교의 입장에서 이러한 기독교인의 다양한 정치활동 참여를 제한할 근거는 없는 것으로

---

55)   Grudem, 위의 책, p. 55.

56)   Grudem, 위의 책, pp. 61~62.

생각된다.

이렇게 기독교인의 세 가지 정치참여 유형 곧 방관자적 참여 유형과 소극적 참여 유형, 적극적 참여 유형에 대하여 살펴보았다. 이 가운데서 과연 어느 유형이 하나님 뜻에 보다 합당하다고 분명하게 말하기는 어렵다고 하겠다. 기독교인 모두가 한 가지 유형의 예를 들어 적극적 참여 유형을 택하는 것은 가능하지도 않을 뿐 아니라 바람직하지도 않다고 하겠다. 왜냐하면 각 유형 모두가 일장일단이 있기 때문에 그 가운데서 하나를 택하고 나머지 둘을 버리는 획일적인 태도는 마치 정치적 전체주의적 태도로 부작용이 크다고 생각된다. 기독교인들 가운데 세 가지 유형이 섞여 있어 결과적으로는 전체적인 유익이 도모될 것으로 생각된다.

오늘날 기독교인과 정치 성향의 다양성 문제 - 극우에서 극좌까지

오늘날 세계는 국가의 정치체제에 있어서 국민이 정치적 권력의 결정권을 가지는 민주주의가 대세를 이루고 있는 것이다. 이러한 민주주의 사회에서는 국민의 정치 성향이 무엇인가 하는 것이 중요한 문제가 되는 것이다.

민주주의 체제가 대체로 시행되고 있는 나라들에 있어서는 국민들의 정치적 성향을 편의상 강경 보수(극우), 보수, 중도, 진보 그리고 강경 진보(극좌)의 다섯 가지로 분류하고 있다. 보수는 대체적으로 현상 유지와 안정을 원하고 개인의 자유 중시, 전통 윤리의 고수, 친시장, 작은 정부, 반공산주의, 자국 우선을 선호하는 반면 진보는 대체적으로 변화와 개혁을 원하고 구성원 사이의 평등 중시, 윤리의 상대성 중시, 시장에 대한 규제, 큰 정부, 공산주의와의 대화, 국제간 협조를 선호하는 것으로 본다. 중도는 보수와 진보의 중간 입장에 속하는 것으로 본다. 한편 강경 보수(극우)는 보수적 원칙에 대한 절대적인 지지, 진보와의 대화 거부, 과격하고 비타협적인 행태를 특징으로 하고 있는 반면 강경 진보(극좌)는 진보적 원칙에 대한 절대적인 지지, 보수와의 대화 거부, 과격하고 비타협적인 행태를 특징으로 하고 있다.

기독교인들의 정치적 성향도 이러한 사회의 일반적인 정치 성향을 그대로 취하고 있다고 보아야 할 것이다. 기독교적 정치 성향이 따로 있는 것이 아니고 기독교인들의 정치 성향이라고 해서 사회 일반의 정치 성향과 차이가 있는 것이 아닌 것이다. 기독교인들도 사회 일반인으로서 정치 성향을 갖고 생활하는 것이다. 그렇기 때문에 저명한 기독교 신학자나 목사 가운데 어떤 사람은 보수주의자로 또 어떤 사람은 진보주의자로 활동하는 것이다. 그렇다면 이렇게 같은 성경을 보는 기독교인들이 이렇게 크게 다를 정치적 입장을 가지는 상황을 우리는 어떻게 이해할 것인가?

이 문제와 관련하여 우리는 몇 가지 사항을 생각해 볼 수 있다.

첫째, 성경이 인간 사회를 주제로 하는 것은 아니지만 정치를 포함한 인간 사회의 역사와 상황에 대하여도 풍성하게 보여주고 있으며 그 가운데서 하나님의 뜻을 계시하고 있다. 그러나 하나님의 정치에 관한 뜻을 인간이 편의적으로 규정하는 진보나 보수의 개념으로 제약할 수는 없는 노릇이다. 그런데 기독교인들은 성경 가운데서 자신이 이해하며 선호하는 부분을 가려서 보수로 또는 진보로 표현하는 것이라는 점이다. 예를 들어서 성경에서의 절대적 윤리 부분을 강조하여 이를 보수라고 표현하기도 하고 또는 가난한 자들에 대한 보살핌 부분을 강조하여 이를 진보라고 표현하기도 하는 것이다.

둘째, 기독교인이 보는 당시 사회의 현상이 필요로 하는 요소를 판단하여 진보 또는 보수 쪽으로 하나님의 뜻을 끌어 쓰기도 한다. 예를 들어서 그 사회의 정치체제가 심한 독재라고 보아 민주화가 필요한 상황이라고 판단하는 경우에는 진보가 하나님의 뜻이라고 주장하기도 하고 반대로 동일한 정치체제가 사회 안정에 기여하고 있다고 보아 현상 유지가 필요한 상황이라고 판단하는 경우에는 보수가 하나님의 뜻이라고 주장하기도 하는 것이다. 다만 극우와 극좌의 경우에는 서로 상대방의 존재를 무시하는 한편 서로에게 강한 적대감을 갖고 있기 때문에 이러한 편협하고도 교만한 사고와 태도는 비기독교적이라고 볼 수 있다. 따라서 기독교인들은 이러한 극단적인 성향은 피하여야 할 것으로 생각된다.

셋째, 이렇게 볼 때 우리는 성경에서 정치적 함의를 찾는 경우에는 자신의 주장을 뒷받침하기 위하여 편의적으로 해석하는 것을 경계해야 할 것이다. 성경이 오늘의 우리에게 주는 올바른 의미를 제대로 해석하기 위하여는 성경 해석학(hermeneutics)의 원리 외에도 통찰력과 비판적 판단과 현 세계에 대한 전문적 지식이 필요하다. 여기에 더하여 성경 본문만이 아니라 그 맥락적 의미를 이해하는 데 있어서도 영감을 주시는 성령님의 인도하심이 필요하다[57].

넷째, 기독교인들이 성경을 근거로 자신들의 정치적 성향을 결정하면

---

57)   Richard Bauckham, 《The Bible in politics: how to read the Bible politically》 2nd ed (Society for Promoting Christian Knowledge, London 2010), p. 19.

서도 그 입장에 일치를 보이지 않고 일반인들의 경우와 마찬가지로 진보와 보수로 갈리는 문제를 어떻게 받아들여야 할 것인가? 이 문제에 대하여 우리가 일차적으로 생각할 점은 앞의 항에서 보았듯이 성경 본문에 대한 바른 이해를 가지도록 노력함으로써 그릇된 이해를 최대한 피하는 것이 필요하다는 점이다. 그러나 우리는 바른 이해를 갖고자 최선의 노력을 하는 경우에도 그릇된 이해를 갖는 것을 피할 수는 없을 것이다. 또한 우리는 어느 것이 바른 이해인지를 분명하게 알 수도 없는 일이다. 아마도 우리가 다양한 이해를 갖는 쪽이 획일적인 이해를 가지는 쪽에 비하여 우리에게 보다 유익하리라 생각된다.

다섯째, 한편 비록 기독교인들의 정치 성향이 보수와 진보로 나뉘어 있다고 할지라도 많은 경우에 있어서는 개별 사안에 대하여 기독교인들이 일치된 입장을 보이는 경우 또한 많음을 알 수 있다. 간단한 예로 정부 또는 정치 분야에 있어서 부패를 줄이는 문제나 투표 과정에 있어서 공정성을 높이는 문제 등 정부의 도덕성을 높이는 노력 면에 기독교인들은 정치 성향에 관계없이 일치된 노력을 기울일 수 있는 것이다.

기독교인의 정치참여 방법 - 제한 없이 다양한 방법으로 참여

앞에서 우리는 기독교인의 정치참여의 유형을 방관자적 유형, 소극적 참여 유형 그리고 적극적 참여 유형의 세 유형으로 나누고 이를 투표의 예를 들어서 살펴본 바 있다. 그런데 기독교인이 사회생활을 함에 있어서 비록 정치와 관련하여 방관자적 참여 유형이나 소극적 참여 유형에 속한다고 할지라도 직업을 선택함에 있어서는 여러가지 분야에 여러가지 직업을 가지며 생활하게 된다. 그러다 보면 정치에 관하여는 방관자적이나 또는 소극적 참여 유형에 속한 사람이라도 직업에서는 정치와 관련이 있는 직업을 가질 수도 있는 것이다.

기독교인도 교인이 아닌 사람들과 마찬가지로 정치 분야에서 다양하게 활동할 수 있는 것이다. 그리고 기독교의 입장에서 이러한 기독교인의 다양한 정치활동 참여를 제한할 근거는 없는 것으로 생각된다. 어느 분야에서 어떤 일을 하든지 하나님의 뜻에 합당하게 일하면 될 것이다.

3 ____ <천주교의 정치에 대한 입장>
교황청 "간추린 사회 교리"

천주교의 경우에는 천주교회와 천주교인의 정치에 대한 태도에 대하여 공식적인 교리가 정리되어 있다. 이 내용을 2004년 교황청 정의평화평의회가 펴낸《간추린 사회 교리》[58]에서 찾을 수 있다. 이 '사회 교리'는 물론 정치 영역만 다룬 것은 아니고 사회 문제 전반에 대한 천주교의 핵심 교리를 583개 항으로 엮은 천주교인의 생활 지침서이다.

이제 '사회 교리'의 중요 내용 가운데 정치와 관련되는 내용을 추려보도록 한다.

(1) 주 예수께서 '값을 치르고' 얻으신 구원은, 의인들이 죽은 다음 얻는 새 생명을 통해서 이루어지지만, 경제와 노동, 기술과 커뮤니케이션, 사회와 정치, 국제 공동체, 문화와 민족 간의 관계와 같은 실재들을 통하여 이 세상에도 현존한다. (1 항)

(2) 하나님의 사랑으로 '새로워진' 사람들은 관계의 척도와 질을 바꿀 수 있으며, 사회 구조까지 변화시킬 수 있다. (4 항)

(3) 사회 교리를 가르치고 널리 펴는 일은 교회 편에서는 복음 전파의 사명의 일부가 된다. (7 항)

(4) 이 문서는 누구보다도 주교들을 위하여 작성된 것이다. 주교는 지상 사물과 인간 제도들도 창조주이신 하느님의 계획대로 인간 구

---

[58]   교황청 정의평화평의회, 《*Compendium of the Social Doctrine of the Church*》(2004), 한국 천주교 중앙협의회, 《*간추린 사회 교리*》(2005).

원을 위하여 마련된 것이며 따라서 그리스도의 몸을 이룩하는 데에 적지 않게 이바지할 수 있다는 사실을 가르쳐야 한다. (11 항)

(5) 먼저 교회는 그리스도께서 하시던 일 곧 '진리 증언' '구원'과 '섬김'을 사명으로 한다. (13 항)

(6) 삼위일체 하나님께서 이루시는 구원은 모든 인간과 인간 전체(全人)를 위한 보편적이고 완전한 구원이며 인간의 모든 차원 곧 개인적 사회적, 정신적, 육체적, 역사적 초월적인 것을 모두 포함한다. (38 항)

(7) 복음화(evangelization)와 인간 발전과는 깊은 유대가 존재한다. 인간학적 측면에서 볼 때 인간은 추상적 존재가 아니고 사회적 경제적 문제와 관련된 존재다. 신학적 측면에서는 부정과 싸우고 정의를 구체적으로 수립해야 하는 구원의 계획과 창조 계획을 분리시킬 수 없다. 복음적인 측면에서는 정의와 평화로 참된 인간 발전을 증진시키지 못한다면 사랑의 새 계명을 선포할 수 없다. (66 항)

(8) 사회 교리는 정의가 깃들어 있는 새 하늘과 새 땅을 역사 안에서 준비하고 예형적으로 선취하는(예시하는) 사회가 따라야 할 길을 가리켜 준다. (82 항)

(9) 공동선(共同善 common good 공익)은 정치권력의 존재 이유이고 사회생활의 목표이다. (168 항)

(10) 사회의 공동선은 그 자체로는 하나의 목적이 되지 않는다. 하느님께서는 당신 피조물의 궁극적 목적이시다. 예수님 그분 덕분에, 그분을 통하여, 그분께 비추어, 인간 사회를 포함한 모든 실재는 최고선이시자 그 완성이신 분을 향하여 나아갈 수 있다. (170 항)

(11) 정치 권위의 주체는 주권을 지닌 이들로 간주되는 국민 전체이다. (395 항)

(12) 교회는 두 가지 사목 활동, 곧 인간이 진리를 깨닫고 따라야 할 길을 선택하도록 돕는 일과 그리스도인들에게 사회 활동 분야에서 복음의 봉사 정신을 증언하도록 격려하는 일을 이끌어 주어야 한다. (525 항)

(13) 교회의 사회 교리는 특히 집약적이고 지속적인 평신도 교육 활동의 기초가 되어야 한다. (531 항)

(14) 사제는 사회 영역의 사목 활동을 활성화하고, 사회 정치 생활에 참여하고 있는 평신도 그리스도인들의 교육과 영적 동반에 특별한 주의를 기울여야 한다. (539 항)

(15) 평신도들의 임무는 자기 소명에 따라 현세의 일을 하고 하느님의 뜻대로 관리하며 하느님의 나라를 추구하는 것이다. (541 항)

(16) 사회생활에서 평신도의 존재는 사랑의 표지이며 표현인 봉사를 특징으로 하며, 이는 가정, 문화, 일, 특수한 측면의 정치 경제 영역에서 드러난다. (551 항)

(17) 평신도의 정치참여는 다른 사람들에 대한 그리스도인의 봉사 의무의 한 표현으로서, 이는 가치 있으면서도 어려운 일이다. 섬김의 정신으로 이루어지는 공동선의 추구, 빈곤과 고통 상황에 특별히 주목하면서 이루어지는 정의의 발전, 지상 실재들의 자율성 존중, 보조성의 원칙, 연대를 통한 대화와 평화 증진 등이 그리스도인 평신도의 정치활동의 기준들이다. (565 항)

(18) 그리스도인들이 신앙과 교회 구성원의 윤리적 요구에 완전히 부

합하는 정당을 찾기란 사실상 불가능하다. 어떤 한 정치 연합에 대한 그리스도인의 지지는 결코 이념적인 것이 되어서는 안 되며 언제나 비판적인 것이 되어야 할 것이다. (573 항)

(19) 교회는 사람들에게 하느님께서 악을 이기시고 선에 도달할 수 있는 참된 가능성을 베풀어 주신다고 가르친다. 주님께서는 '값을 치르시고'(너희는 값으로 산 것이 되었으니 고전 6:20) 인류를 구원하셨다. 그리스도인의 세상 참여의 의미와 토대는 죄가 인류 역사를 깊이 물들이고 있음에도 희망을 불러일으키는 이러한 확신에 바탕을 두고 있다. (578 항)

(20) 그리스도인의 희망은 사회 분야에 대한 투신에 더욱 큰 힘을 쏟게 한다. '지상 낙원'은 결코 존재하지 않을 지라도 더 나은 세상을 건설할 수 있을 것이라는 확신을 심어 주기 때문이다. (579 항)

이와 같이 천주교의 '사회 교리'는 천주교회와 천주교인의 사회참여에 대하여 신학적이고 체계적인 교리를 제시하고 있다. 여기에서 추린 항목들이 보여주듯이 천주교는 구원이 의인이 죽은 다음 새 생명을 통해서 얻는 것 외에 이 세상에도 존재한다는 넓고도 긍정적인 입장을 기본으로 하여 교회와 교인들의 사회참여에 대하여 적극적인 태도를 보이고 있다. 또한 사회 교리를 가르치는 것이 교회의 복음 전파 사명의 일부라고 보고 있다. 이에 따라 사제들이 평신도들의 정치참여 문제도 지도하도록 한다.

한편 평신도들의 정치참여는 하나님의 사랑으로 새로운 존재가 된 그리스도인들의 다른 사람들에 대한 봉사이다. 따라서 사랑의 표현으로

섬김의 정신으로 행할 것이며 공동선의 추구, 빈곤과 고통 상황에 특별히 주목하는 정의의 발전, 각 주체들의 자율성 존중, 보조성의 원리[59], 연대를 통한 대화와 평화 증진 등을 기준으로 할 것을 가르치고 있다.

여기에서 우리는 세 가지 점을 주목하게 된다. 첫째, 천주교의 특성상 사회관계에 있어서도 전체 천주교가 통일적이고 획일적인 교리를 마련하여 이를 실천한다는 점이다. 둘째, 천주교가 평신도들의 정치참여를 포함한 사회참여에 대하여 매우 긍정적인 태도를 가지고 있다는 점이다. 셋째, 천주교회가 평신도들의 정치참여에 있어서 사제들을 통하여 평신도를 적극적으로 가르치고 격려하고 있다는 점이다. 그리고 이러한 점들은 개신교의 경우와는 서로 구별이 되는 부문이라고 할 것이다.

---

59) 개인이나 하위 조직체가 할 수 있는 것을 집단이나 상위 조직체 또는 국가가 떠맡거나 빼앗지 않고 당사자 스스로 할 수 있게 도와주는 원리(도움의 원리).

7장

한국 기독교는
어떠한가

   우리는 앞의 4~6장을 통하여 기독교가 정치를 어떻게 보는지에 대하여 살펴보았다. 이 장에서는 한국의 기독교가 정치와 실제 어떠한 관계를 보이고 있는지에 대하여 1부에서 논의한 바를 기초로 하여 이를 살펴보도록 한다.

1 ____ 한국 기독교인들의 정치에 대한 관심

정치에 관심이 크지만
개인구원 강조, 기복신앙, 정교분리, 반공 요소 등의 혼재로 복잡

앞의 1부에서 보았듯이 한국인들은 정치에 대한 관심이 매우 크고 또 정치에 적극적으로 참여하며 살아왔다. 정치가 나라의 운명과 한국인들의 생존을 결정하여 왔기 때문이다. 이에 따라 한국의 기독교인들도 당연히 정치에 관심이 크고 또 정치에 적극 참여하며 살아왔다.

그런데 한국 기독교에서 교세가 가장 큰 보수 개신교는 절대적인 사명을 영혼 구원을 위한 복음 전도 곧 민족 복음화에 두면서 사회참여에 대하여는 부정적인 태도를 보여왔으며 정치에 대하여도 정교분리의 원칙을 강조하여 왔다. 그리하여 교회는 교인들에게 개인구원의 절대적인 가치를 가르쳐 왔다. 그런데 이렇게 교회가 개인구원에 역점을 두는 가운데서도 두 가지 흐름이 혼재되어 있다. 하나는 내세를 중시하여 천국에서의 영원한 삶을 가치를 강조하는 것이다. 그리하여 이 세상과 이 세상의 삶에 대하여는 별다른 가치를 두지 않는 정통 신앙의 흐름이다. 또 한편으로는 현세에서의 축복을 강조하는 기복신앙의 흐름이 있다. 그리고 이러한 번영신학의 흐름이 한국의 산업화 과정에서 개신교의 성장에 크게 기여한 바가 있다.

이 두 가지 흐름은 모두 신앙의 개인적 측면이 강조된 것으로 사회참여에 대하여는 별다른 의식이 없는 태도라고 할 것이다. 보수 개신교가 적어도 외형적으로는 정교분리의 원칙을 지키는 자세를 보였기 때문에 교인들은 정치적이거나 사회적 쟁점에 대하여는 회피적인 태도를 보여

왔다. 그럼에도 불구하고 반공과 관련된 문제에 대하여는 민감한 반응을 보였다. 많은 목사들과 교인들에게 있어서 반공은 정치의 문제라기보다는 신앙을 수호하는 문제로 받아들여졌던 것이다. 그렇기 때문에 한국의 주류 교회들은 앞에서도 지적하였듯이 정교분리의 원칙을 내세우면서 군사독재체제에 대한 진보 개신교의 저항을 정치활동이라고 비판하는 동시에 반공을 내세우는 군사독재체제를 지지함으로써 실제로는 정치에 참여하였던 것이다.

한국의 보수 개신교는 기본적으로 정치에 관심이 큰 사회적 문화를 배경으로 하는 가운데서도 개인구원에 절대적인 가치를 두고 있는 점, 내세를 중시하는 흐름과 기복신앙적인 흐름이 함께하는 점, 그리고 여기에 반공 요소 개입하는 점 등이 복잡하게 혼재하여 교회와 교인들이 정치에 대한 태도에 있어서 복잡한 양상을 보이고 있다고 할 것이다.

교세에 있어서는 소수이지만 진보 개신교의 경우에는 보수 개신교와 사뭇 다른 양상을 보이고 있다. 진보 개신교는 보수 개신교에 비해 상대적으로 사회 구원을 강조하며 기복신앙적인 성격이 거의 없으며 또한 반공보다는 공존을 지향하고 있는 편이다. 신학적으로나 사역 면에 있어서 사회참여차원에서 정치에 적극적인 태도를 보여왔다. 군사독재체제에 대한 저항을 통하여 민주화운동에 헌신한 것이 그 대표적인 예라고 할 것이다.

천주교: 정치에 대하여 보다 긍정적이고 적극적인 태도

한편 천주교의 경우에는 그 체제의 단일성과 교리의 통일성으로 인하여 개신교와 같은 정치에 대한 혼란을 눈에 띄게 보이지는 않고 있다고 하겠다. 특히 앞의 사회 교리의 내용에서 보았듯이 천주교는 전통적으로 이 세상에 대하여 하나님께서 창조하신 것이라는 긍정적인 관점을 갖고 있다. 그리고 구원관에 있어서도 영적인 부문은 물론 육체적, 사회적, 사역적, 현세적 측면 등 전인적이고 광범한 입장을 취하고 있어서 정치에 대하여도 개신교에 비해 상대적으로 긍정적이고 적극적인 태도를 보이고 있다.

　사회 교리가 집대성되기 이전이지만 천주교의 한국사회에 있어서 사회참여의 대표적인 예가 천주교 전체가 참여한 1970~1980년대의 민주화운동이었다.

2 ___ 한국에서의 교회와 정부의 관계

보수 개신교는 교인들의 정부에 대한 복종을,
진보 개신교와 천주교는 정부의 정의 실현을 중시

앞에서 보았듯이 기독교는 교인들에 대하여는 정부는 하나님께서 세우신 것이니 정부에 복종할 것을 강조하는 한편 정부에 대하여는 정부의 책무가 정의의 실현이라는 점과 정부는 하나님 앞에 책임을 져야 한다는 입장이다.

그런데 한국의 경우에는 개신교 주류인 보수 개신교는 교인들의 정부에 대한 복종을 강조하는 반면 진보 개신교는 정부가 정의로울 것을 요구하는 성향이 강하다. 그리하여 보수 개신교는 이승만 독재 정권은 물론 박정희, 전두환의 군사독재에 대하여도 복종하고 지지하는 태도를 보였다. 동시에 보수 개신교는 군사독재 정권과 마찬가지로 정교분리의 원칙을 강조하면서 정권에 대한 비판은 정치활동이며 따라서 정교분리 원칙에 반하는 것이라고 비판하였다.

한편 진보 개신교는 기장과 교회협을 중심으로 천주교는 김수환 추기경을 비롯한 천주교 전체가 군사독재체제에 대하여 이를 정의롭지 못한 정부로서 국민을 위하여 존재하기보다는 권력의 유지를 위하여 국민을 억압하고 있다고 주장하며 정권에 저항하였다.

이러한 보수와 진보 개신교와 천주교의 정부에 대한 태도는 1987년 6월 민주항쟁 후 30년이 지난 2017년 박근혜 대통령 탄핵에서 다시 한번 되풀이되었다. 당시 최순실 국정 농단으로 인한 박근혜 대통령의 퇴진을 촉구하는 촛불 집회 정국에서 진보 개신교 진영과 천주교는 박근혜 대통령의 퇴진을 주장한 반면 보수 개신교 가운데 극우 집단은 탄핵 반대 집회에 참석하며 탄핵에 반대하였다. 다만 보수 개신교의 다수는 특별한 입장 표명이 없었다. 이와 같이 한국 기독교는 교회와 정부의 관계에 있어서 한편에서 보수 개신교와 또 한편에서 진보 개신교와 천주교는 크게 다른 입장을 보여왔다.

보수 개신교는 보수 정부를, 진보 개신교와 천주교는 진보 정부를 선호

한국에 있어서 정부의 성격을 보수와 진보로 나누어 볼 때 보수 개신교는 보수 정부를 그리고 진보 개신교와 천주교는 대체로 진보 정부를 선호하는 경향을 보이는 것으로 생각된다. 이는 이들의 신학적 입장과 정치적 입장이 같은 상황에서 자연스러운 현상이라고 할 것이다.

곧 정부의 성격이 보수적이라고 볼 수 있는 이승만 정부, 박정희 정부, 전두환 정부, 노태우 정부, 김영삼 정부, 이명박 정부와 박근혜 정부의 경우에는 보수 개신교가 이들 정부를 지지한 반면 정부의 성격이 진보적이라고 볼 수 있는 김대중 정부, 노무현 정부와 문재인 정부의 경우에는 진보 개신교가 이들 정부를 지지하였다.

이와 같이 보수 개신교가 보수 정부를 선호하고 진보 개신교가 진보 정부를 선호하는 것은 두 가지 요소에 기인하는 것으로 생각된다. 첫째 요소는 보수 개신교가 아무래도 경제적 평등보다는 경제성장과 산업화 등 나라가 부강해지는 것에 관심이 많으므로 경제개발과 산업화에 집중한 박정희, 전두환, 이명박 정부 등을 선호한 반면 진보 개신교는 경제성장보다는 공정한 분배 등 경제적 평등에 관심이 많으므로 김대중, 노무현, 문재인 정부에 호감을 갖고 있다는 점이다.

그런데 이보다 더욱 강한 영향력을 발휘한 요소가 앞에서도 지적한 반공 요소라고 하겠다. 보수 개신교는 반공을 절대적으로 중시하여 반공을 내세우는 정부라면 군사독재체제라도 지지해 온 것이다. 그리하여 보수 개신교는 이승만 정부, 박정희 정부와 전두환 정부를 지지한 반면 북한에 유화적인 입장을 보인 김대중 정부, 노무현 정부 및 문재인 정부에는 강한 반대를 보였다. 반면 진보 개신교는 반공보다는 남북한 간 평화공존을 중시하여 김대중 정부, 노무현 정부와 문재인 정부를 선호하였다고 할 것이다.

한편 천주교는 전체적으로 보아 한국 기독교 가운데 가장 일찍부터 조직적으로 그리고 광범위하게 사회사역에 힘을 기울여 왔으며 이 과정에서 정의구현을 매우 중시해 온 전통이 있다. 천주교는 한국사회의 산업화 과정에서 1966년에 '가톨릭 농민회'를 조직하였으며 1970~1980년대에는 앞에서 본 바와 같이 민주화운동에 주도적으로 참여하였다. 전두환의 12.12쿠데타에 대하여는 단호히 이를 비판하였다. 민주화 이후에는 통일운동 생명운동, 환경운동 등의 사역에 적극적으로 임하고 있다. 이러한 사회사역의 진보적 성향에 비추어 볼 때 천주교는 의도적인 것은 아니겠으나 대체로 진보 정부와 가까운 성향을 보이고 있는 것으로 생각된다.

한 번의 저항운동에 주도적으로 참여하다

한국사회는 1948년의 정부 수립 이후 네 번의 비 정상적 정권교체를 경험하였다. 그 첫 번째가 1960년 4.19혁명에 의한 이승만 독재 정권의 몰락이고 두 번째가 1961년 박정희의 5.16군사쿠데타에 의한 장면 내각 책임제의 폐지이고 세 번째가 1987년 6월 민주항쟁에 의한 전두환 군사독재체제의 종식이고 네 번째가 2016년 말의 촛불 시위에 따른 박근혜 대통령의 탄핵이다.

네 번의 비정상적인 정권교체에 있어서 세 번째 6월항쟁의 경우에는 앞에서 보았듯이 진보 개신교와 천주교가 군사독재체제에 저항하는 민주화운동에서 주도적인 역할을 담당하였다. 군사독재체제에 저항한 민주화운동의 주도적 참여는 한국 기독교 역사와 한국 역사에 있어서 매우 중요한 의미를 가지는 행동이라고 할 것이다. 이제 이 민주화운동이 가지는 의미를 보도록 하자.

첫째, 기독교가 정치에 직접적으로 참여한 특별한 경우라는 점이다.

우리가 아는 바와 같이 정교분리의 원칙은 오랜 기간 동안 역사적 경험을 통하여 생성된 종교와 정부의 관계에 있어서 매우 중요하고도 가치 있는 원칙이라고 할 것이다. 그런데 여기의 민주화운동은 이러한 정교분리의 원칙에 벗어나 교회가 정치에 직접 뛰어든 특별한 경우라는 점이다.

둘째, 또한 이 민주화운동은 교회의 정부에 대한 저항과 불복종 행위였다는 점이다.

앞에서 보았듯이 교회 또는 교인이 정부에 저항 또는 불복종하는 행위가 성경적 허용 여부와 그 방법에 대하여 여러 가지 견해가 있는 것이다. 예를 들어서 미국이 영국으로부터 독립하기 위하여 벌인 독립전쟁의 정당성에 대하여도 기독교 안에서 찬반이 갈리는 것이다[60].

---

60) Norman L. Geisler는 미국의 영국에 대한 독립전쟁이 정당성이 없다고 보는 반면 Wane Grudem은 정당하다고 보고 있음. Norman L. Geisler, 《Christian Ethics - Options and Issues》 (Baker Books, 1989), p. 254와 Wane Grudem, 《Politics According to the Bible》 (Zondervan, 2010), p. 89를 참고할 것.

그러나 여기의 한국 기독교의 민주화운동의 경우는 당시 전두환 정권이 이러한 민주화운동에 굴복하여 결과적으로 인명 피해 없이 평화적으로 대통령 직선제 개헌이 이루어지고 이후 지금까지 제6공화국이 진행되고 있다는 점에서 민주화운동의 정당성이 입증되었다고 볼 것이다.

셋째, 또한 이러한 민주화운동이 내용적으로는 정부에 대한 저항운동이었지만 그 방식은 비폭력 시위와 성명서 발표 등 철저하게 비폭력적이고 평화적인 방법에 의한 것이었다는 점이다.

이러한 점에 비추어 기독교의 민주화운동은 한국 기독교와 한국사회로 보아 역사적으로 긍정적인 평가를 받을 수 있는 저항운동이었다고 할 것이다.

3 ____ 한국 기독교인의 정치참여

기독교인들, 적극적으로 정치에 참여

한국의 기독교는 1948년 정부 수립 이후 보수 개신교와 진보 개신교 그리고 천주교 모두가 공식적으로는 정교분리 원칙을 존중하며 통상적인 정치에는 관여하지 않는 태도를 보이고 있다. 다만 앞에서 보았듯이 진보 개신교와 천주교는 정의 실현의 차원에서 군사독재체제에 대하여 저항하며 민주화운동에 주도적으로 참여하였다.

그러나 기독교인들은 개인 차원에서 자유롭게 정치에 참여하여 왔다.

개신교인들은 미군정 시기부터 시작하여 이승만 대통령 정부에서 요직에 다수 참여하였으며 이후 군사독재 시대에서도 그리하였고 그 뒤 김영삼, 이명박 대통령 때에는 대통령들이 자신의 종교적 성향을 거리낌 없이 나타내는 성향을 보이는 가운데 개신교인들의 정관계 진출도 활발하였다.

친기독교적 사회 분위기를 배경으로 하여 기독교인들의 개인 차원에서의 정치참여는 매우 활발한 편이라고 하겠다. 언론 보도를 보면 21대 국회의원 가운데 개신교인은 약 40% 정도 그리고 천주교인은 약 25% 정도인 것으로 추정되고 있다. 이는 이들 종교의 인구 비중의 각각 2배와 3배 수준인 것이다. 그리하여 둘을 합한 기독교인의 비중은 국회의원 전체 300명 가운데 반은 넘는 것으로 보인다. 결국 한국의 기독교인들은 정치에 활발하게 참여하고 있다고 볼 것이다.

여기서 한 가지 눈에 띄는 것은 천주교인의 활발한 정치참여다. 그동안 한국의 선출에 의한 대통령 및 내각제 총리는 모두 열한 명이었는데 이들 가운데 천주교는 장면 총리, 김대중, 문재인 대통령 세 명이다. 개신교 대통령은 이승만, 김영삼, 이명박 대통령 세 명이고 불교는 노태우 대통령 한 명이다. 그 외 박정희, 전두환, 노무현 그리고 박근혜 대통령 네 명은 어느 종교에도 속하지 않았다. 여기에서 보듯이 천주교는 개신교와 함께 세 명의 대통령 또는 총리를 배출한 것이다. 천주교인의 국회의원 진출도 매우 활발한 편이다. 2000년 16대 국회 이후 2020년 21대 국회에 이르기까지 여섯 차례 국회에서 천주교는 꾸준히 25% 내외의 비중을 보이고 있다.

그러나 제자도의 실천은 약한 편으로 보임

위에서 대통령과 국회의원의 예를 통하여 보았듯이 개신교과 천주교를 합하여 한국 기독교 교인들의 정치참여는 활발한 편이라고 하겠다. 그러나 이러한 기독교 정치인들이 실제 얼마나 그리스도의 제자도에 충실하게 정치활동을 하는가 하는 문제에 대하여는 확실하게 '그렇다'고 말하기는 어려운 것으로 생각된다. 물론 이 정치인 개인들이 스스로 판단하며 생활하는 문제라고 할 것이며 이에 대하여 제3자가 평가할 수는 없는 일이라고 할 것이다.

그렇기는 하지만 대체로 보아서 국민들은 한국의 기독교 정치인들이 도덕적 측면이나 정치적 활동에 있어서 비 기독교인 정치인들에 비하여 뚜렷하게 낮게 보고 있지는 않은 것으로 생각된다. 한국사회에서 정치인의 신뢰도가 매우 낮은 상황인 것이다. 또한 여당과 야당의 극한적인 감정 대립과 저급한 언행 등으로 미루어 볼 때 기독교 정치인들의 존재를 느끼기 어려운 실정이라고 할 것이다.

기독교 정치권력화 논란 - 실제로는 정치권력화 약함

한국사회에서 특히 개신교와 관련하여 기독교인의 기득권 계층 논란 또는 개신교의 정치권력화 논란이 있다[61]. 먼저 한 가지 지적하고자 하는 것은 천주교는 이러한 논란에서 제외되고 있다는 사실이다.

앞에서 여러 번 논의한 바 있지만 개신교는 미군정 때와 이승만 대통령 때 그리고 군사독재체제 때에도 보수 개신교가 정권과 협동 관계를 유지하였고 그 뒤 민주화 이후에도 김영삼, 이명박 대통령 때에 그 영향력을 키웠고 그 이후에도 한국사회에서 정치, 사회적으로 중요한 집단으로 자리잡았다.

그러나 현 단계 한국 상황에서 개신교인의 정치권력화 현상이라는 평가는 사실과는 거리가 있는 진단이라고 생각된다. 이렇게 보는 이유를 몇 가지 제시하고자 한다.

첫째, 한국의 정치 행태는 극도로 정파적으로 이루어지고 있어서 종교의 영향력이 작다는 점이다. 국회의 경우 당에서 결정하면 국회의원들은 모두 맹목적으로 따르는 상황인 것이다. 그리하여 개신교 집단의 존재감이 드러나지 않는 상황이다.

둘째, 한국의 정치인은 자신의 종교를 밝히는 것도 매우 조심스러워하고 있다는 점이다. 사회의 전반적인 분위기가 개인적 사생활에 속하는 종교를 밝히기를 꺼려하고 있는 데다 정치인은 더욱 그러한 편이다. 여기에 더하여 대부분의 개신교인의 경우에도 자신이 교인임을 떳떳이 밝힐 만큼 충실하게 기독교적으로 살지 못하고 있다는 부담감을 안고 살고 있다고 할 것이다.

---

61) 백중현, 《대통령과 종교: 종교는 어떻게 권력이 되었는가?》(인물과 사상사, 2014)를 참고할 것.

셋째, 개신교인의 정치적 성향이 극우, 보수, 중도, 진보, 극좌로 극과 극에 이르도록 다양하게 나뉘어 있어서 개신교인으로서 공통적인 입장을 가지기가 매우 어려운 실정인 것이다. 예를 들어 최근 다시 논란이 되고 있는 차별금지법의 경우에도 보수 개신교는 입법에 강경하게 반대하고 있지만 진보 개신교는 입법에 찬성하고 있는 상황인 것이다. 같은 개신교인이라고 하더라도 정치적 성향이 다르면 서로 대화도 안하고 상대를 혐오하는 실정이라 서로 협조가 이루어지기도 힘든 상황이다.

넷째, 개신교의 노령화 현상이 개신교의 사회적 영향력을 약화시키는 방향으로 작용할 것이라는 점이다. 앞에서 보았듯이 개신교는 빠르게 노령화 현상을 보이고 있어서 교회 안에 청년층과 장년층의 비중이 작아지고 있는 상황이다. 이렇게 사회적으로 활동적인 연령층이 줄어드는 상황에서 개신교의 사회적 영향력은 계속 작아지는 추세를 보일 것으로 예상되고 있다.

이러한 여러가지 이유로 인해 개신교의 정치권력화 논란은 개신교의 영향을 지나치게 크게 본 것이라고 생각된다.

개신교인들은 기독교 정당의 출현에 대하여는 부정적

앞에서 보았듯이 그동안 개신교 인사들에 의한 기독교 정당의 창당이 노무현 정부 때인 제17대 국회의원 선거 이후 선거 때마다 있었고 한국 개신교회에서 가장 영향력이 있는 목사들이 적극 참여하였지만 그 결과는 단 한 명의 국회의원도 선출하지 못한 채 모두 실패하고 정당 등록도 취소되었다.

그런데 흥미로운 것은 당시 기독교 창당을 추진한 교회 지도자급 인사들은 기독교 창당에 대하여 매우 낙관적인 예상을 하였다는 점이다. 그리하여 그들은 당연히 기독교 정당에서 다수의 국회의원들이 당선된 것으로 보았던 것이다. 그러나 막상 기독교정당들은 개신교인에게도 외면당하였던 것이다. 이러한 사정은 그 이후에도 국회의원 선거 때마다 되풀이되었다.

이러한 기독교 정당들의 출현에 있어서 한 가지 흥미로운 사실은 창당을 추진하는 인사들이 강한 보수 또는 극우적인 성향을 띠고 있다는 점이다. 개신교에 있어서 정치적으로 극우 성향의 개신교인들이 정치활동에 가장 적극적이라는 점을 보여주고 있다고 할 것이다. 그리고 이러한 현상은 한국의 보수 개신교가 정교분리의 원칙을 강조해 온 사실과는 매우 대비가 된다고 하겠다.

3부

한국 기독교는 정치에 어떻게 대응해 나가야 하나

8장

〈되짚어 보기〉
한국사회의 시대적 성격의 변화와 기독교의 과제

＊＊＊＊

　지금까지 우리는 기독교가 한국에 들어온 이후 오늘에 이르기까지 기독교와 정치의 관계가 어떻게 진행되어 왔으며 그 결과 현 단계에서 어떠한 과제를 가지고 있는지를 살펴보았다. 다음으로 우리는 한국 기독교가 이러한 과제에 대하여 어떻게 대응할 것인가 하는 문제에 대한 지침을 얻기 위하여 기독교가 정치를 어떻게 보고 있는지를 살펴보았다. 이러한 논의들을 바탕으로 하여 이제 우리는 한국 기독교가 정치에 어떻게 대응할 것인가 하는 과제를 대할 수 있게 되었다.

　이 과제에 바로 들어가기에 앞서 한국 기독교가 처한 시대적 성격의 흐름을 넓은 관점에서 조망함으로써 한국 기독교가 마주하고 있는 과제의 내용을 보다 정확히 하고자 한다. 이러한 조망은 지금까지의 논의를 보다 거시적 관점에서 되짚어 보는 일이 되겠다.

1 ____ 한국사회의 시대적 성격의 변화

해방 이후 오늘에 이르기까지 한국사회의 시대적 성격을 대체로 다음과 같이 규정하고자 한다.

1) 1945~1960: 정부 수립 및 정착기
2) 1960~1980년대: 산업화 시대
3) 1990~2010년대: 민주화 시대 1기 (제도적 민주화 시대)
4) 2020년 이후: 민주화 시대 2기 (실질적 민주화 시대)

1) 1945~1960: 정부 수립 및 정착기

이 시기는 해방 후 3년간의 혼란을 거쳐 1948년에 남한은 민주주의 체제 그리고 북한은 공산주의 체제로 각각 정부를 세움으로써 고려와 조선을 거치며 천 년 동안 유지된 통일 국가가 일제 합병 35년 이후 분단 국가로 출발하였고 바로 2년 후 6.25전쟁이 발발하여 3년간 혹독한 전쟁을 치렀다.

남한의 경우 이승만 독재와 4.19혁명 장면 내각의 12년간은 혼란 가운데서도 전후 신생 국가로 자리잡는 시기였다. 경제적으로도 1인당 국민총소득이 1953년 67달러 1960년 80달러로 세계적으로 가장 가난한 편이었다. 이러한 혼란과 가난 가운데서도 1950년 봄 토지개혁이 실행되고 이어서 전쟁 중에 초등학교 6년에 대한 의무교육이 추진됨으로써 자본주의와 민주주의의 토대가 마련되었다. 그리고 여기에 더하여 국민들의 뜨거운 교육열이 발휘되어 이후 한국사회가 산업화와 민주화를 차례로

성취하며 나아가게 되리라는 것을 예지하게 하였다. 그러나 정치 사회
적으로는 혼란기였다. 민주주의 체제도 자리 잡지 못하였고 경제개발도
시작되지 못하였다.

2) 1960~1980년대: 산업화 시대

1961년의 박정희의 5. 16군사쿠데타부터 1979년의 박정희 사망을 거쳐
1988년 전두환의 제5공화국 대통령 퇴임에 이르는 27년은 정치적으로는
군사독재 시대 그리고 사회 경제적으로는 산업화 시대라고 하겠다.

이 기간 중 한국은 군사독재체제 하에서 수출주도형 공업화를 통한 경
제개발을 성공적으로 추진하여 한국을 세계 최빈국 국가에서 중소득 국
가로 도약시켰다. 기간 중 한국은 세계에서 가장 빠른 경제성장을 이룩
하였는데 그 결과 1인당 국민총소득은 1961년 85달러에서 1988년에는
4,718달러로 급격하게 증가하였다. 이리하여 한국은 가난에서 벗어났다.

<표4> 1인당 국민총소득 (명목, 미 달러)

연도	달러	연도	달러
1953	67	1988	4,718
1955	65	1990	6,602
1960	80	1995	12,522
1961	85	2000	12,179
1965	110	2005	19,262
1970	258	2010	23,118
1975	618	2015	28,814
1980	1,677	2017	31,734
1985	2,427	2019	32,115

자료: 한국은행

이러한 공업화를 통한 경제개발은 불과 30년만에 한국사회의 성격을 전통적인 농업사회로부터 근대적 산업사회로 변화시켰다. 곧 산업별 종사자 구성을 보면 1963년에는 1차 산업(농림 어업)의 비중이 63%로 전체 산업의 거의 3분의 2에 달하는 한편 2차 산업(제조업 건설업)의 비중은 9%에 지나지 않고 3차 산업(상업 서비스업)의 비중은 28%로 한국의 산업구조가 농업 중심 구조임을 단적으로 보여주고 있다. 30년이 채 지나지 않은 1990년에는 1차 산업의 비중이 18%로 급격히 감소하여 2차 산업과 3차 산업보다 작아졌다. 반면 2차 산업의 비중은 28%로 커지고 3차 산업 또한 54%로 늘어남으로써 산업구조가 근대적 산업사회로의 변화를 보여주고 있다.

이러한 급격한 산업구조의 변화는 한국사회의 경제 사회 문화 전반에 걸쳐서 엄청난 양적, 질적 변화를 초래하였다. 30년 동안 한국은 산업화에 성공하였고 이러한 산업화는 한국사회의 성격을 전통사회에서 산업사회로 근본적으로 변화시킨 것이다.

<표5> 산업별 종사자 구성 (%)

	1차산업 (농림 수산업)	2차산업 (제조업 건설업)	3차산업 (상업 서비스업)
1963	63	9	28
1970	51	14	35
1980	34	23	43
1990	18	28	54
2000	11	20	69
2010	6	17	77

자료: 통계청 경제활동인구조사

3) 1990~2010년대: 민주화1기(제도적 민주화 시대)

1987년 6월 민주항쟁으로 전두환 정권이 민주화운동에 굴복하여 대통령 직선제를 핵심으로 하는 제6공화국이 1988년에 출범함으로써 한국사회는 군사독재체제 아래서의 산업화 시대를 끝내고 민주화 시대로 들어섰다. 그리하여 한국사회는 처음으로 본격적인 민주화 시대가 시작되었다. 이 시대를 제도적 민주화 시대 또는 민주화1기라고 부르고자 한다.

한국은 1948년 정부 수립과 함께 민주주의 체제로 출발하였지만 이승만 독재와 장면 혼란기 박정희, 전두환의 군사독재체제로 이어지면서 민주주의가 제대로 시작되지 못하였다. 권력은 독재자인 대통령에 의하여 독점되었고 국민은 독재 정권의 들러리 역할만 하였다. 또한 박정희 주도 하에 산업화가 추진된 기간 동안에 다수 국민들은 경제개발을 위해서는 독재를 허용하는 태도를 보이기도 하였다. 그러다가 1980년대 후반기에 이르러서 산업화의 성과로 생활 수준이 높아짐에 따라 국민들의 민주화 의식이 높아지면서 더 이상 독재를 허용하지 않게 된 것이다. 국민이 민주적 절차에 따라 집권자를 선택하는 민주화 시대가 비로서 시작된 것이다. 그리고 이 기간 동안 한국의 민주화는 빠르게 진전되었다. 과거 박정희 전두환 시대에는 생각도 못했을 만큼 언론 자유가 행사되었고 정당의 정치활동도 별다른 제약 없이 이루어졌다.

민주화 진전은 국제적 평가에서도 나타났다. 영국의 이코노미스트지가 2006년 이후 발표하고 있는 각국의 민주주의지수 순위를 미국 및 일본과 비교하여 보면 한국은 2006년에 세계에서 31위로 중상위권에 자리 잡고 있다. 다만 미국 17위와 일본 20위에 비하여는 눈에 띄게 낮은 편이다. 그러나 2012년에는 20위로 미국과 일본보다 높게 되었고 그 뒤 이

나라들보다 낮아졌으나 2017~2019년에는 다시 미국과 일본보다 높게 나오고 있다. 곧 한국은 군사독재체제가 물러난 이후 20년이 지난 2010년대에 들어와서는 미국 일본과 같은 수준의 민주화 수준을 보이게 된 것이다.

<표6> 한국 미국 일본의 민주주의 지수 순위

2006	미국 17	일본 20	한국 31
2010	미국 17	한국 20	일본 22
2012	한국 20	미국 21	일본 23
2014	미국 19	일본 20	한국 21
2015	미국 20	한국 22	일본 23
2016	일본 20	미국 21	한국 24
2017	한국 20	미국 21	일본 23
2018	한국 21	일본 22	미국 25
2019	한국 23	일본 24	미국 25

자료: 영국 The Economist Intelligence Unit, Democracy Index 각 년도

4) 2020년대 이후: 민주화2기(실질적 민주화 시대)

이와 같이 한국사회가 민주화 시대를 열어 가는 가운데 2016년 말의 박근혜 대통령의 국정 농단에 항의하는 촛불 집회와 이에 따른 2017년 3월의 박근혜 대통령 탄핵 사태는 그동안의 한국사회의 민주화가 제도적 민주화 단계에 머물며 실질적인 민주화에는 이르지 못하였다는 점을 보여주었다.

곧 겉으로 보는 제도적 측면에서는 민주주의 체제가 정상적으로 작동하고 있는 것처럼 보였지만 실제 운영면에서는 민주주의 체제가 제대로

작동하지 않았던 것이다. 대통령의 국정 운영이 사적인 측근에 절대적으로 의존하여 이루어지고 있었고 측근의 사익 추구 행위 또한 국가 기관에 의한 점검이 이루어지지 않았던 것이다. 한마디로 말해 법치가 이루어지지 않았고 이로 인하여 국가가 정상적인 기능을 발휘하지 못한 것이다. 이미 그 이전 2014년에 발생하여 250명의 고등학생을 포함한 300명이 넘는 사망자를 낸 세월호 침몰 사건은 사고의 규모와 비극성 외에 사고 원인, 구조 활동, 정부의 대처, 사건 수사, 법적 조치, 사회적 반응에 이르기까지 모든 과정이 총체적 부실과 혼란을 보임으로써 한국사회의 후진성과 비정상성을 적나라하게 보여주었다. 이로써 한국사회는 그동안의 산업화와 민주화에도 불구하고 아직 갈 길이 멀다는 것을 절감하게 하였다. 2017년 박근혜 대통령의 탄핵과 구속 그리고 다음 해 이명박 전 대통령의 구속은 이러한 사실을 더욱 웅변하였다.

그러나 한편으로는 촛불 시위가 엄청난 규모와 기간에도 불구하고 완전하게 평화적으로 진행된 점과 이후 대통령 탄핵 과정이 철저하게 민주적 법 절차에 따라 진행된 점은 한국사회가 이제는 법치가 자리 잡아가고 있다는 것을 보여주고 있다고 하겠다. 박근혜 대통령 퇴임과 문재인 대통령 취임으로 한국사회는 1988년 민주 체제가 시작되고 30년을 지나는 지금 보수 정부와 진보 정부가 각각 두 대통령의 시기를 마치고는 정권이 교체되는 과정이 이제 세 번째로 이루어지고 있다는 점이다. 이러한 10년을 주기로 하는 국민의 선책에 의한 정기적인 정권교체는 한국사회로 하여금 단기적인 정권교체로 인한 혼란이나 장기 집권에 따른 이념 편향과 권력형 부패를 피하게 함으로써 이념 방향성의 안정화와 법치의 확립에 도움을 주고 있다고 생각된다.

이렇게 볼 때 박근혜 대통령 탄핵은 한국사회로 하여금 실질적인 민주화 또는 민주화 2기를 향하여 한걸음 나아가게 하는 계기가 되었다고 할 것이다. 또한 2020년 초 이후 세계적인 코로나19 대유행 과정에서 한국은 세계 최고 수준의 방역 능력을 보여줌으로써 한국 체제의 뛰어난 기능성과 한국국민의 높은 집단적 위기 대응 능력을 보여줌으로써 지금까지의 한국사회의 진행에 대해 긍정적인 평가를 내리게 하고 있다고 생각된다.

그러나 한국사회는 소득 및 부의 양극화와 이에 따른 사회 계층의 대물림이 고정화 추세를 보이고 있는 것이 크게 우려되는 상황이다. 그리고 이러한 상황을 반영하여 보수와 진보가 첨예하게 대립되어 있다. 그렇기 때문에 한국사회에서 중산층과 중도 층의 형성이 어려워지고 이에 따라 국민 통합이 점점 더 어려워질 가능성이 크다고 할 것이다.

한편 한국사회에서 실질적 민주화가 진행되어 가는 것은 크게 환영할 일이지만 이와 함께 계속 진행되는 한국사회의 개인주의 확산과 자유의 존중 추세는 한국사회의 정신적 서구화를 더욱 진전시켜 기독교가 대비하여야 할 과제도 생성되는 측면이 있음을 이해하여야 할 것이다. 이러한 개인주의의 확산과 자유의 존중 추세는 동성애 문제, 동성 결혼 문제와 종교적 다원주의에 대한 기독교의 대처를 더욱 어렵게 할 것으로 생각된다.

2 ____ 한국사회의 시대적 성격의 변화가
한국 기독교에 주는 의미

시대적 성격 변화 세 가지

앞에서 우리는 한국사회가 30년간의 산업화 시대와 뒤를 이은 30년의 제도적 민주화 시대 또는 민주화1기를 거쳐 이제 실질적 민주화 시대 또는 민주화2기로 들어섰다는 점을 살펴보았다. 이러한 실질적 민주화 시대로의 시대적 성격의 변화는 특히 다음 세 가지 사항을 진행시키고 있다고 생각된다.

첫째, 실질적 민주화의 진전은 한국사회로 하여금 법치의 실현과 공정성 중시의 방향으로 진행되고 있다는 점이다.

종전 민주화1기 동안에 제도적 민주화는 이루어졌지만 문제는 집권자 등 권력과 부를 가진 이른바 특권층에게는 법이 제대로 지켜지지 않았다는 점이다. 이에 대한 국민들의 반발이 박근혜 대통령 탄핵으로 이어진 것이다. 따라서 실질적 민주화의 핵심은 법치의 실행에 있다고 할 것이다. 곧 법이 권력층이나 부유계층에게도 그렇지 않은 계층의 경우에서와 같이 동일하게 적용되어야 하는 것이다. 이는 곧 법 집행의 공정성을 말하는 것이다. 따라서 사회 전반에서 공정성이 더욱 강조되고 있다.

둘째, 한국인의 특성이 집단주의적 위계적 사고에서 개인주의적 평등적 사고로 빠르게 진행되고 있다는 점이다.

지난 날 산업화 시대에서는 박정희 대통령이 결정을 하고 지시를 하면 정부 각 기관과 전 국민이 일치 단결하여 열심히 일하고 그 결과가 수출목표 달성과 높은 경제성장률로 이어졌다. 국민 한 사람 한 사람이 국가를 위하여 위에서 시키는 대로 열심히 일하면 나라 전체가 잘 살게 되는 것이다. 이렇게 한국사회의 집단주의적 위계적 사고방식이 산업화에 큰 도움이 되었다. 그러나 민주화가 진행되면서 개인이 나라를 위하여 희생한다는 생각은 약해지고 있고 사람은 모두 평등하다는 사고가 점점 강하게 자리잡게 된 것이다. 곧 개인주의의 확산과 자유 존중 추세가 강화되고 있다.

셋째, 인터넷 시대가 전통적, 사회적 관계 경로를 변화시키고 있다는 점이다.

위의 세 가지 환경 변화가 소프트웨어(software)측면의 변화인 반면 인터넷 시대의 도래는 하드웨어(hardware)측면의 변화이다. 한국사회가 민주화1기 중이었던 2000년대에 들어오면서 인터넷이 급속히 보편화되었고 곧이어 휴대전화 또한 일상화되면서 디지털 매체들이 사람들 사이의 직접 대면이나 종이 매체를 통한 전통적 소통 경로를 대체하고 있다. 이러한 소통 수단의 변화는 사회적 소통을 신속하고 광범위하고 비인격화 하도록 변화시켰다. 아직 인간 사회가 이러한 새로운 물결에 대하여 적절하게 대처하는 방법을 배우기 전에 그 편리함과 해악을 아울러 경험하며 나아가는 상황이다. 그리고 한국은 이러한 변화에 있어서 세계적으로 선두에 서 있는 상황이다.

시대적 성격 변화가 한국 기독교에 주는 의미

이러한 시대적 환경의 변화가 기독교에 주는 의미에 대하여 생각해 보자.

첫째, 법치와 공정성의 강조가 교회에 대하여 보다 높은 윤리 수준을 요청한다는 점이다.

법치와 공정성의 강조는 한국사회 곳곳에 보다 엄격한 공적 윤리의 실천을 요구하고 있다. 이러한 경향은 이미 박근혜 대통령 탄핵 이후 진행되고 있다. 따라서 한국교회 또한 한국사회로부터 한층 높은 수준의 공적 윤리 및 사적 윤리의 실천을 요청받고 있다.

한국교회는 특히 개신교의 경우에 교회 세습, 재정의 불투명한 사용, 내분, 교단 분열 등과 같은 공적 윤리의 문제들과 목회자 개인 추문 등 사적 윤리의 문제들로 한국사회로부터 적지 않은 비판을 받아왔는데도 이러한 문제들에 대한 처리가 제대로 되지 않았고 이에 따라 사회보다도 낮은 윤리 수준을 보이고 있다는 평가도 받았다. 그러나 한국사회는 한국교회에 대하여 과거보다 훨씬 엄격한 잣대를 들이대고 있으며 앞으로 더욱 그러할 것이다. 따라서 한국교회는 이에 대비해 나가야 할 것이다.

둘째, 개인주의적 평등적 사고가 복음 전파를 어렵게 하고 있다는 점이다.

개인주의적 평등적 사고와 이로 인한 개인의 자유 존중 추세는 개인적 사고와 판단을 더욱 중요시하는 풍조를 확산하여 기독교의 기본 진리인 죄와 구원에 대한 사람들의 인식을 희박하게 하는 동시에 종교 다원주의의 압력이 더욱 강해지고 있다. 따라서 복음 전파가 더욱 어려워질 것이 예상된다. 먼저 현실적으로 사람들이 전도에 대하여 거부감을 나타내고 있다. 사회 분위기가 동성애가 죄라는 인식을 더욱 받아들이지 않게 되고 있고 동성 결혼도 개인의 결정에 맡겨야 한다는 생각이 퍼지고 있다. 종교적 다원주의 추세 또한 강화되고 있다. 이러한 사회적 흐름은 기독교의 입지를 줄이는 한편 복음 전파를 더욱 어렵게 하고 있다.

그리고 이러한 사회적 풍조는 교회에도 직접적으로 영향을 주고 있다. 교회가 이러한 상황에 대응하는 과정에서 진보 개신교 진영이 이미 이러한 흐름에 부분적으로 동조하는 기류를 생성하고 있다. 그리고 이에 대한 대응에 있어서 보수 개신교와 진보 개신교는 통일된 입장을 보이기보다는 분열된 입장을 보이고 있다. 이러한 통일되지 않은 교회의 대응 또한 복음 전파에 지장을 줄 것으로 생각된다.

셋째, 인터넷 시대의 도래는 교회로 하여금 전통적인 교회 모습 유지에 대한 도전에 적절히 대응할 것이 요청된다는 점이다.

한국교회가 인터넷 시대에 나름대로 적응하고는 있지만 문제는 보다 심각한 면이 있다. 최근의 코로나19 사태가 보여주듯 전통적인 예배가 중단되고 이를 인터넷 예배가 대신하는 생각지도 못한 상황이 발생하고 있다. 또한 교회에서 인터넷 세대인 청년들과 청소년들 그리고 어린이들이 보이지 않는 현상이 계속되고 있다.

이 문제는 한국교회의 미래를 결정하는 문제이다. 따라서 한국교회가 이러한 인터넷 시대의 상황에 어떻게 대응할 것인가가 큰 문제라고 할 것이다.

이 문제에 대한 대응이 단순하지가 않은 것이라 생각된다. 왜냐하면 문제가 복합적인 성격의 것이기 때문이다. 그 하나는 서구 사회가 이미 겪은 교회 노령화 현상이고 다음으로는 인터넷 시대의 도래 현상이 함께하기 때문이다. 그리고 이러한 중복 현상은 아마도 세계적으로도 한국교회가 처음 경험하는 현상이므로 다른 나라의 경험에서 배우기도 마땅치 않은 상황이라고 할 것이다.

우리는 한국사회의 시대적 성격 변화와 한국 기독교에 주는 의미를 살펴보았는데 논의를 요약한다면 전반적으로 보아 이러한 한국사회의 시대적 성격의 변화가 한국사회에 반기독교적 문화를 형성하고 있으며 이에 따라 한국 기독교의 대응이 더욱 어려워지고 또 중요해지고 있다는 사실을 보게 된다고 하겠다.

9장

한국교회의 (정치 관련)대응
- 보수 개신교와 진보 개신교의 두 바퀴로 나아가기

1 ____ 세 가지 대응 주제와 기본 전략

세 가지 대응 주제

우리는 위에서 3장 3항 한국 기독교의 현 단계 과제 부분에서 한국 기독교와 정치 관계를 역사적으로 살펴본 결과에 따라 일곱 가지 항목의 과제를 정리하였고 또한 7장에서 한국사회의 시대적 성격 변화를 살펴보며 세 가지 항목의 과제를 정리함으로써 모두 열 가지 과제를 정리한 바 있다.

이 열 가지 과제들은 비단 정치 분야만이 아니라 정치를 포함하는 보다 넓은 내용을 포함하고 있음을 보게 된다. 이는 정치가 가지는 사회적 의미가 넓고 또 다른 분야와 중복되는 상황에서 비롯되는 것으로 이해해야 할 것으로 생각된다. 또한 이러한 과제들에 대하여 한국교회가 대응하려면 정치 관련 부분에 대하여만 부분적으로 대응할 수도 없다. 결국 한국교회가 교회의 모든 부문에서 일반적으로 대응하게 되는 것이다. 따라서 이 장의 제목도 '한국교회의 정치 관련 대응'이라고 그 범위를 정치 부분으로 제한하기보다는 '한국교회의 대응'으로 범위를 넓히도록 하였다.

열 가지 과제를 차례대로 보면 아래와 같다.

[한국 기독교와 정부의 역사적 관계를 통해 본 과제들]
1 주류 개신교의 보수성 비판에 대한 대응
2 보수 개신교의 극우 정치활동에 따른 신뢰성 문제 대응
3 북한 요소에 대한 대응
4 보수 진보 개신교 간 간극 문제에 대한 대응
5 교회의 윤리성을 높이는 문제
6 한국교회의 미국 편향성 극복 문제
7 한국교회의 노령화 현상 극복 문제

[한국사회의 시대적 성격 변화로 인한 과제들]
8 법치와 공정성 강조 요청에 대한 대응
9 개인주의적 평등적 사고에 따른 복음 전파의 어려움에 대한 대응
10 인터넷 시대 도래 속 전통적 교회 모습 유지 과제

이 열 가지 과제들을 내용별로 구분하면 대체로 다음 세 가지 포괄적

과제로 정리될 수 있겠다. 그리고 이 세 가지 과제는 바로 현 단계 한국교회가 대응해 나가야 할 주제이다.

[세 가지 대응 주제]
1) 한국교회의 윤리성과 민주성을 높이는 문제 (5, 7, 8번)
2) 한국교회가 신학적 정체성과 실천적 사명을 어떻게 정립할 것인가 하는 문제 (1~10번 모든 항목)
3) 한국 기독교가 한국사회의 반기독교적 문화에 대응하는 문제 (1~10번 모든 항목)

이 세 가지 대응 주제의 내용을 간단히 살펴보자.
1) 한국교회의 윤리 수준 높이기 및 교회 운영의 민주화 문제 (5, 7, 8번)
한국교회가 이 과제에 대응함에 있어서 가장 먼저 그리고 기본적으로 추진하여야 할 과제는 교회의 기초를 바르게 하고 교회의 기본 자세를 추스르는 것 곧 한국교회의 윤리성과 민주성을 높이는 문제라고 할 것이다. 사실 이 문제는 어떤 기관이나 제도를 불문하고 항상 기본적으로 갖추어야 하는 자세라고 할 것이다.

유감스럽게도 한국교회는 윤리성 문제로 인하여 사회적으로 꾸준하게 비판을 받아왔고 또 내부 운영의 비민주성으로 인하여 여러 측면에서 후진성을 노정하여 왔다. 윤리성과 비민주성을 회복하기만 하여도 한국교회는 대내외적으로 일신되어 보다 교회답게 될 것이다.

2) 한국교회가 그 신학적 정체성과 실천적 사명을 어떻게 정립할 것인

가 하는 문제 (1~10번 모든 항목)

교회는 사회 속에 그리고 역사 속에 존재하고 있기 때문에 어떠한 상황에서도 복음적 진리의 기초 위에 그 신학적 정체성과 실천적 사명을 세워 나가게 된다. 지금까지 우리는 한국교회가 이 땅에 들어올 때부터 오늘에 이르기까지 정치적 측면에 중점을 두면서도 전체적으로 어떻게 한국사회와 함께하여 왔는지 살펴보았다. 그 결과 현 단계에서 한국교회가 여러 측면에서 중대한 전환기적 상황에 처해 있는 것을 보게 되었다. 따라서 문제는 이러한 전환기적 상황에서 한국교회가 그 신학적 정체성과 실천적 사명을 어떻게 정립할 것인가 하는 것이라고 할 것이다.

3) 한국 기독교가 한국사회의 반기독교적 문화에 대응하기 (1~10번 모든 항목)

위에서 우리가 한국 기독교가 현 단계에서 대응하고 있는 열 가지 과제를 정리하였지만 열 가지 과제가 전체적으로 제시하고 있는 내용은 바로 한국사회 전반에 걸쳐서 반기독교적 문화가 광범위하게 확산되고 있다는 점이다. 그리고 장래에도 기독교에 대한 정치적, 사회적, 문화적 환경은 동성애 관련 문제에서 보듯이 더욱 악화되는 추세를 보일 것으로 예상되고 있다. 물론 이러한 문화적 변화에 대한 전반적인 대응은 1차적으로는 위의 1) 항과 2) 항을 바르게 실천해 나가는 것에 있겠지만 추가적인 검토를 더 하고자 한다.

(기본 전략) 어떻게 대응할 것인가
- 보수 개신교와 진보 개신교의 두 바퀴로 나아가기

이제 한국교회가 이러한 세 가지 대응 주제를 실천해 나감에 있어서 기본적인 전략으로는 보수 개신교와 진보 개신교의 두 바퀴로 대응하며 나아가는 것이 좋을 것으로 생각된다. 다시 말하여 개신교 전체가 하나가 되어 통일된 내용으로 대응해 나갈 필요가 없다는 뜻이다. 물론 교회의 윤리성을 높여가는 문제와 같이 공통적으로 해당되는 사항은 보수 개신교나 진보 개신교가 같은 내용을 추진해야 하겠지만 사명과 사역 분야에 있어서는 보수 개신교와 진보 개신교가 각자의 고유성을 살려 각각 실행해 나가면 되리라 생각된다. 곧 보수 개신교는 복음적 보수성의 생명력을 유지해 나가는 한편 진보 개신교는 기독교적 가치관에 합당하게 사회 변화에 참여하는 것이다.

일반적으로 해방 이후 한국 개신교는 세 번의 중요한 분열을 경험하였다고 말한다.

먼저 1952년에 고려파가 분열하여 예장(고신)을 만들고 다음으로 1953년에 한국기독교장로회가 분열해 나가고, 세 번째로 1959년에 예수교장로회가 예장(통합)과 예장(합동)으로 분열한 것이 그것이다. 대부분의 경우 이러한 분열이 한국 개신교의 불행이라고 보고 있다.

그렇지만 반드시 그렇게만 볼 필요는 없다고 할 것이다. 고신파 분열의 경우에는 일제시대 신사참배에 끝까지 저항하여 신앙의 순수성을 지켰고 이후 해방 후에도 그 정당한 평가를 받지 못한 진영이 독립적인 교단을 세워 도덕적 전통을 계승시켜 왔다는 의의가 있다고 하겠다. 다음으로 기장의 분열은 기장이 한국 개신교의 진보 진영의 중심이 되어 사회참여와 한국적 신학의 창출에 중심적인 역할을 해 온 것이다. 끝으로 예장(통합)과 예장(합동)의 분열의 경우에는 세계 에큐메니칼 운동에 참여하느냐 하지 않느냐 하는 문제에 대한 입장 차이인데 그 입장 차이가 워낙 크기 때문에 두 진영이 한 지붕 아래 함께하기는 극히 어려운 것으로 생각된다.

결국 세 차례 분열의 결과가 그 나름대로 각 교단의 독자적인 존재 의미와 역할 발휘에 순기능을 가져왔거나 불가피했던 이유가 있었다고 볼수도 있다고 할 것이다. 이러한 분열이 없이 한 교단으로 무리하게 유지되어 왔다고 했을 때에 우리가 기대하는 조화롭고도 통일된 전통을 형성할 수 있었을 것인가 하는 문제에 대하여는 자신 있게 '그렇다'고 말하기 어려운 것으로 생각된다. 물론 이러한 논의가 결코 당사자들의 이해타산에 따른 교권 다툼 등으로 수백 개의 교단으로 분열되어 있는 한국 개신교의 부끄러운 현실에 해당되는 것이 아니라는 것은 굳이 말할 필요도 없다고 하겠다.

결국 우리는 현 단계 주요 교단의 존재를 현실적으로 인정하는 동시에 이들 교단이 각자의 성격과 역할에 따라 보수 개신교는 보수 개신교대로 그리고 진보 개신교는 진보 개신교대로 현 단계 한국 개신교의 당면 과제에 대응하여 나가는 것이 합당하다고 생각된다. 또한 현실적으로 볼 때 두 진영이 또는 주요 교단들이 통일된 입장을 형성하여 이를 실천해 나가는 것이 가능하지도 않은 것으로 생각된다. 앞으로도 한국 개신교의 보수 개신교와 진보 개신교는 계속 분리된 채로 각자 갈 길을 갈 것이다. 그러나 이렇게 보수 개신교와 진보 개신교가 각 진영의 독자적인 노선을 계속 지켜 나간다고 하더라도 두 진영이 평소에 꾸준히 서로 소

통하면서 1960~1970년대 개신교 성장기에 그랬듯이 민족 복음화와 같은 필수적인 사역에서는 서로 연합하여야 할 것이다.

그렇다면 이제 현 단계에서 보수 개신교와 진보 개신교가 그들의 신학적 정체성과 실천적 사명을 어떠한 내용으로 정리하여 앞으로 나아갈 것인가?

이에 대하여 저자는 다음과 같이 정리하고자 한다. 앞으로 한국 개신교가 추구해 나갈 길은 주류 보수 개신교는 한국에 개신교가 들어온 이후 지금까지 한국교회를 지탱해 왔던 복음적 보수성의 생명력을 회복하고 계속 유지해 나가는 것이라고 할 것이다. 그리고 진보 개신교는 지금까지 한국사회의 변화에 동참하여 왔고 앞으로도 그러한 역할을 계속함에 있어서 이러한 한국사회의 변화에 있어서 기독교적 가치를 통하여 도덕적 지도력을 발휘하는 것이라고 할 것이다.

이제 한국교회가 이들 세 가지 대응 주제를 실천함에 있어서 그 논리적 단계를 생각하여 보도록 하자. 먼저 그 첫 번째 단계로서 1) 교회의 자세를 추스르는 일. 곧 교회의 윤리 수준을 높이고 교회 운영의 민주화를 실천하는 것이 그 출발이 될 것이다. 다음 두 번째 단계는 2) 주류 보수 개신교가 복음의 진리가 가지는 생명력을 통하여 한국사회의 영적 중심을 유지하고 진보 개신교는 한국사회의 변화에 있어서 도덕적 지도력을 발휘토록 하는 것이라고 하겠다. 다음 세 번째 단계는 3) 한국사회의 전반적인 반기독교적 문화의 확산에 대응하는 것으로 정리할 수 있을 것이다.

<한국교회 대응의 논리적 단계>

3 단계 반기독교적 문화에 대한 대응

2 단계 보수 개신교: 복음적 보수성의 생명력 유지
      진보 개신교: 사회 변화에 도덕적 지도력 발휘

1 단계 교회의 윤리 수준 높이기 및 교회 운영의 민주화

이하에서는 위의 단계별 순서에 따라 한국교회의 대응에 대하여 장을 나누어 차례로 논의하도록 한다.

2 ___ (1단계) 먼저, 교회의 자세 추스르기
– 윤리 수준 높이기 및 교회 운영의 민주화

교회가 다른 일에 앞서서 할 일. 자정 노력 - 윤리 수준 높이기

한국교회로서 가장 염려스러운 일 가운데 하나는 한국사회에 반기독교적 문화가 광범위하게 퍼지고 있다는 점이다. 이러한 풍조는 앞으로 더욱 확산될 것으로 예상된다. 이러한 풍조가 생성되는 데는 한국교회가 그 원인을 제공한 부분도 있다. 따라서 한국교회로는 반기독교적인 풍조를 개탄하기에 앞서서 교회 스스로가 이러한 풍조의 원인이 되는 부분을 제거하는 것이 필요할 것이다.

한국교회는 위에서 정리한 세가지 대응 주제를 실행함에 있어서 첫 번째로 처리해야 할 일이 있다. 곧 교회 안을 깨끗하게 만드는 일이다. 한국 기독교에 있어서 천주교의 경우에는 교회 내부의 문제가 사회적으로 크게 비판을 받는 경우가 별로 없었다. 그러나 개신교의 경우에는 교회 내부의 문제가 사회적인 비판과 지탄을 받는 경우가 많았다. 교회 세습, 교회 분란, 교단의 부정 선거, 회계 부정, 목회자의 일탈 등으로 교회 내부는 물론 사회적으로도 물의를 일으키고 비난을 받아왔다. 그리하여 언론에서 '교회가 사회를 걱정하기보다 사회가 교회를 걱정하는 상황'이라는 표현도 사용하고 있다. 교회 내부에서도 한국교회가 한국 사회에서 빛과 소금의 역할을 담당하고 있다고 생각하는 사람은 거의 없을 것이다.

그런데 많은 경우에 있어서 교회는 이러한 부조리에 대하여 적극적으로 이를 바로잡으려고 하기보다는 이를 개신교에 비판적인 언론의 악

의적인 보도로 치부하였다. 변명하거나 합리화하며 교회 내부의 문제
이니 밖에서는 왈가왈부하지 말라는 태도를 보였다. 이러한 한국교회
의 행태는 교회가 갖고 있는 폐쇄성을 이용하여 교회가 자신의 부조리
를 은폐하고 부정을 저지른 목회자들을 보호하며 떳떳치 못한 기득권
을 유지하도록 하였다. 그러다 보니 민주화 등으로 사회의 윤리 기준은
높아지고 있는 상황에서 교회는 여전히 낮은 윤리 기준을 보여주고 있
는 실정이다.

　한국교회의 이러한 행태는 한국사회에서 교회에 대한 부정적인 인식
을 깊게 하고 신뢰성에 타격을 주고 있다. 그리고 이러한 상황이 젊은이
들에게 교회를 외면하게 하는 요인의 하나로 생각된다. 이렇게 한국사
회에서 교회에 대한 신뢰가 낮은 상황에서는 교회가 어떠한 정치적 사
회적 움직임을 보인다 할지라도 이를 긍정적으로 받아들이지 않을 것이
며 따라서 교회의 복음 전파가 열매를 맺기 어렵다고 할 것이다. 그렇기
때문에 한국교회는 그 무엇에 앞서서 교회 안의 부조리와 부패를 제거
하여 교회를 깨끗케 하는 일에 전력을 기울여야 할 것이다. 그리고 이를
위하여 교회 세습을 금지하고 교회 분란에 대하여 단호히 대처하고 교
단과 교회와 목회자들의 범법 행위에 대하여 외부에 대하여 이를 변호
하려는 행위를 일체 금지하고 엄격하게 제재하여야 할 것이다.

　가장 중요한 것은 역시 교회를 이끌고 있는 목회자들이 윤리 의식을
높이는 일이라고 할 것이다. 한국사회는 그동안 공공 부문에서는 민주
화의 진전 및 '김영란법'의 제정 등 법적 제도적 개선 등의 영향으로 부정
부패가 많이 없어졌으나 민간 부문에서는 아직도 부정부패가 그대로 남
아있는 상황이고 교회 또한 다르지 않은 것으로 생각된다. 그런데 교회

가 교회 안의 부조리를 제거할 자정 노력을 실행하는 일은 그리 어렵지 않고 단순하다고 할 것이다. 교회를 이끌고 있는 목회자들이 각성하면 될 일이다.

교회 운영의 민주화 - 평신도 참여 확대를 통하여 목회자 맹종 문화 벗어나기

한국교회가 윤리 수준을 높이려면 위에서 보았듯이 먼저 목회자들이 각성하는 것이 그 출발점이 될 것이다. 다음 단계는 교회 안에서 부조리와 위법 사항의 발생을 방지하고 발생한 사항에 대하여는 적법한 조치를 취하는 내부 견제 기능이 제대로 작동하여야 할 것이다.

한국교회에 내부 견제 기능이 작동하지 않는 가장 큰 이유는 한국교회의 조직 문화가 목회자를 맹종하는 문화가 지배하고 있기 때문이고 다음으로는 목회자와 장로들이 권력 카르텔을 형성하여 전권을 행사하고 있어서 내부 견제 기능이 작동할 여지가 없는 것이다. 그렇다면 왜 한국교회에선 이러한 목회자 맹종과 권력 카르텔의 조직 문화가 형성된 것일까? 일반적인 이유로는 문화적으로 한국의 전반적인 사회 질서가 농경사회적 집단주의와 유교 문화적 위계질서가 결합하여 형성되었고 이러한 집단주의적 위계질서가 교회에도 그대로 들어와 있기 때문인 것으로 생각된다.

여기에 더하여 한국교회에는 독특한 교회 문화가 있는데 그것은 교회의 담임 목회자는 교인들에게 영적인 아비요 하나님의 대리자로서 절대적인 존재라는 인식이 뿌리깊게 자리잡고 있다는 점이다. 그렇기 때문에 한국 교인들은 목회자를 정성을 다하여 섬기고 그의 말에 무조건 순종하는 것이다. 따라서 그에게 반대하고 비판하는 교인은 하나님께 반대하고 비판하는 자로 인식되는 것이다. 이러한 상황에서 목회자들은 교회의 모든 일을 자신의 의사대로 처리할 수 있다고 생각하는 반면 교인들이 목회자를 견제한다는 것은 불가능에 가까운 것이다. 그리고 여기에 장로들이 목회자와 함께하여 권력 카르텔이 형성되는 것이다.

그러니 교회 내부의 견제 기능이 없는 것이다. 극히 드물게 담임 목사의 비리와 횡포가 워낙 커서 도저히 묵과하기 어려운 경우에는 결국 교회가 목사를 맹종하는 목사 편과 반대 편으로 갈라져서 교회 분란으로 확대되는 것이다. 이 경우에는 문제가 해결됨이 없이 교회와 교인들은 피폐해 가는 것이다. 그런데 현재 한국사회에서는 많은 조직에서 이러한 질서가 보다 평등 사회를 향하여 변화를 보이고는 있지만 교회는 이러한 변화에 느리게 대응하고 있는 편이라고 하겠다.

목회자의 전횡이 당연한 것이 되고 이에 대한 교회 내부의 견제가 불가능한 상황을 개선하려면 어떻게 해야 할까? 결국에는 동어 반복적인 해법이지만 교회 행정의 민주화 외에는 방법이 없다고 할 것이다. 그리고 이는 평신도의 참여 확대를 통하여 이루어져야 할 것이다. 목회자가 신앙 관련 사항에 대하여만 주관하도록 하되 그 밖의 재정 분야와 대외 활동을 포함한 전반적인 교회 운영에 대하여는 장로와 평신도들이 함께 책임을 지도록 하는 체제로 가야 할 것이다.

한국 개신교가 목회자 맹종 문화와 목사 장로들의 권력 카르텔을 해체하여 교회 운영과 활동을 민주화함으로써 자정 노력을 실행하는 동시에 교회의 정치적 극우화를 견제하고 대통령 선거 등에 있어서 합리적인 대응을 실현하기 위하여는 교회 내에서 이러한 활동을 제대로 감당할 주체가 있어야 하는데 이는 결국 목회자와 장로들이 아닌 평신도가 감당하여야 할 것으로 생각된다. 목회자와 장로들은 현재까지 한국교회의 운영을 담당해온 당사자이기 때문에 변화의 주체가 될 수는 없다고 생각된다. 곧 교회 운영의 민주화는 평신도의 활동 여하에 달려있다고 할 것이다.

평신도 교육, 신학 교육도 함께

앞에서 논의하였듯이 교회 운영과 활동의 민주화의 주체는 평신도가 되어야 할 것이다. 그런데 평신도로 하여금 이러한 한국교회의 민주화 변화를 담당하게 하려면 평신도 교육이 필수적이다. 이러한 평신도 훈련의 내용으로는 교회의 본질과 교회 역사에 대한 신학적, 역사적 이해와 한국교회의 역사와 현실에 대한 정확한 이해가 포함되어야 할 것이다.

다음으로는 이러한 평신도 훈련을 누가 어떻게 담당할 것인가 하는 문제인데 일차적으로는 각 교회가 이를 담당하는 것이 자연스럽다고 할 것이다. 그리고 실제에 있어서도 큰 교회에서는 새신자나 그 교회에 등록을 원하는 신자들을 대상으로 하는 여러 형태의 평신도 교육 프로그램들이 시행되고 있기도 하다. 그러한 경우에는 이러한 프로그램에 이 책이 말하는 교회 운영의 민주화 관련 내용을 추가할 수도 있을 것이다.

그런데 각 교회가 여기에서 말하는 평신도 교육을 제대로 실행할 수 있는가 하는 문제에 대하여는 한국교회의 현실을 생각할 때 다분히 부정적인 답변이 따르게 된다. 왜냐하면 많은 교회들이 평신도 교육에서 강조하는 것이 목사에게 무조건 순종하라는 내용이기 때문이다. 저자의 경험에 의하면 어느 교회에서 평신도 교육 교재로 미국 교재를 한글로 번역한 것을 사용하였다. 그 내용은 민주화된 미국 교회 상황을 전제로 한 것이었다. 담임 목회자는 교재 내용과는 달리 담임 목회자에게 무조건 순종하라고 가르치고 있었다. 각 교회에서 평신도 교육이 충실하게 이루어 지기를 기대하고자 한다.

한편 이와 관련하여 특별히 강조하고자 하는 것이 평신도 신학 교육이다. 한국의 개신교에서 필요한 것 가운데 하나가 평신도 신학 교육이라고 할 것이다. 그런데 거의 대부분의 개신교 목사들은 신앙을 강조하는 가운데 신학에 대하여는 부정적인 인식을 갖고 있다. 많은 목사들이 설교 중에 신학교가 자신의 신앙에는 별로 도움이 되지 않았다고 이야기하고 있으며 또 신학교를 나오면 더 이상 신학 공부를 하지 않고 있는 실정이다. 그렇기 때문에 평신도에게 신학을 가르친다는 일에 대하여는 불필요하고 문제만 일으킨다고 생각하고 있다.

그러나 한국 개신교에서 신학의 부재는 여러가지 문제를 일으키는 요인이 되고 있다고 하겠다. 곧 교회 세습, 물질주의적 성향, 성장 지상주의, 목회자에 대한 맹종, 비민주적 교회 운영, 위계적 질서, 부조리, 교회 분란, 극단적 성향의 정치활동, 이단 문제 등 한국 개신교가 경험하고 있는 문제들은 한국 개신교의 신학의 부재를 나타내고 있다고 말할 수 있다. 삼위일체 하나님과 교회와 사회와 성도의 생활에 대한 바른 이해가 목사들과 교인들에게 있다면 이러한 문제들은 발생하지 않을 수 있을 것이다.

그렇다면 어떻게 할 것인가? 한 가지 대안은 평신도들에게 신학 교육을 하는 것이라고 할 것이다. 그리하여 평신도들이 교회에 대하여 바른 이해를 가지고 바르게 교회 안에서 그리고 교회 밖에서 생활을 할 수 있도록 도와주는 일이다. 평신도 신학 교육을 위하여는 교회에서 하는 평신도 교육에 신학을 포함시켜 제대로 가르치고 또 평신도 신학 교육을 담당하는 교회 밖 기관들이 이를 담당하게 하든지 여러 방법들이 있을 것이다. 이러한 평신도 신학 교육은 한국 개신교를 바르게 하는데 큰 기여를 할 것으로 생각된다.

3 ____ (2-1단계) 보수 개신교의 역할
– 복음적 보수성의 생명력 유지

한국 개신교는 주류인 보수 개신교와 상대적으로 소수인 진보 개신교로 나뉘어진다. 앞에서 보았듯이 보수 개신교는 신학적으로 보수이고 정치적으로도 보수적 성향으로서 반공 성향이 매우 강하고 과거 독재 정부들과도 협력 관계를 형성하면서 민족 복음화에 매진하여 왔다. 반면에 진보 개신교는 신학적으로 자유주의적인 성향이 있고 정치적으로도 진보적 성향이 강하여 사회참여에 적극적이며 과거 민주화운동에 적극 참여하였다. 그런데 보수 개신교는 19세기 말에 주로 미국 선교사들에 의해 한국에 들어올 때부터 오늘에 이르기까지 한국 개신교의 주류로서의 역할을 감당하여 왔다. 이에 반해 진보 개신교는 1950년대에 한국기독교장로회가 보수 정통인 대한예수교장로회로부터 독립함으로써 본격적으로 시작되었다. 다만 진보적 성향의 대한성공회는 장로교와 거의 같은 시기에 이 땅에 들어온 바 있다.

앞에서도 보았듯이 보수 개신교와 진보 개신교는 그 성향이 크게 다르기 때문에 앞으로도 계속 보수와 진보의 각자의 길을 가면서 한국교회 안에서 그리고 한국사회 안에서 각자 다른 역할을 감당하며 나아갈 것으로 전망된다. 그렇다면 한국의 기독교는 반기독교적 문화가 강해지고 있는 환경 가운데서 한국의 보수 개신교와 진보 개신교는 어떠한 방향으로 나아가야 할 것인가?

한국 개신교가 추구할 길은, 주류 보수 개신교는 한국에 개신교가 들어온 이후 지금까지 한국교회를 지탱해 왔던 복음적 보수성의 생명력을 계속 유지해 나가는 것이라고 할 것이다. 그리고 진보 개신교는 지금까지 한국사회의 변화에 동참하여 왔고 앞으로도 한국사회의 변화에 있어서 기독교적 가치로 도덕적 지도력을 발휘하는 것이라고 할 것이다. 이제 보수 개신교와 진보 개신교의 방향에 대하여 차례로 논의하고자 한다.

보수 개신교의 위기

한국의 보수 개신교는 한국에 개신교가 들어온 이후 오늘에 이르기까지 한국 개신교의 주류로서의 역할을 담당하여 왔다. 특히 교세에 있어서 개신교의 절대 다수를 차지하고 있다. 보수 개신교는 복음적 보수성을 유지하면서 무엇보다도 민족 복음화에 전력을 기울였고 그 결과 놀라운 성과를 기록하였다. 그 과정을 통하여 한국사회의 주도 세력으로 자리잡았다.

앞에서 보았듯이 보수 개신교는 개신교가 이 땅에 들어온 이후 역사의 격변 과정을 함께하면서 고난과 번영을 차례로 겪었고 그 과정에서 자랑스러운 부분도 있는 반면 비판을 받는 부분도 있다. 먼저 비판을 받는 부분을 본다면 무엇보다도 부끄러운 부분은 일제시대 때 강압에 굴복하여 신사참배를 함으로써 기독교 정통성의 훼절을 보인 일이라고 할 것이다. 정부 수립 이후에는 이승만 및 박정희, 전두환의 독재체제를 지지한 일이 교회 밖에서는 비판의 대상이 되었다. 그리고 1990년대 말 이후에는 대형 교회로 상징되는 세속주의 성향 및 윤리면에서의 문제로 그리고 2000년대에 들어와서는 교회 세습과 함께 동성애 문제에서 보는 비타협적이고 독선적인 태도로 계속 비판을 받고 있다.

이러한 비판에도 불구하고 한국 개신교로서 가장 자랑스럽고 보람을 느끼는 점은 수많은 고난과 위기 가운데서도 복음을 굳세게 지키고 복음 전파에 전력을 다하여 세계에서 드문 성장을 보였다는 부분이라고 할 것이다. 예를 들어 보수 개신교는 박정희 독재를 지지하여 비판을 받으면서도 전도에 매진함으로써 복음 전파라는 교회의 기본 사명에는 성공하였던 것이다. 전체적으로 볼 때에는 한국의 보수 개신교는 많은 문제점에도 불구하고 교회 본연의 사명에는 성공하였다고 볼 것이다.

그러나 이러한 전체적인 평가에도 불구하고 보수 개신교는 오늘날 상당한 어려운 단계에 처해 있는 것으로 생각된다. 가장 큰 문제는 바로 2010년대 이후의 개신교인 수의 감소 현상이다. 전체 개신교에 대한 통계가 없는 가운데 개신교 주요 교단의 통계를 보면 대체로 2010년대 초반 이후로 교인 수가 감소하기 시작한 것으로 나타나고 있으며 이러한 현상은 교회 현장에서 나타나고 있는 현상이다.

개신교의 성장 추이를 보면 해방 이후 6.25전쟁을 거치면서도 성장세를 보였으며 특히 1960년대와 1970년대에는 가장 높은 성장세를 보였다가 1980년대에는 성장세가 둔화되고 1990년대 중반 이후 2000년대까지는 성장세가 더욱 낮아지다가 2010년대에 들어선 이후에는 처음으로 감소세로 돌아선 것으로 보인다. 이러한 개신교의 성장 추이는 보수 개신교의 성장 추이를 그대로 나타내고 있는 것으로 보아도 무방하다고 할 것이다. 왜냐하면 한국 개신교 중 보수 개신교의 비중이 절대적이기 때문이다.[62] 이렇게 한국의 보수 개신교의 이러한 현상은 한국 개신교로서

---

62) 한국의 개신교 가운데 진보 개신교의 경우 교인 통계가 있는 한국기독교장로회와 성공회의 교인 수를 합하면 개신교의 5% 미만이다. 그 외는 대체로 보수 개신교에 속하는 것으로 보인다.

적어도 해방 이후로는 처음 보는 현상으로 생각된다.

그런데 교인 수 감소의 특징은 교회 안에 젊은 세대의 비중이 작아지고 늙은 세대의 비중이 커지는 이른바 교회의 노령화 현상이라는 점이다. 곧 젊은이들이 교회를 덜 찾는다는 점이다. 조사 시점이 위의 내용과 일치하지는 않지만 한국갤럽의 조사 결과에 의하면 연령대별로 개신교인 수의 비중을 2004년과 2014년의 10년을 비교하면 10대와 20대 중 개신교인 수 비중은 2004년의 23%에서 2014년의 18%로 5% 포인트가 감소하였고 30대의 경우에는 같은 기간 중 23%에서 20%로 3% 포인트, 그리고 40대의 경우에는 21%에서 20%로 1% 포인트로 각각 감소한 반면 50세 이상의 경우에는 19%에서 24%로 5% 포인트 증가한 것으로 나타나고 있다. 곧 2004년에서 2014년 기간 중 30대 이하의 젊은 인구 가운데 개신교인 수의 비중이 감소하고 40대 인구에서는 거의 변동이 없는 반면 50대 이상 인구에서는 개신교인 수 비중이 증가한 것이다.

이와 같이 연령대별 개신교인 수가 2004년에는 모든 연령대에서 고른 비중을 보이다가 불과 10년 후인 2014년에는 젊은 연령대에서의 비중이 작고 늙은 연령대에서의 비중이 큰 역삼각형 모양을 보이고 있다는 점은 개신교가 젊은 세대가 교회를 떠나는 가운데 노령화 현상이 빠르게 진행되고 있음을 보여주고 있으며 따라서 개신교 교세가 장래에 감소할 것이라는 점을 예상케 하고 있다.

	2004		2014
18 - 24세	24	19 - 29세	18
25 - 29	23		
30 - 39	23	30 - 39	20
40 - 49	21	40 - 49	20
50세 이상	19	50 - 59	23
		60세 이상	24

자료: 한국갤럽

이렇게 교회가 안으로는 세속주의로 물들어 있고 사회로부터는 배타적이라는 비판을 받고 있는 가운데 교인 수가 감소하고 있으며 청년층이 교회를 외면하고 노령화 현상이 빠르게 진행되고 있어서 교세의 감소가 계속될 것으로 예상되고 있는 것이다. 이는 보수 개신교의 위기라고 할 것이다.

보수 개신교의 대응: 복음적 보수성의 생명력 유지

그렇다면 현 단계의 보수 개신교는 이러한 상황에 대하여 어떻게 대응할 것인가?

이 문제에 대한 대응으로서는 복음적 보수성의 생명력을 회복하고 유지하는 데 있다고 하겠다. 신학적으로는 복음주의 보수성을 지켜 나가는 한편 교회의 운영과 교인의 생활과 사회적 활동에 있어서도 복음적 순수성을 실천해 나가는 것이라고 하겠다. 이는 교회가 정치적 사회적 문화적 시류에 영합하지 않고 교회 본연의 교회다움을 지켜 나가는 것이라고 할 것이다.

그렇다면 실제적으로 무엇을 어떻게 하여야 할 것인가 하는 문제에 대하여 다음 몇 가지 내용을 제시하고자 한다.

첫째, 기본적으로는 예수 그리스도를 유일한 구원의 주로 믿는 믿음과 성경을 오류가 없는 하나님의 말씀으로 믿는 복음적 보수성의 믿음을 지켜 나가는 것이라고 하겠다.

한국 보수 개신교의 핵심적인 특성은 성자 하나님 예수 그리스도를 유일한 구원의 주로 믿는 것에 있다고 할 것이다. 동시에 성경무오성을 믿는 것에 있다고 할 것이다. 이 특성이 바로 한국 보수 개신교에 있어서 복음적 보수성의 생명력이라고 할 것이다. 그리고 이 특성은 개신교가 이 땅에 들어온 이후 주류 개신교가 변함없이 지켜 온 원칙이라고 할 것이며 이 원칙을 믿는 태도가 보수 개신교를 보수 개신교답게 유지해 온 정체성이라고 할 수 있다.

이러한 정체성이 보수 개신교로 하여금 크고 작은 문제점에도 불구하고 한국 개신교의 주류로서의 역할을 담당해 오고 그 과정에서 세계적으로도 유례가 드문 빠른 성장을 이룬 핵심적인 요소라고 할 것이다. 한마디로 이 특성이 바로 한국 보수 개신교에 있어서 복음적 보수성의 생명력이라고 할 것이며 따라서 보수 개신교는 앞으로도 유일한 구원의 주 예수 그리스도와 성경무오성에 대한 믿음과 신뢰를 지켜 나가야 할 것이다.

둘째, 보수 개신교는 뼈아픈 자정 노력을 통하여 교회의 순수성을 회복하여야 할 것이다. 또한 교회 운영의 민주화를 실현해야 할 것이다.

이 문제에 대하여는 바로 앞의 1단계 대응 관련 항에서 논의한 바 있으므로 여기에서는 간략히 다루고자 한다. 개신교가 한국사회에서 비판받고 있는 교회 대형화 현상과 교회 세습, 재정 사용의 불투명, 목회자의 일탈. 교회 분란 등과 같은 교회의 세속화 성향과 윤리적 문제 및 비민주적 운영 등과 관련된 문제들은 비교회적이고 비기독교적인 현상들이다. 따라서 보수 개신교와 이에 속한 교회들은 혹독한 자정 노력을 기우려 이러한 비기독교적 요소들을 제거해 나가야 할 것이다. 예를 들어 명성교회의 교회 세습 문제의 경우 이 문제가 그전부터 우려되어 왔음에도 불구하고 발생하였고 또 간단히 해결되지 못하고 오랫동안 그리고 소속 교단이 흔들릴 정도로 어렵게 진행되고 있음으로 인해 한국사회에서 개신교를 힘들게 하고 있는 상황에 대하여 개신교 안은 물론 사회적으로도 이해하기가 곤란한 실정이라고 할 것이다.

셋째, 교회가 반기독교 문화에 대하여는 선택적 대응을 하여 세속주의 성향은 버리되 배타성에 대한 비판에도 불구하고 복음적 진리는 지켜나가야 할 것이다.

오늘날 한국사회의 반기독교적 문화가 더욱 강해지는 상황에서 보수 개신교에 대한 대표적인 비판이 교회 안의 세속주의 성향과 교회의 타종교에 대한 배타적 태도에 대한 것이라고 생각된다. 그런데 교회 세습으로 인한 교회 사유화, 교회 대형화로 대표되는 성장주의와 기복신앙 및 물질주의적 성향 등의 세속주의적 성향에 대한 비판의 경우에는 이에 대한 사회적 비판이 있고 없고 문제를 떠나서 교회가 스스로 이를 극복해 나가야 할 부문이라고 할 것이다. 예를 들어 재력이 없는 사람은 장로가 되기 어려운 풍토라든지 대형 교회의 경우에 가난한 사람들은 선뜻 교회 교인이 되기가 주저되는 상황은 교회의 본질에 어긋나는 것이므로 교회는 이런 풍토를 속히 없애야 할 것이다.

그렇지만 보수 개신교의 배타적 태도와 관련된 비판에 대하여는 교회로서 성찰이 필요하다고 할 것이다. 왜냐하면 타 종교나 사회에서 보수 개신교에 대한 배타성 비판이 보수 개신교의 기독교 진리에 대한 확실한 믿음과 진리가 아닌 것에 대한 분명한 거부에서 비롯한 것이라면 이러한 비판에 타협할 필요가 없는 것이다. 예를 들어 동성애가 죄라는 교회의 입장으로 인해 사회적으로 그리고 심지어는 개신교 내부에서조차 배타적이라고 비판과 비난을 받고 있지만 이러한 입장을 타협할 수는 없는 것이다.

넷째, 보수 개신교가 복음적 보수성의 생명력을 회복 유지해 나가고자 할 때 과연 한국의 개신교가 전과 같이 성장세를 회복할 수 있게 될 것인가에 대하여는 우리가 알 수 없다는 점을 이해하여야 할 것이다.

여기에서의 논의가 교회 성장세에 도움이 되는 부문도 있을 것이고 그렇지 않은 부문도 있을 것이다. 그렇기 때문에 우리는 개신교가 전처럼 성장할 수 있을지 알 수가 없다. 더욱이 한국사회에서 반기독교적 문화가 강화되고 있는 추세에서는 더욱 그렇다고 할 것이다. 아마도 감소할 것이라고 예상하는 견해가 대부분인 실정이다. 교회는 이러한 성장 문제에 대한 어떠한 선입관도 내려놓고 이를 하나님의 섭리에 의지하면서 복음의 진리성과 교회의 순수성을 회복하고 유지해 나가는 데 최선을 다할 뿐이라고 할 것이다.

1938년 장로회총회는 일제의 강압에 굴복하여 신사참배를 결의하고 신사참배를 하였다. 아마도 일제의 한반도 점령이 무한정 계속되리라고 생각하였을 수도 있다. 7년 후에 일제가 패망하리라는 것을 미리 알았더라면 다르게 행동하였을 지도 모를 일이다. 교회는 앞날은 하나님께 맡기고 최선을 다하는 자세로 나아가야 하리라고 생각된다.

극우 보수 개신교 집단과 거리 두기

한국 개신교의 주류는 현실적으로 보수 성향의 대형 교회라고 할 수 있다. 그리고 이들은 철두철미 친미와 반공으로 무장하고 이승만 독재와 이후 박정희, 전두환의 군사독재체제에 대한 일방적인 동조와 지지로 일관하여 왔으며 1987년의 민주화 이후에도 종전과 다름없이 보수 정권에 대한 지지와 진보 정권에 대한 반대를 견지해 오고 있다. 이러한 보수 개신교의 태도는 그들의 내세우는 신앙 활동의 특성이 개인의 영혼 구원과 전도 및 교회의 정치활동 배격임에도 불구하고 실제에 있어서는 독재 정치에 대한 무비판적 지지를 실행함으로써 보수적 정치활동을 실천하였다 그 뒤 김대중, 노무현의 진보적 정부 시기에는 정부가 대북 유화정책을 시행하자 본격적으로 정부 비판 및 시위에 나섬으로써 공개적으로 정치 행위를 계속하여 왔다. 드디어는 종전까지 한국교회의 대표적인 연합 단체인 한국기독교총연합회가 문재인 대통령 퇴진에 총력을 기울이고 있는 상황이고 대표회장 전광훈 목사는 선거법 위반으로 구속 기소되기에 이르렀다.

이러한 한기총의 극우적 행태는 개신교 내에서도 우려를 낳고 있지만 문제는 한국국민 대다수에게 개신교 전체가 극우적인 성향을 띠고 있다는 인상을 주고 있다는 점이다. 그런데 보다 큰 문제는 보수 개신교 안에서 상당수 교인들이 이러한 극우적 정치활동에 심정적으로는 동조하고 있다는 사실이다. 예를 들어 사회적으로 많이 알려진 김진홍 목사도 극우 보수적 정치활동을 계속하고 있으며 전광훈 목사와 함께 문재인 대통령 퇴진운동에 앞장서고 있다. 많은 교인들도 열성적으로 극우 보수 정치활동에 참여하고 있는 실정이다. 곧 이는 종교활동이 아니라 정치활동인 것이라고 밖에 볼 수 없는 것이다. 그리고 이들은 극우 보수 정치집단과 합동하여 정치활동을 하고 있는 실정이다.

이러한 보수 개신교의 극우적인 행태는 기독교적 정체성을 크게 해치고 있다고 할 것이며 이는 한국 개신교에게 큰 부담을 주고 있다고 할 것이다. 이 일에 더하여 2020년 봄 이후 코로나19 사태에서 보수 개신교 일부가 정부의 방역 정책에 고의적으로 비협조적인 태도를 보이고 있는 것은 한국사회에서 보수 개신교의 평판을 더욱 악화시키고 있는 실정이다. 따라서 한국의 보수 개신교는 극우 보수 정치 세력과 집단과 거리를 두는 것이 극히 중요하다고 할 것이다. 또한 코로나19 방역을 위한 전 국민적 노력에도 동참하는 모습을 보이는 것이 매우 필요하다고 할 것이다. 그리하여 보수 개신교 내에서 온건한 보수 개신교가 주류적인 영향력을 차지하도록 노력하여야 할 것으로 생각된다.

개신교 대통령 만들기의 방향 전환
- 공약 내용 중심으로. 다른 공직자 선거에서도

한국 보수 개신교는 1948년 정부 수립 이후 초대 이승만 대통령과 1993년에 취임한 김영삼 대통령 그리고 2008년에 취임한 이명박 대통령 등 지금까지 세 명 대통령의 당선을 위하여 적극 노력하였다. 한국 주류 개신교가 이렇게 개신교 대통령 만들기에 힘쓴 이유는 무엇보다도 같은 개신교인을 대통령으로 두는 데 대한 자부심을 위해서이고 또 거기에 더하여 나라가 기독교적 가치관을 실현하여 주기를 바라는 마음에서라고 생각된다.

그런데 결과적으로 이승만 대통령은 4.19혁명으로 물러나게 되고 김영삼 대통령은 외환위기로 실패한 대통령으로 평가되고 이명박 대통령 또한 개인 비리로 구속 기소되어 세 명 모두 개신교인들의 자부심과 기대에 오히려 타격을 주게 되었다. 이는 또한 일반 국민들에게도 개신교에 대한 부정적인 인상을 준 것으로 생각된다. 그러나 한편으로 대통령의 권력과 영향력이 큰 상황에서 개신교 대통령의 존재는 국가의 활동에 있어서 기독교적 가치관을 반영하는 데 유리한 측면이 있음도 사실이다. 그렇다면 앞으로 한국의 개신교는 개신교 대통령 만들기 문제에 어떠한 태도를 취하는 것이 좋을까?

이 문제에 대하여는 개신교가 종전과 같이 개신교 후보자에 대한 무조건적이고 포괄적인 지지를 의미하는 대통령 만들기는 중지하는 대신 대통령 후보자들의 종교 보다는 공약의 내용을 보고 투표에 임하는 방식으로 전환하는 것이 좋을 것으로 생각된다. 이러한 방식이 종전의 공식적이고 절대적인 대통령 만들기로 인한 개신교 및 국민의 실망과 거부감을 회피하면서 실제적으로는 기독교적 가치관의 실현에 보다 도움이 되리라고 보고 또 기대하는 것이다. 또한 이러한 접근 방식이 개신교의 탈정치화에 도움이 되고 정교분리의 원칙에도 보다 부합하는 것으로 생각된다.

목회자의 정치활동 제한

앞에서 보았듯이 한국의 보수 개신교는 독재 정권 지지와 개신교 대통령 만들기에 적극 나섬으로 정치에 참여하였고 진보 개신교는 독재 정권에 대한 저항운동을 정치에 참여하였다. 이에 대한 평가는 어느 쪽 입장에서 보는가에 따라 엇갈리겠지만 보수 개신교의 독재 정권 지지에 대하여는 비판적인 평가가 많은 반면 진보 개신교의 독재에 대한 저항에 대하여는 긍정적인 평가가 많은 편이라고 할 것이다. 그리고 보수 개신교의 개신교 대통령 만들기 활동은 그리 큰 의미를 인정받고 있지는 않지만 부정적인 평가가 많은 편이라고 생각된다. 그런데 이러한 정치 참여는 보수 또는 진보 개신교가 각기 나름대로 기독교적 대의를 위함이라는 내세울 명분이 있는 경우라고 할 수 있다.

그런데 이와는 다른 성격의 개신교 정치참여의 경우로 간주되는 것이 있는데 그 대표적인 것으로 김진홍 목사의 뉴 라이트 운동과 전광훈 목사의 문재인 대통령 퇴진 운동이 있다. 이 두 목사의 정치참여는 그 운동의 성격이 기독교의 예언자적 활동이라고 보는 사람들도 있겠지만 운동의 내용과 방식에 있어서 전적으로 정치적이라고 보는 사람들도 있는 것이다. 그리고 이 운동을 비기독교인들이 추진한다고 하더라도 오히려 더 자연스럽게 보일 수 있겠고 또 실제로 이 두 운동의 참여자 및 연대자들 가운데는 비 기독교인들도 상당수가 있는 것이다.

이 두 운동에 있어서 기독교적 정체성을 발견하기는 곤란한 것으로 볼 수 있다. 그리고 이러한 이유로 이 두 운동은 기독교의 입장에서 찬성하고 환영하기 곤란하고 또 일반 국민들에게 대하여 기독교에 좋은 인상을 주지 않는 면도 있는 것으로 생각된다. 여기에서 다룬 이 두 운동의 경우에서 보듯이 목회자의 직접적이고 본격적인 정치활동은 이를 제한하는 것이 좋다고 생각된다.

4 ____ (2-2단계) 진보 개신교의 역할
– 사회 변화의 도덕적 지도력 발휘

사회 변화에 도덕적 지도력 발휘

　한국의 진보 개신교는 작은 교세에 비해 개신교 안에서 그리고 한국사회에서 매우 중요한 역할을 담당하여 왔다. 한국의 진보 개신교는 1953년 한국기독교장로회 곧 기장이 예장에서 나와 독립함으로써 본격적으로 기능을 시작하였다고 하겠다. 그런데 개신교 연합 기구로 일제시대에 창립되어 가장 오랜 역사를 지닌 한국기독교 교회협의회(교회협 NCCK)가 계속 진보적 성향을 지켜왔다.

　진보 개신교가 감당한 중요한 역할은 사회참여 사역을 감당하여 왔다는 점이라고 할 것이다. 곧 진보 개신교는 사회 개혁과 민주화 및 통일운동에 선구적인 역할을 담당하여 온 것이다. 그 가운데서도 희생을 감내하면서 천주교와 함께 군사독재체제에 저항하는 민주화운동에 적극적이고도 주도적으로 참여함으로써 결국에는 한국의 제도적 민주화가 실현되는 데 공헌한 점은 중요한 성과라고 할 것이다. 다음으로는 이와 같은 사회참여 사역과 더불어 한국적 참여 신학인 민중신학을 탄생시킨 점이라고 하겠다.

　사역과 신학 양면에서 사회참여를 실천하고 또 성과도 거두었다는 점에서 한국의 진보 개신교는 한국사회와 한국 개신교의 역사에 중요한 공헌을 하였다고 할 것이다. 더욱이 이러한 사회참여와 한국신학의 공헌은 한국 개신교의 주류인 보수 개신교의 복음화 사역과 보수 정통 신학과는 대비되는 것으로서 한국 개신교의 사명과 역할을 한층 확대 심화시켰다고 할 것이다.

그렇다면 한국사회의 변화 가운데 진보 개신교의 대응은 어떠해야 할 것인가? 진보 개신교의 역할은 어떻게 정립해 나갈 것인가?

이 문제에 대한 답변으로는 지금까지와 마찬가지로 장래에도 사회참여를 통하여 한국사회의 변화에 있어서 기독교적 가치관을 통하여 도덕적 지도력을 발휘하여 나가는 데 있다고 할 것이다. 크게 보아 과거의 사역적 전통을 계속 쌓아 나가면 되리라 생각된다. 그런데 대응 과제의 실천에 있어서 진보 개신교가 보수 개신교에 비하여 상대적으로 홀가분한 점이 한 가지 있는 것으로 생각된다. 그것은 진보 개신교는 보수 개신교에 비해 윤리적 측면이나 교회 운영 측면에서 한국사회로부터 훨씬 적게 비판을 받아왔다는 점이다. 따라서 앞의 1단계 대응 주제인 윤리 수준 높이기나 교회 운영의 민주화의 부담이 훨씬 가볍다는 점이다. 이는 진보 개신교의 역량을 사회 변화의 도덕적 지도력 발휘라는 주제에 집중시킬 수 있게 하리라고 생각된다.

이에 더하여 진보 개신교는 한국의 교회를 신학적인 측면에서 그리고 실제적이고 사역적인 측면에서도 한국적 특성을 지닌 한국교회로 진화하는 문제도 감당하여야 할 것으로 생각된다.

이렇게 한국 개신교의 미래에 있어서 진보 개신교의 역할이 매우 중요하다고 할 것이다. 그러나 앞으로의 여정에서 진보 개신교가 예수 그리스도가 구원의 유일한 구세주라는 기독교의 기본 입장에서 떠나 종교다원주의 입장으로 흐른다면 이는 진보 개신교는 물론 한국 개신교 전체에 심각한 어려움을 줄 것으로 생각된다.

5 ____ (3단계) 반기독교적 문화에 대한 대응

개신교 - 반기독교적 문화 가운데서 어떻게 할 것인가? - 교회를 교회답게

앞에서 보았듯이 한국사회는 반기독교적 문화가 점차로 강화되는 추세를 보이고 있으며 장래에는 더욱 그러할 것으로 예상된다. 전통적인 집단주의적 사고가 약화되는 반면 개인주의가 강화되고 개인의 자유가 존중되며 종교 면에서도 다원주의가 확산될 것으로 예상된다. 이러한 문화적 환경의 변화에 더하여 주류 개신교에 대한 사회적 평가도 호의적이지 않은 편이다. 앞에서 여러 차례 보았듯이 교회 세습과 교회 대형화와 같은 윤리적 문제들과 동성애 문제에 대한 강경한 태도 등으로 인하여 한국사회로부터 개신교가 세속주의에 물들어 있고 배타성이 강하며 기득권 세력화하였다는 비판이 제기되어 왔다. 특히 최근에는 극우 성향의 개신교 집단의 정치활동이 사회적으로 큰 물의를 일으켰으며 코로나19방역에 제대로 협조하지 않는다는 비판도 받고 있다.

개신교에 대한 전반적인 문화와 사회적 분위기가 호의적이지 않게 되고 개신교 자체의 혁신 또한 미흡한 가운데 개신교의 미래는 그리 밝지 않은 것으로 보인다. 여기에 더하여 보수 개신교와 진보 개신교 사이의 신학적 또는 행태적 차이에 따라 양 진영 사이의 부조화와 갈등은 더욱 커질 가능성이 있다고 하겠다. 동성애 문제에서 보듯이 한국 개신교의 주류인 보수 개신교가 한국사회에서 점차로 고립되는 상황이 발생할 수 있다. 실제에 있어서 교회 현장에서는 2010년대 초 이후 개신교 교세가 감소하고 있는 것으로 보고 있다.

본질적인 문제는 교회가 반기독교적 문화 가운데 고립되어 간다는 사실이 아니다. 보다 중요한 문제는 교회가 본래의 모습에서 멀어져 가고 복음 전파와 하나님 나라의 확장이라는 사명을 제대로 실천하지 못하는 데 있다고 할 것이다. 다시 말하여 비록 교회가 사회적으로 고립되어 간다고 하더라도 기독교 진리에 분명하게 서 있다면 괜찮은 것이다. 실제에 있어서 교회가 교회답지 못하여 세상에서 비판을 받게 되어 복음 전파의 사명을 감당하는 데 어려움을 겪는다면 그것이 문제인 것이다.

그렇다면 기독교에 대하여 호의적이지 않은 문화 가운데 현 단계 한국 교회는 어떻게 할 것인가?

이 문제에 대하여 위에서 논의에 기초하여 다음 몇 가지 사항을 제시할 수 있을 것이다.

첫째, 기본적으로 교회는 사회와의 관계를 개선하기 위하여 노력하기보다는 교회를 교회답게 하는 데 힘써야 할 것이다.

사회와의 관계 개선 자체가 교회의 목적이 되어서는 안 될 것이다. 그보다는 앞의(1단계 대응) '먼저 교회의 자세 추스르기' 항에서 논의하였듯이 교회를 교회답게 하지 못하게 하는 것들을 고쳐 나가야 할 것이다. 개신교 내부에서 그리고 사회적으로 비판을 받고 있는 교회 세습을 속히 중단하여야 할 것이다. 그리고 좀 힘들겠지만 과거에 교회 세습을 하면서 사회적으로 논란이 된 대형 교회들의 경우에 세습을 받은 담임 목사들 가운데 스스로 물러나는 사례가 생긴다면 개신교에 크게 도움이 되리라 생각된다. 한편 대형 교회는 가난한 사람들도 편안하게 찾을 수 있는 곳이 되어야 할 것이다. 교회 분란과 부조리를 제거해 나가야 할 것이며 교회 운영의 민주화를 실천해야 할 것이다.

둘째, 성경의 가르침에 대한 확고한 신뢰를 꿋꿋하게 지켜 나가야 할 것이다.

예를 들어서 동성애를 죄라고 하는 성경의 가르침을 믿는 입장을 계속 분명히 밝히며 나가야 할 것이다. 최근의 차별금지법 논란에서 보듯이 동성애는 죄가 아니며 개인의 성향 문제이고 따라서 동성애 관련 개인의 자유와 권리를 존중해야 한다는 견해가 사회적으로 점점 확산되고 있으며 진보 개신교를 중심으로 개신교 안에서도 그러하다. 그리하여 이러한 풍조가 주류 개신교의 입지를 좁히고 있는 실정이다. 그러나 교회가 사회적으로 힘들어진다고 해서 자신의 신앙적 태도를 포기해서는 안 될 것이다.

셋째, 그러나 교회 안에서 그리고 사회와의 소통에는 더욱 힘써야 할 것이다.

사회가 그리고 심지어 개신교 안에서도 보수 개신교에 대한 오해와 편견이 많은데 이러한 오해를 줄이기 위하여 노력해야 할 것이다. 다시 동성애 관련 예를 들면 한국사회는 동성애에 반대하는 보수 개신교에 대하여 다음과 같은 두 가지 사항을 내용으로 비난하고 있다. 하나는 보수 개신교가 교세 결집을 위한 수단으로 동성애 문제를 이용하고 있다는 점이다. 이러한 비난은 동성애 반대에 대한 교회의 진지성을 무시하고 진의를 크게 왜곡하고 있는 것이다. 교회는 동성애 문제를 그 정도로 가볍게 생각하지 않고 있다. 그런데도 교회 밖에서는 교회의 입장에 대하여 이렇게 오해하고 있으므로 교회는 교회 안의 반대 진영과 교회 밖 사회와의 소통과 대화에 적극 나서서 이러한 오해를 푸는 데 노력하는 자세가 필요하다고 하겠다. 두 번째 비난은 보수 개신교가 동성애자를 차별하고 저주하고 있다는 내용이다. 이 또한 교회의 진의를 크게 왜곡하는 있는 것이다.

교회는 동성애가 인간의 다른 모든 죄와 마찬가지로 죄라는 입장이지 동성애자를 차별하고 저주하자는 것이 아니다. 교인이건 아니건 동성애자이건 아니건 가릴 것 없이 인간은 모두 죄인이라는 사실은 기독교의 기본적인 진리인 것이다. 교회는 동성애자를 포함한 모든 사람을 예수 그리스도에게 인도하여 죄사함 받고 구원받도록 애쓰는 것이다. 교회가 걱정하는 것은 성경이 죄라고 하는 것을 교회와 교인이 죄라고 말하지 못하는 것을 걱정하는 것이다. 한국사회는 근대화 과정에서 서양의 모든 것을 따라해 왔는데 동성애 문제에 대한 생각도 그 가운데 하나이다. 동성애 문제에 이어 동성 결혼의 합법화 논의가 뒤따르게 될 것이다. 이러한 때 교회는 교회 안과 교회 밖 사회와의 소통에 나서서 교회에 대한 오해를 줄이는 데 노력하는 것이 좋을 것으로 생각된다.

교회의 정치활동 제한, 국가적 어려움에는 동참

앞에서 여러 번 나온 내용이지만 2019년 이후 전광훈 목사와 그가 이끄는 한기총의 과격한 극우 정치활동으로 보수 개신교와 개신교 전체에 큰 부담을 주었다. 물론 그와 그의 추종자들은 그가 순교적 열정을 가지고 선지자로서의 사명을 감당한다고 생각하고 이를 따르는 것으로 생각되지만 일반 교인들이나 한국사회가 보기에는 그의 활동은 종교활동이 아니라 극우 정치활동이라고 생각되는 것이다. 그리하여 그의 정치활동은 일반 국민들에게 교회를 극우 정치활동을 하는 집단으로 여기게 하는 것이다. 더욱이 한기총은 한경직 목사가 만든 교회 협의체로 상당 기간 보수 개신교의 가장 크고 중요한 단체의 역할을 해온 바 있었던 것이다. 따라서 이러한 개신교 단체의 정치활동은 교회로서는 허용되어서는 안되는 것이다.

다음으로 코로나19 방역 활동의 일환으로 정부에 의해 교회에서의 예배가 금지되는 기간이 있는데 이에 대하여 개신교 일부에서는 예배는 교회로서는 생명과 같이 중요한 것이고 예배 금지는 종교의 자유에 대한 침해 내지는 종교 탄압이라고 주장하면서 예배를 강행한 사례가 있었다. 그리고 이러한 사례는 교회에 대한 사회적 비판을 불렀다. 물론 이러한 일부 교회의 주장이 일리가 없지는 않지만 집합 예배를 통하여 코로나 전염이 있는 것이 사실인 이상 교인들과 이웃에 대한 보호와 배려 차원에서 방역 활동에 협조하여야 할 것이다. 또한 이를 종교 탄압이라고 생각하는 것은 지나친 반응이라고 할 것이다. 국가적 어려움을 극복하는 노력에 교회는 동참하여야 할 것이다.

생활 속의 평신도 연대 활동 및 실천적 윤리 운동

생활 속의 평신도 연대 활동이란 지역적으로 각 교회 평신도들이 모여 공통의 관심사를 의논하고 결정하고 지역 교회에 알리고 추진함으로써 지역사회에서 기독교인의 사명을 감당하는 것을 말한다. 한 가지 예를 들어 보기로 하자. 1990년대 초에 어느 교회가 서울 강남구에 특수학교를 세우고자 했을 때 지역 주민들이 재판까지 걸며 반대하여 크게 어려움을 겪은 일이 있었다. 2020년에는 어느 지방 도시 아파트에서 임대아파트와 같은 학군이 되면 아파트 이미지가 떨어진다며 학군 조종에 반대하자는 입주자 대표의 공지문이 붙었다가 주민들 반발로 취소된 예가 있었다. 자기 아이들이 임대아파트 사는 아이들과 같은 학교에 다니는 것이 싫다는 것이다. 결국 30년이 지나도 한국사회의 비민주적 차별 심리는 변하지 않은 것이다.

여기에서 기독교인들이 한가지 궁금한 것이 있다. 위의 예에서 주민들 가운데 기독교인들이 없었는가 하는 문제이다. 기독교인들이 있었다면 이러한 차별적 행태에 반대하였을 것 아니냐는 점이다. 이러한 때에 해당 지역 평신도들이 함께 의견을 모아 특수학교나 임대아파트 건설에 반대하지 않도록 나서는 움직임이 필요할 것이다. 이렇게 평신도들이 함께 자신의 지역에서 하나님의 뜻을 펴 나가는 것이다. 이와 같은 평신도 연대는 개별 교회의 평신도들이 각 교회로 분산된 상태로서 할 수 없는 일들을 함께 공동으로 추진함으로써 자신의 지역에서 하나님의 나라를 넓혀 나가는 것이다. 또 경우에 따라서는 이러한 연대 없이도 교인 한 사람 한 사람이 하나님의 뜻에 따라 행동하여 사회를 변화시켜 나갈 수 있는 것이다.

또한 1987년에 설립된 '기독교윤리실천운동'의 경우처럼 단체를 통한 사회사역에 나설 수도 있을 것이다. 이 단체는 주로 온건한 성향의 개신교인들로 구성된 조직으로서 기독교 윤리를 개인 생활과 교회와 사회에서 실천하고자 하는 운동이다. 실제에 있어서는 기독교인과 교회와 사회가 언제나 추구해야 할 태도라고 할 것이다.

이러한 생활 속의 평신도 연대나 단체를 통한 실천적 윤리 운동은 하나님의 뜻을 기독교인들이 가정과 사회에서 하나님의 뜻을 실천하는 것이므로 성도로서의 마땅한 생활 태도라고 할 것이며 동시에 사회의 반기독교 문화에 대한 대응이 되는 것이라고 할 것이다.

교회 밖 평신도 신학 교육

앞에서 교회의 민주화를 위하여 교회 안에서 평신도들에게 신학 교육을 하는 문제를 논의한 바 있다. 그런데 한국의 교회들이 교회 안에서 교인들에게 신학 교육을 하지는 않을 것으로 생각된다. 목회자들이 이를 불필요하다고 생각하며 좋아하지 않을 것으로 생각된다.

그렇다면 교회 외부의 교육기관들이 평신도 신학 교육을 담당하는 방법이 있겠다. 신학교들이 평신도 교육 과정을 만들어 평신도들을 교육하거나 또는 신학교가 아니더라도 기독교 관련 교육기관이 평신도들을 교육할 수도 있을 것이다. 이러한 교회 밖 교육기관들은 교회보다 훨씬 자유로운 분위기와 객관적인 입장에서 평신도 교육을 담당할 수 있을 것이다.

이상으로 반기독교적 문화에 대한 대응으로 몇 가지 내용을 제시하여 보았지만 별 뾰족한 방안이 없다고 할 것이다. 결국 기독교 환경은 점점 어려워지고 있다고 할 것이다. 이러한 때에는 기독교가 본래의 기독교 정신에 충실하게 나아가는 것 외에 달리 방법이 없다고 할 것이다. 또한 달리 멋있는 방법을 찾을 필요도 없다고 할 것이다.

글을 마치면서

이 글을 마침에 있어서 무엇보다 중요한 것은 이 글이 과연 하나님의 뜻에 얼마나 합당한가 하는 문제이다.

나는 이 글을 쓰면서 그 내용이 하나님의 뜻에 얼마나 맞는 것인가 하는 점에 대하여 확신이 서지 않았다. 그런데 이 문제는 내가 기독교인의 책을 대할 때에 늘 생각하는 점이기도 하다. 특히 기독교인들의 정치 관련 입장들을 보면 역사적으로 여러 상이한 흐름들이 있고 현재에도 그러하다. 그 가운데는 서로 완전히 반대되는 내용들도 있다. 그러다 보니 과연 하나님의 뜻에 대한 이해가 이렇게 다를 수 있는 것일까 하는 의문을 가지게 되기도 한다.

이 문제에 대하여 나는 이렇게 생각을 정리하고 있다. 곧 인간 지혜의 한계로 인하여 우리가 성경을 통하여 하나님의 뜻을 이해하는 내용이 사람마다 차이를 보인다는 것이다. 그리고 이렇게 완전하지 않은 다양한 생각들이 모아지면서 우리가 하나님의 뜻을 보다 잘 알아 가리라는 사실이다. 그리고 성령께서 우리의 유익을 위하여 이 과정을 인도하시리라는 점을 믿는다. 이 믿음 안에서 이글을 썼다.

끝으로, 한 마디 덧붙이고자 한다.

이 책은 비전문가에 의한 책이다. 저자는 평범한 개신교 기독교인이며 아마추어 경제학자이다. 그동안 기독교인으로서 그리고 사회과학도로서 한국의 기독교와 정치의 관계가 궁금하여 이에 관한 전반적인 이해를 얻고자 노력하였는데 이번에 내가 알게 되고 또 생각하는 바를 정리하여 이 책을 쓰게 되었다.

저자는 평소에 전문가들의 책이 단순한 사실을 본인의 고정화된 인식에 귀속시키고자 하는 성향을 보이고 있다고 느끼고 있었다. 또 전문가들은 자기들 집단 안에서만 대화하기 때문에 그들의 이해가 일반인들의 것과는 거리가 있음도 느끼고 있었다. 그런데 저자는 전문가가 아니므로 보다 자유로운 면이 있을 수 있겠다는 마음으로 이 글을 썼다. 또한 무엇이든지 기록이 남아 있는 것이 기록이 없는 것보다 사회에 유익하다는 생각도 이 책을 내는 데 용기를 주었다.

부족함 가운데서도 그리스도를 바라보며 주신 재주만큼 애쓰며 나아가고자 한다. 하나님의 은혜를 바랄 뿐이다.

아내에게 감사하며

이근영

기독교와 정치,
한국

ⓒ 이근영, 2020

초판 1쇄 발행 2020년 11월 3일

지은이	이근영
펴낸이	이기봉
편집	좋은땅 편집팀
펴낸곳	도서출판 좋은땅
주소	서울 마포구 성지길 25 보광빌딩 2층
전화	02)374-8616~7
팩스	02)374-8614
이메일	gworldbook@naver.com
홈페이지	www.g-world.co.kr

ISBN   979-11-6536-948-4 (03230)

이 도서의 국립중앙도서관 출판예정도서목록(CIP)은 서지정보유통지원시스템 홈페이지(http://seoji.nl.go.kr)와 국가
자료공동목록시스템(http://www.nl.go.kr/kolisnet)에서 이용하실 수 있습니다. (CIP제어번호: CIP2020045165)